# SCHÜLERBUCH 3

MGP
INTERNATIONAL

## Anna Lise Gordon and Harriette Lanzer

# CONTENTS

# Von der Schule zum Arbeitsplatz

In this unit you will learn how to talk about your school, your work experience, your future plans and jobs. You will also learn some useful language for when you stay with a German-speaking family.

**4** — Page 74

# Aktion Jugendzentrum-Retten

In this unit you will learn how to plan and organise things with friends, and how to say what you can do and what you are going to do. You will also learn how to give reasons for what you want to do and how to make excuses. You will find out how to write letters, buy stamps and order items.

**5** — Page 98

# Rund herum

In this unit you will learn about different countries and their people. You will learn how to make travel arrangements and how to talk about your travel experiences. You will also learn how to talk about what you should and shouldn't do when in a foreign country.

**6** — Page 121

# INTRODUCTION

Welcome to *Gute Reise!* stage 3. You will learn . . .

- how to express your opinion
- how to give a reason for doing something
- how to say what you are going to do
- how to talk about what you have done
- how to discuss issues with your friends
- how to cope with a variety of situations in German

How is *Gute Reise!* stage 3 organised?
There are six units which you can study in any order you like.
Each unit is broken down into smaller sections. Throughout
the book you will come across the following symbols:

**LERNZIELE** your learning objectives for the section

 listening activities

 speaking activities with a partner

 speaking activities in a group

 speaking activities with the whole class

**PROJEKTSEITE** a page which helps you to practise what you have learned in practical and creative activities

 more difficult activities to help you practise even more!

 **KULTURINFO** extra information about the German way of life

**8 HÖR ZU**
you can turn to a repromaster with extra activities

**9 PRIMA!**
you can turn to a repromaster with the vocabulary you have learned

Your teacher will talk in German most of the time. You need to talk in German as much as possible, too!

Here are some phrases to help you. Check you know what they mean and use them whenever you need to.

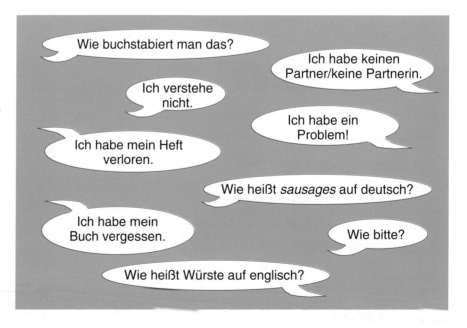

# Classroom language

As you go through *Gute Reise!* stage 3 you will come across the following phrases:

| | |
|---|---|
| Arbeitet zu fünft. | *Work in groups of five.* |
| Beantworte die Fragen. | *Answer the questions.* |
| Bereite (eine kleine Rede) vor. | *Prepare (a short talk).* |
| Beschreib . . . | *Describe . . .* |
| Diskutiert eure Listen/eure Resultate. | *Discuss your lists/your results. (pairwork)* |
| Erfinde . . . | *Invent . . .* |
| Ergänze die Sätze. | *Complete the sentences.* |
| Füll (diesen Text) aus. | *Fill in (this text).* |
| Hör (nochmal) zu. | *Listen (again).* |
| Hör . . . an. | *Listen to . . .* |
| Jeder wählt . . . | *Each person chooses . . .* |
| Kannst du . . .?/Könnt ihr . . .? | *Can you . . .?/Can you . . .? (pairwork)* |
| Lies (diesen Artikel). | *Read (this article).* |
| Mach eine Klassenumfrage über . . . | *Do a class survey on . . .* |
| Mach eine Liste/zwei Listen. | *Make a list/two lists.* |
| Mach einen Radio-Werbespot. | *Make up a radio commercial.* |
| Macht Dialoge/einen Quiz. | *Make up dialogues/a quiz. (pairwork)* |
| Macht Interviews (zum Thema . . .) | *Do interviews (on the subject of . . .) (pairwork)* |
| Nehmt einen Dialog auf Kassette auf. | *Record a dialogue onto cassette. (pairwork)* |
| Nimm . . . auf Kassette auf. | *Record . . . onto cassette.* |
| Ordne die Texte in zwei Listen. | *Arrange the texts in two lists.* |
| Richtig oder falsch? | *True or false?* |
| Schreib die falschen Sätze richtig auf. | *Write the incorrect sentences down correctly.* |
| Schreib die Sätze fertig. | *Finish the sentences.* |
| Schreib Notizen/die Details (ins Heft). | *Write notes/the details (in your exercise book).* |
| Schreib Stichwörter/die Resultate auf. | *Write key words/the results down.* |
| Seht euch . . . an./Sieh dir . . . an. | *Look at . . . (pairwork)/ Look at . . .* |
| Stell (die Fotos) in die richtige Reihenfolge. | *Put (the photos) in the right order.* |
| Stellt (einander) Fragen. | *Ask (each other) questions. (pairwork)* |
| Such diese Wörter im Wörterbuch. | *Find these words in the dictionary.* |
| Trag (diese Tabelle) ins Heft ein. | *Copy (this table) into your exercise book.* |
| Wähl (ein Bild) aus. | *Choose (a picture).* |
| Wähl die richtige Antwort. | *Choose the correct answer.* |
| Was paßt zusammen? | *What goes together?* |
| Welcher Titel paßt zu welchem Abschnitt? | *Which heading goes with which paragraph?* |
| Zeichne ein Poster/eine Anzeige. | *Draw a poster/an advert.* |

If you come across other words you don't
understand, you can look them up in the
alphabetical word list at the back of this book.

*Gute Reise!*

# Ich bin Teenager

In this unit you will learn how to talk about your personal and social life, including your leisure activities, relationships, concerns, fashions and lifestyle.

## A — Freizeit macht Spaß!

**LERNZIELE**

In this part of the unit you will learn . . .
- how to talk about your hobbies
- how to find out about someone else's hobbies
- how to talk about your reading habits
- how to find out about someone else's reading habits.

**1** Diese Jugendlichen haben viele Hobbys. Lies die drei Steckbriefe.

Name: Jutta Wagner
Alter: 15
Wohnort: 66123 Saarbrücken
Freizeit: Zeichnen, Musik hören, Faulenzen, Klettern, Wandern, Stricken, Theater, Lesen

Name: Swaantje Friedrichsen
Alter: 16
Wohnort: 22045 Hamburg
Freizeit: Klavier spielen, Informatik, Bierdeckel sammeln, Briefe schreiben, Rudern, Gartenarbeit, Schach

Name: Torben Kallmeier
Alter: 15
Wohnort: 24113 Kiel
Freizeit: Kanupolo, ins Kino gehen, mit Freunden telefonieren, Volleyball, Schwimmen, mit Freunden ausgehen, Kochen, Politik

**a) Wem gehört das?**

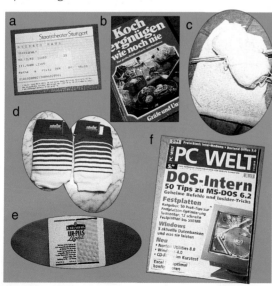

**b) Beantworte die Fragen.**

1. Wer geht gern in die Berge?
2. Wer spielt ein Instrument?
3. Wer macht gern Wassersport?
4. Wer ist besonders künstlerisch?

 Schreib deinen eigenen Steckbrief.

## 2

A — Meine Lieblings-Freizeitbeschäftigung ist, mit Freunden ausgehen.

B — Du bist gesellig.

Theater machen
Fußball spielen
Zeichnen
mit Freunden telefonieren
Leichtathletik machen
Briefe schreiben

gesellig
sportlich
künstlerisch

## 3

**Hör die Interviews mit Sabine, Frank und Maria an. Wer ist besonders sportlich? Wer ist besonders künstlerisch? Wer ist besonders gesellig?**

*EXTRA!* Schreib einen Steckbrief für jede Person.

## 4

**Mach Interviews in deiner Klasse und schreib die Steckbriefdetails auf. Wer ist besonders sportlich, künstlerisch oder gesellig?**

Wie heißt du? Wie buchstabiert man das?
Wo wohnst du?
Wie alt bist du?
Was sind deine Lieblingshobbys?
Was machst du gern?

## 5

**Torben Kallmeier interessiert sich für Kanupolo. Was ist das genau? Lies den Artikel.**

### Polo-Kanuten in Aktion: Das heißt Spannung, Kampf und Dynamik!

Es gibt Sportarten, die nicht so populär sind. Fernsehen und Zeitungen berichten leider nur selten darüber. Ein Beispiel: Kanupolo. Kanupolo ist ein bißchen wie Eishockey, Basketball und Wasserball – und doch ganz anders!

Kanupolo ist die Erfindung des Hamburgers Otto Eckmann aus dem Jahre 1925. Damals war der Sport sehr populär: Oft waren 20 000 Zuschauer bei einem Wettkampf. Während des Krieges hat man Kanupolo fast vergessen. Heutzutage gibt es wieder viele Teams, und meistens sind Jugendliche dabei.

*Wo ist das Tor? Der Ball muß zwei Meter über dem Wasser in einen Korb.*

Jedes Team hat acht Spieler(innen). Wie beim Eishockey gibt es den „fliegenden Wechsel": Fünf Spieler sind im Spiel, drei warten am Rand. Die Spieler müssen den Ball in einen Korb werfen, und es gibt keinen Torwart. Die Kanus müssen zwischen zwei und drei Meter lang sein. Gespielt wird zweimal 10 Minuten mit 3 Minuten Pause. Das Spielfeld ist 50 Meter lang und 30 Meter breit.

Ist das eine Männersportart? Meistens, ja, aber auch etwa 600 junge Frauen interessieren sich aktiv für den recht harten Kampfsport.

*Bei Wettkämpfen sind Helme empfehlenswert. Denn die Paddel des Gegners sind hart . . .*

**a) Welche Sportarten findest du in diesem Artikel?**

a
b
c
d
e
f

**b) Such diese Wörter im Wörterbuch.**

1. Wettkampf
2. Jugendliche
3. Zuschauer
4. Spielfeld
5. Torwart

**c) Beantworte die Fragen.**

1. Warum ist Kanupolo vielleicht nicht so populär?
2. Kanupolo war sehr populär vor dem Krieg. Richtig oder falsch.
3. Wie viele Spieler(innen) hat ein Team?
4. Gibt es einen Torwart?
5. Wie lang ist ein Kanuspiel?

**6** **Hör zu. Drei Jugendliche beschreiben ihre Lieblingshobbys. Schreib die Details auf.**

| Lieblingshobby | Wo? | Wann? | Mit wem? | Preis | andere Details |

Könnt ihr ein Interview mit Manuela erfinden?

**7** **Lies den Brief und ergänze die Sätze.**

> Du hast mich über meine Freizeit gefragt. Ich habe zwei Lieblingshobbys: Windsurfen und Rockgitarre.
>
> Ich bin Mitglied eines Windsurfclubs, der "Surf-Mädchen" heißt. Wir surfen viel im Sommer, meistens in Zell am See. Dann surfe ich jedes Wochenende und trainiere jeden Mittwochabend in der Turnhalle am Sportzentrum. Am Anfang war es ein teurer Sport - man braucht ein Surfbrett und einen Tauchanzug, aber danach kostet es nicht viel.
>
> Rockgitarre spielen ist für mich ein neues Hobby. Jeden Donnerstag zwischen 16 und 17 Uhr mache ich einen Rockmusikkurs im Jugendclub. Das macht Spaß! Der Kurs kostet DM 10 pro Woche - gar nicht schlecht, finde ich. Mein Freund hat mir seine Rockgitarre geliehen - sehr freundlich, nicht wahr? Und Du? Was für Hobbys hast Du? Schreib bald wieder!
>
> Deine Natalie

a) Der **?** heißt „Surf Mädchen".
b) Am Anfang ist Windsurfen **?**, weil man ein Surfbrett braucht.
c) Natalie surft viel im **?**
d) Einmal pro **?** macht Natalie einen Rockmusikkurs.
e) Natalie hat keine eigene **?**

 Kannst du einen Text über deine Lieblingshobbys schreiben?

SO GEHT'S (1)

**8**

A: Was ist dein Lieblingshobby?
B: Windsurfen.
A: Wo machst du das?
B: Meistens in Zell am See.
A: Wann machst du das?
B: Jedes Wochenende im Sommer.
A: Mit wem machst du das?
B: Mit Freunden im Windsurfclub.
A: Was kostet es?
B: Nicht viel!

in der Stadt/Schule
im Sportzentrum/Jugendclub/Park
zu Hause

jeden Tag
einmal pro Woche
ab und zu
montags
jeden Montag
wenn ich Zeit habe

mit meinem Freund/Stiefbruder
mit meiner Freundin/Schwester
mit Freunden
mit dem Sportclub/Jugendclub
allein
. . . Mark pro Woche/pro Stunde

PARTNERARBEIT (2)

# Viele Jugendliche lesen gern – aber was lesen sie? und wie oft?

**9** Was paßt zusammen? Such die neuen Wörter im Wörterbuch.

Ich lese gern . . .

1. Zeitschriften
2. Zeitungen
3. Comics
4. Liebesgeschichten

5. Krimis
6. Horrorgeschichten
7. Science-Fiction Geschichten
8. biographische Literatur

9. Gedichte
10. Theaterstücke
11. Sachbücher (z.B. über Sport, Politik, Natur und Umwelt)
12. Romane

**10** a)

A — Wie findest du Krimis? — Spannend. — B

interessant
lustig
langweilig
doof

b) Schreib die Details in zwei Listen.

Mein(e) Partner(in) liest | gern | nicht gern

**11**  Hier spricht Martin über sein Lieblingshobby, Lesen. Sieh dir die Fotos in Übung 9 an und hör zu. Was liest er gern? Was liest er nicht gern?

 Hör zu und schreib zehn Details (mehr wenn möglich!) ins Heft.

Spitzname: Leseratte

 Martin muß ein Gedicht mit dem Titel 'Freizeit' schreiben. Kannst du sein Gedicht fertigschreiben?

Freizeit ist....
mit Freunden ausgehen
im Park radfahren
eine Freundin anrufen

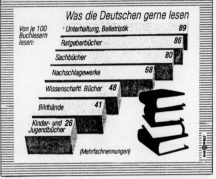

SCHAUBILD DES TAGES

Was die Deutschen gerne lesen

Von je 100 Buchlesern lesen:

| | |
|---|---|
| Unterhaltung, Belletristik | 89 |
| Ratgeberbücher | 86 |
| Sachbücher | 80 |
| Nachschlagewerke | 68 |
| Wissenschaftl. Bücher | 48 |
| Bildbände | 41 |
| Kinder- und Jugendbücher | 26 |

(Mehrfachnennungen)

Wenn ein deutscher Leser zum Buch greift, ist es meistens ein Roman oder ein Krimi. 23 Prozent der Westdeutschen lesen allerdings nie ein Buch – in den neuen Bundesländern liegt diese Quote bei nur acht Prozent. STIFTUNG LESEN / GLOBUS

**12** Lies diesen Artikel.

## Leseskandal? Jugendliche lesen nicht mehr!
### Unser Reporter, Karl Hofbauer, berichtet . . .

Jugendliche heutzutage haben nicht genug Zeit und auch keine Lust zum Lesen. Stimmt das? Ich habe hundert Jugendliche zwischen zwölf und sechzehn gefragt, und die Resultate meiner Umfrage sind schockierend!

Dreißig Prozent der Jugendlichen lesen nur in der Schule. Zu Hause brauchen sie keine Bücher, weil sie fast die ganze Zeit fernsehen. Die Bücher in der Schule finden sie normalerweise sehr langweilig.

Am liebsten lesen die meisten Jugendlichen Comics und Zeitschriften. Die populärsten Titel in meiner Umfrage waren *Bravo!* und *Bravo-Girl!*, *Asterix* und *Hit-Parade*. Vierzig Prozent lesen regelmäßig eine Zeitschrift oder einen Comic.

Fünf Prozent der Jugendlichen in meiner Umfrage lesen viel in ihrer Freizeit. Was heißt viel? Zwischen zehn und zwanzig Stunden pro Woche. Diese Jugendlichen leihen oft Bücher von der Bibliothek und haben auch viele Bücher zu Hause.

Viele Jugendliche lesen jeden Tag eine Zeitung, aber leider interessieren sie sich meistens für die Sportseiten, das Fernsehprogramm und die Witzzeichnungen. Nur vier Prozent lesen jeden Tag die Nachrichten durch.

Wenn sie Bücher lesen, was für Bücher lesen diese Jugendlichen? Hauptsächlich finden sie Krimis, Horrorgeschichten und Science-Fiction spannend. Zehn Prozent lesen auch Liebesgeschichten. Zwanzig Prozent haben besondere Interessen (zum Beispiel: Sport, Wildtiere, Computer) und lesen manchmal Sachbücher darüber. Nur zwei Prozent lesen außerhalb der Schule Gedichte und Theaterstücke.

Also, was machen diese Jugendlichen in ihrer Freizeit? Sie sehen fern, sie gehen mit Freunden aus, sie gehen ins Kino und zum Jugendzentrum, sie treiben Sport, aber sie lesen nicht viel!

**Richtig oder falsch?**

a) Der Reporter hat zwölf bis sechzehn Jugendliche interviewt.

b) Mehr als die Hälfte der Jugendlichen in der Umfrage lesen nur in der Schule.

c) Comics und Zeitschriften sind populär unter Jugendlichen.

d) Fünf Prozent lesen mehr als zehn Stunden pro Woche.

e) Viele Jugendliche lesen jeden Tag die Nachrichten in der Zeitung.

f) Jugendliche finden Krimis langweilig.

g) Zwanzig Jugendliche in der Umfrage lesen oft Gedichte und Theaterstücke.

h) Die meisten Jugendlichen machen viel in ihrer Freizeit.

 Schreib die falschen Sätze richtig auf.

 **13** Mach eine Klassenumfrage über Lesen. Sind die Resultate genauso schockierend wie hier? Schreib deine Resultate auf.

Wie findest du Lesen?
Wie findest du Krimis?
Was liest du (nicht) gern?
Wie oft liest du?

 PRIMA!

**LERNZIELE**

In this part of the unit you will learn . . .
- how to ask for information at the leisure centre
- how to give information at the leisure centre
- how to talk about what you did at the leisure centre
- about the Paralympics.

**1** Am Sportzentrum Schondorf kann man viel machen. Was paßt zusammen?

Man kann . . .
1. Aerobic machen
2. schwimmen
3. Squash spielen
4. Badminton spielen
5. Schlittschuh laufen
6. Rollschuh laufen
7. kegeln
8. Fitneß-Training machen
9. Leichtathletik machen
10. Billard spielen
11. Basketball spielen
12. Volleyball spielen

 EXTRA!

Hast du ein Sportzentrum in der Nähe? Was kann man dort machen? Mach eine Liste oder schreib einen Prospekt dafür.

**Sport · Spiel · Spaß**
Sportzentrum Schondorf
Programm: Montag bis Freitag

a Dienstag u. Donnerstag 14-19 Uhr
b Mittwoch u. Donnerstag 14 Uhr
c Donnerstag 10 Uhr
d Montag u. Freitag 14 Uhr

e Täglich 10-19 Uhr
f Montag u. Freitag 10-15 Uhr
g Donnerstag u. Freitag 15-19 Uhr
h Montag, Mittwoch, Freitag 14-19 Uhr

i Dienstag 14 Uhr
j Täglich 10-17 Uhr
k Täglich 10-17 Uhr
l Dienstag 10 Uhr

Es gibt auch eine Sauna, ein Solarium und ein Café mit Bar. Das detaillierte Programm fürs Wochenende ist an der Kasse des Sportzentrums erhältlich.

**2** Seht euch den Prospekt oben an.

> A — Wann kann man Volleyball spielen?
>
> Dienstags um vierzehn Uhr. — B

> A — Was kann man am Dienstag um vierzehn Uhr machen?
>
> Man kann Volleyball spielen. — B

**3** Hör zu. Dagmar hat das Sportzentrum Schondorf angerufen und einige Programminformationen fürs Wochenende aufgeschrieben. Sie hat aber fünf Fehler gemacht. Kannst du die Fehler finden?

 EXTRA!

Schreib das Programm richtig auf.

 EXTRA!

Was möchtest du am Sonntag machen? Hör die Programminformationen für Sonntag an und schreib die Details auf.

Samstag

10-13 Uhr Rollschuhdisco (10-15 J) 5.- DM, Rollschuhverleih 3.- DM

10-11 Uhr Aerobic 3.- DM

14 Uhr Wassergymnastik (Kurs: 30 Minuten) Jugendliche (unter 16 J) 2.- DM, Erwachsene 4.- DM

16 Uhr Judokurs (Becherkarte 20.- DM)

20.30 Uhr Team-Abend (z.B Volleyball, Basketball, Kegeln)

**4** **A:** Du arbeitest am Informationstisch am Sportzentrum Schondorf.

   **B:** Du besuchst das Sportzentrum Schondorf und bittest um Informationen.

> Kann man Rollschuhe leihen?

> Wann kann man Volleyball spielen?

> Wann ist die Rollschuhdisco?

> Wie lange dauert Wassergymnastik?

> Was kostet eine Sechserkarte für Judo?

Das Sportzentrum macht bald ein besonderes Wochenendfest für Jugendliche im Alter von 13 bis 16. Mach ein Poster und einen Radio-Werbespot dafür!

**5** Diese vier Leute sind am Sportzentrum Neumann und wollen Informationen über Kurse. Hör zu und schreib die Details auf.

Was?   Wann?   Preis   Bedingungen

NOCH EINMAL (3)          DENK MIT (4)

**6** Lies diesen Brief und stell die Fotos in die richtige Reihenfolge.

Zell am See, 8. Juli

Liebe Marion,

wie geht's? Hoffentlich gut! Letztes Wochenende war ich sehr sportlich, weil wir ein ‚Jugend macht Sport' Wochenende in Zell am See hatten! Am Samstagvormittag habe ich zwei Stunden Tennis gespielt - das war besonders gut, weil ich gut spielen kann und ich immer gewonnen habe! Dann am Nachmittag habe ich einen Judokurs gemacht. Für mich war das eine Katastrophe - Judo ist kein Lieblingssport für mich! Am Abend war eine Disco in der großen Sporthalle oder Schlittschuhlaufen in der Eishalle. Ich bin Schlittschuh gelaufen - das hat Spaß gemacht, obwohl ich oft hingefallen bin!

Am Sonntag war ich viel im Wasser! Ich habe Wassergymnastik gemacht, Kanupolo gelernt (toll!), und am Nachmittag habe ich einen Kunstspringkurs gemacht.

Am Sonntagabend war ich sehr müde! Was hast Du am Wochenende gemacht?

Schreib bald wieder.

Dein *Franz*

a
b
c
d
e
f

Schreib einen Brief, um ein sportliches Wochenende zu beschreiben.

**7** Hör zu. Was haben diese fünf jungen Leute letztes Wochenende gemacht? Schreib die Details ins Heft.

Sabine – Tischtenniskurs
DM 5

A Wer hat Fußball gespielt?

B Markus. (Er hat im Fußballturnier gespielt.)

A Was hat Sabine gemacht?

B Sie hat Tischtennis gespielt. (Der Kurs war preiswert – nur fünf Mark.)

**8** Wer war besonders fit letztes Wochenende?

A Ich habe Wassergymnastik gemacht. Was hast du gemacht?

B Ich habe Wassergymnastik gemacht und Tischtennis gespielt. Was hast du gemacht?

A Ich habe . . .

**9** Diese vier Sportler sind taub. Obwohl sie nichts hören können, treiben sie sehr gut Sport und nehmen an den Paralympischen Spielen teil.

## Deutscher Behinderten-Sportverband e.V.

Fachverband für Leistungs-, Breiten- und Rehabilitationssport

Bundesgeschäftsstelle

DBS e. V. Friedrich-Alfred-Straße 15 · 4100 Duisburg 1

Informationen zu den Sommerparalympics 1992

Paralympics ist ein Synonym für die Olympischen Spiele der Behinderten.
Folgende Sportarten werden angeboten: Bogenschießen, Leichtathletik,
Rollstuhlbasketball, Boccia, Radfahren, Fechten, Goalball, Judo, Fußball,
Schießen, Snooker, Schwimmen, Tischtennis, Tennis, Sitz- und Standvolleyball,
Gewichtheben.

Die bundesdeutsche Delegation wird mit 237 Sportler/Sportlerinnen an den
Paralympischen Spielen teilnehmen. Im Einzelnen teilen sich diese auf die
verschiedenen Sportarten wie folgt auf:

| | | | |
|---|---|---|---|
| Schwimmen | 34 | Sportschießen | 12 |
| Leichtathletik | 62 | Fechten | 9 |
| Tischtennis | 31 | Basketball | 24 |
| Gewichtheben | 2 | Volleyball | 12 |
| Judo | 4 | Sitzvolleyball | 12 |
| Radfahren | 9 | Goalball | 12 |
| Bogenschießen | 11 | Tennis | 3 |

Den Aktiven steht ein Kontingent von 75 Betreuern (Trainer, Co-Trainer, Ärtze,
Physiotherapeuten, Mechaniker usw.) zur Verfügung. Somit umfaßt die Gesamt-
mannschaft eine Stärke von 312 Personen.

Der Leistungssport der Behinderten in der Bundesrepublik steht auf einem sehr
hohen Niveau.

Die komplette Mannschaft wird von der Firma Adidas zu vergünstigsten Konditionen
eingekleidet. Jeder Sportler erhält neben der Freizeitkleidung auch die sportart-
spezifische Wettkampfkleidung.

Die Finanzierung der Paralympics-Mannschaft wird ausschließlich durch das
Bundesministerium des Innern sichergestellt. Hierfür stellt das Ministerium
1,2 Mill. DM zur Verfügung.

Bei weiteren Fragen steht Ihnen die Geschäftsstelle des Deutschen Behinderten-
Sportverbandes unter der Tel.-Nr. 0203/7381-626 zur Verfügung.

mit freundlichen Grüßen

i.A.

Hartleb
Bundestrainer

**Lies diesen Auszug aus dem Pressedossier des Organisationskomitees
der Bundesrepublik für die Paralympischen Spiele im Jahre 1992
und beantworte die Fragen.**

a) Was sind die Paralympics?
b) Wie viele Sportarten werden angeboten?
c) Welche Sportarten sind besonders für
   Behinderte geeignet?
d) An welchem Sport nehmen die meisten
   Sportler(innen) aus der Bundesrepublik teil?

e) Wer sind die Betreuer?
f) Woher bekommt die deutsche
   Mannschaft ihre Kleidung?
g) Wer finanziert die deutsche
   Mannschaft?
h) Wer hat diesen Artikel geschrieben?

**LERNZIELE**

In this part of the unit you will learn . . .
- how to describe your best friends and your ideal partner
- how to talk about your relationships with your family and others.

**1** **Ergänze diese Sätze.**

a) Peters Freundin ist gut in der Schule. Sie ist **?**
b) Peters Mutter kommt nie zu spät. Sie ist **?**
c) Peters Stiefbruder spielt gern Fußball, Tennis, Wasserball und Eishockey. Er ist **?**
d) Peters Freund bringt ihn zum Lachen. Er ist **?**
e) Peters Vater ist immer dabei, wenn er Probleme mit seinen Hausaufgaben hat. Er ist **?**
f) Peters Deutschlehrerin ist glücklich und nie schlechter Laune. Sie ist **?**

lustig
intelligent
gut gelaunt
pünktlich
hilfsbereit
sportlich

**2** **Hör zu. Marianne, Klaus und Sabine sprechen über ihre besten Freunde. Wen beschreiben sie?**

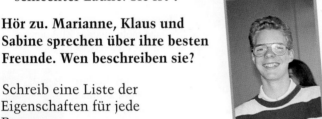

Dieter    Saskia    Markus

**EXTRA!** Schreib eine Liste der Eigenschaften für jede Person.

Markus: gut aussehend,

**3**

A — Ein Freund soll in der Nähe wohnen. Was meinst du?

B — Für mich ist das nicht besonders wichtig.

Ein Freund soll lustig sein. Was meinst du? — B

A — Das finde ich sehr wichtig.

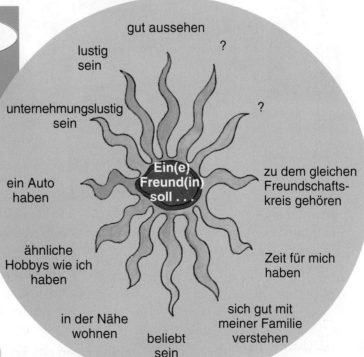

Ein(e) Freund(in) soll . . .

gut aussehen
lustig sein
?
unternehmungslustig sein
?
ein Auto haben
zu dem gleichen Freundschaftskreis gehören
ähnliche Hobbys wie ich haben
Zeit für mich haben
in der Nähe wohnen
beliebt sein
sich gut mit meiner Familie verstehen

**EXTRA!** Wie ist dein idealer Freund oder deine ideale Freundin? Bereite eine kleine Rede vor.

Aussehen?
Charaktereigenschaften?
gut verstehen – warum?
Aktivitäten zusammen?

## 4 Was paßt zusammen?

a

b

c

d

1. Wir verstehen uns gut, weil wir Geheimnisse haben . . . und für uns behalten!
2. Wir verstehen uns gut, weil wir beide humorvoll sind.
3. Wir sind gute Freunde, weil wir den gleichen Geschmack bei Kleidung haben.
4. Wir verstehen uns meistens sehr gut, weil wir die gleichen Hobbys haben.

EXTRA! Finde Fotos oder Bilder von Freunden und schreib Sätze dafür.

## 5 Lies den Artikel.

### Wie ist es bei dir zu Hause? Verstehst du dich gut mit deiner Familie?

a. **Karin:**
Ich muß leider ein Zimmer mit meiner Schwester teilen. Ich muß auch oft auf meine kleine Schwester aufpassen.

b. **Jürgen:**
Ich habe mein eigenes Zimmer, wo ich alles habe, was ich brauche.

c. **Erdal:**
Ich wohne bei meinen Großeltern, und wir verstehen uns gut – sie haben immer Zeit für mich und helfen mir bei meiner Schularbeit.

d. **Stefan:**
Meine Eltern kommen oft spät nach Hause. Sie sind meistens schlecht gelaunt, weil sie viel arbeiten müssen. Ich muß natürlich auch viel zu Hause mithelfen, weil meine Eltern sehr müde sind.

e. **Karola:**
Ich habe viele Geschwister. Meistens verstehen wir uns sehr gut, und wir streiten uns nur selten.

f. **Susanne:**
Ich verstehe mich nicht sehr gut mit meinem kleinen Bruder. Er bekommt immer, was er will, und klaut mir alles. Ich wäre lieber Einzelkind!

g. **Ralf:**
Meine Mutter ist vor drei Jahren gestorben, und ich wohne mit meinem Vater. Am Anfang war es schwer, aber jetzt sind wir gute Freunde. Er versteht das Leben der jungen Leute, ist streng, aber fair.

h. **Eva:**
Meine Eltern sind alt und viel zu streng. Ich darf nie rausgehen, und das finde ich unfair. Meine Mutter bestimmt sogar, was ich für die Schule anziehe!

**a) Ordne diese kleinen Texte in zwei Listen: positiv und negativ.**

| + | − |
|---|---|
|   | Karin |

**b) Beantworte die folgenden Fragen.**

1. Wer darf die Schulkleidung nicht selbst wählen?
2. Wer hätte lieber keinen Bruder?
3. Wer ist mit seinem Zimmer zufrieden?
4. Wer hat eine große Familie?

EXTRA! Gedächtnisquiz: B macht das Buch zu!

A Meine Eltern sind streng, und ich darf nie rausgehen.

Du bist Eva! B

**6**

A: Wie verstehst du dich mit deiner Mutter?

B: Sehr gut.

A: Warum?

B: Sie hat immer Zeit für mich und ist lustig.

mit deinem (Stief)Vater/Bruder/Großvater
mit deiner (Stief)Mutter/Schwester/Großmutter
mit deinen Eltern/Geschwistern

Er/Sie hat/Sie haben (keine) Zeit für mich.
Wir streiten uns oft.
Er/Sie ist/Sie sind hilfsbereit/gut gelaunt/schlecht gelaunt/streng.
Wir haben die gleichen Hobbys/den gleichen Geschmack bei Musik.

**EXTRA!** Wie verstehst du dich mit deiner Familie? Schreib einen kleinen Text.

**7** Hör zu. Kannst du den Rapp-Song weiterschreiben?

## Mein bester Freund

Mein bester Freund ist verständnisvoll,
Seine Witze finde ich toll.

Er hat immer Zeit für mich,
Er fährt gern rad - wie ich.

Er ist sportlich, na klar!
Tennis spielt er wie ein Star.

Er ist pünktlich und hilfsbereit,
Bei uns gibt es nie Streit.

Aus aller Welt sammelt er Rezepte,
Er ist kreativer Kochexperte.

Seinen Geschmack bei Kleidung finde ich gut,
Besonders seinen neuen schwarzen Hut.

Er ist freundlich, lustig und modisch,
Gut gelaunt, nett und romantisch.

Mein bester Freund, der ist nicht irgendwer,
Er ist süßer als mein Teddybär.

Mein bester Freund sieht besonders gut aus,
Er gehört mir, und er heißt Klaus.

**EXTRA!** Kannst du ein Lied, einen Rapp-Song oder ein
Gedicht mit dem Titel „Freundschaft" schreiben?

HÖR ZU 5

PRIMA! 10

## D   Verabredungen machen Spaß, oder?

**LERNZIELE** ▶ In this part of the unit you will learn . . .
- how to make a date with someone
- how to describe your date.

**1** Hör zu. Was machen diese drei Jugendlichen nächstes Wochenende? Schreib die Hauptdetails ins Heft.

Was?   Wo?   Wann?   Preis   Treffpunkt

**2**

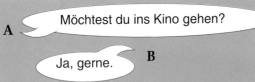

**A** Möchtest du ins Kino gehen?

**B** Ja, gerne.

EXTRA!

**A** Hast du Lust, ins Kino zu gehen?

**B** Ja, gerne.

**3** Lies den Brief und zeichne ein Poster für den Zirkus Neuland.

EXTRA!
Schreib einen Brief, um einen Freund oder eine Freundin zu einem Popkonzert einzuladen.

Montag, den 9. November

Liebe Manuela,

hi! Hast Du am Mittwoch Lust, zum Zirkus zu gehen? Ich habe gerade ein tolles Poster dafür in der Stadt gesehen. Der Zirkus Neuland ist sehr berühmt und beliebt. Er ist ein Zirkus ohne Tiere mit wunderbaren Akrobaten usw. Mittwochs gibt es Vorstellungen um halb vier und um acht Uhr. Für mich wäre die spätere Vorstellung besser! Danach könnten wir zusammen ein Eis essen . . .

Im Moment habe ich nicht viel Geld, aber die Karten kosten nur zwölf Mark - das finde ich preiswert! Deine kleine Stiefschwester interessiert sich für Clowns, nicht wahr? Ab neun Uhr jeden Tag kann man die Clowns im Zirkus besuchen. Das wäre bestimmt was für sie!

Wenn Du am Mittwoch keine Zeit hast, können wir vielleicht nächstes Wochenende hingehen. Was meinst Du? Ruf mich an - ich bin jeden Abend ab sieben Uhr zu Hause.

Viele Küsse,

Frank

**6** PARTNERARBEIT

**4** Ergänzt diesen Text für eine Seifenoper.

Marko: Hast du Lust, heute abend auszugehen?
Heidrun: *(begeistert)*
Marko: *(schlägt eine Aktivität vor)*
Heidrun: *(lehnt ab)*
Marko: *(versucht, Heidrun zu überreden)*
Heidrun: *(lehnt nochmal ab)*
Marko: *(schlägt eine zweite Aktivität vor)*
Heidrun: *(zögernd)*
Marko: *(versucht, Heidrun zu überreden)*
Heidrun: *(stimmt zu)*
Marko: Wo treffen wir uns?
Heidrun: *(schlägt einen Treffpunkt vor)*
Marko: Bis später. Ich freue mich schon darauf!
Heidrun: Ich mich auch! Tschüs!

Nehmt einen ähnlichen Dialog auf Kassette auf.

**5** Hör zu. Diese Leute beschreiben ihre letzten Verabredungen. Wer spricht?

a

b

c

d

e

Warum war jede Verabredung eine Katastrophe? Wähl die richtige Antwort.

a) Weil sie den letzten Bus verpaßt haben.
b) Weil es zu laut war.
c) Weil es voll war.
d) Weil alles so teuer war.
e) Weil es langweilig war.

**6** Ergänze diesen Text, um eine hektische Verabredung zu beschreiben.

Samstag war ein hektischer Tag für mich! Ich hatte eine tolle Verabredung! Wir haben uns um neun Uhr **?** und haben zuerst Tennis **?**. Dann sind wir ins Café **?** und haben ein leckeres Eis **?** und eine Cola **?**. Am Nachmittag haben wir den Zirkus **?** – die Clowns waren besonders lustig! Dann sind wir einkaufen **?**, und ich habe ein neues T-Shirt **?**. Am Abend haben wir ein bißchen **?** und Musik **?**, und später sind wir zu einer Party **?**, wo wir viel **?** haben. Am Ende des Tages war ich sehr müde!

gegessen
gehört
gegangen
gespielt
getroffen
besucht
gegangen
getrunken
ferngesehen
gegangen
getanzt
gekauft

**7**

A: Was hast du letzten Samstagabend gemacht?

B: Ich hatte eine Verabredung mit Boris Becker. Wir haben Tennis gespielt.

**8** Lies Petras Tagebuch.

Mittwoch 14

Ich bin in Thomas verliebt! Er ist heute zum ersten
Mal ins Jugendzentrum gekommen.
Er sieht gut aus und hat viel Humor. Wir haben
zusammen Tischtennis gespielt...

Donnerstag 15

Thomas hat mich heute abend angerufen, um mich ins
Theater am Samstag einzuladen.
Ich freue mich wahnsinnig darauf!

Freitag 16

Ich habe ein neues schwarzes Kleid für morgen gekauft.
Die Farbe steht mir gut, und ich fühle mich sehr wohl,
wenn ich es trage. Es war leider etwas teuer, aber
ich habe Vati gesagt, daß ich es im Sonderangebot
gefunden habe!

Samstag 17

Unsere Verabredung war eine Katastrophe!
Zuerst habe ich den Bus verpaßt und war zu spät.
Am Theater hatten wir auch Probleme, weil Thomas
Karten für gestern abend gekauft hatte.
Ich war ziemlich enttäuscht, muß ich schon sagen!
Wir sind dann ins Eiscafé gegangen und haben
ein leckeres Eis gegessen, aber Thomas hat die ganze
Zeit über seine alte Freundin gesprochen!
Später haben wir Marion und Frank getroffen, und
wir sind zusammen zur Rollschuhdisco gegangen.
Thomas ist oft hingefallen und hat sich den Arm
gebrochen!
Wir mußten zum Krankenhaus gehen, und ich
bin deshalb zu spät nach Hause gekommen.
Vati war böse, bis ich alles erzählt habe...
Tja, meine erste Verabredung mit Thomas
war ein Mißerfolg.

Hoffentlich ruft er morgen nochmal an ....
vielleicht rufe ich ihn an!

**Schreib diese Sätze richtig auf.**

a) Am Donnerstag ist Thomas zum ersten Mal ins Jugendzentrum gekommen.

b) Thomas hat Petra am Freitag angerufen, um sie ins Theater einzuladen.

c) Petra hat einen neuen Pullover gekauft.

d) Petra ist mit dem Zug zum Theater gefahren.

e) Sie haben im Eiscafé einen Kaffee getrunken.

f) Sie sind mit Maria und Fritz in die Rollschuhdisco gegangen.

g Thomas hat sich das Bein gebrochen.

h) Petras Vater war böse, weil Petra zu früh nach Hause gekommen ist.

**9**

A Was hast du gestern abend gemacht?

Ich bin mit Fritz zur Disco gegangen. B

A Wie war die Verabredung?

B

Eine Katastrophe!

Warum denn?

A

Weil Fritz schlecht getanzt hat! B

zum Rockkonzert/Kino/Konzert im
  Park/Eiscafé
zur Rollschuhdisco

weil er/sie sich den Arm gebrochen hat
weil ich mein Geld verloren habe
weil ich die Karten vergessen habe
weil es voll war
weil es geregnet hat
weil das Eis ohne Geschmack war
weil es zu laut war

Gestern abend war deine ideale
Verabredung. Kannst du den
Abend beschreiben?

SO GEHT'S **7**

PRIMA! **10**

**LERNZIELE**

In this part of the unit you will learn . . .
* how to talk about teenage concerns.

**1 a) Hier sind acht Gefahren, denen sich Teenager jeden Tag aussetzen. Was paßt zusammen?**

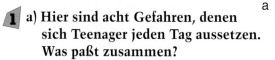

1. Zigaretten rauchen
2. die Schule schwänzen
3. Drogen nehmen
4. im Laden klauen
5. trampen
6. Alkohol trinken
7. schwarzfahren
8. nachts ohne Lichter radfahren

**b) Hör diesen Radiobericht an. Es geht um eine Umfrage über Gefahren. Schreib die Prozente auf.**

Rauchen 42%

# **K**ULTURINFO

*In England und Deutschland dürfen Teenager meistens die gleichen Sachen machen, zum Beispiel: Mit 16 ein Mofa fahren, mit 18 wählen. Aber einige Unterschiede gibt es schon . . .*

* *In Deutschland darf man die Schule mit 15 Jahren verlassen, aber in England erst mit 16 Jahren.*
* *In England darf man mit 17 Jahren Auto fahren, aber in Deutschland erst mit 18 Jahren.*
* *In England darf man mit 16 Jahren Sex haben, aber in Deutschland erst mit 18 Jahren (mit 16 Jahren, wenn die Eltern damit einverstanden sind).*

*Was meinst du dazu?*

**2** Würdest du dich Gefahren aussetzen? Warum?
Warum nicht? Ordne diese Gründe in zwei Listen.

Ich würde mich dieser
Gefahr aussetzen, weil . . .

Ich würde mich nicht
dieser Gefahr aussetzen, weil . . .

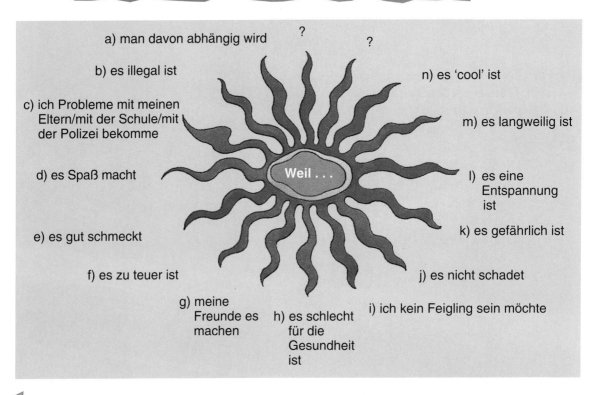

a) man davon abhängig wird

b) es illegal ist

c) ich Probleme mit meinen
Eltern/mit der Schule/mit
der Polizei bekomme

d) es Spaß macht

e) es gut schmeckt

f) es zu teuer ist

g) meine
Freunde es
machen

h) es schlecht
für die
Gesundheit
ist

Weil . . .

n) es 'cool' ist

m) es langweilig ist

l) es eine
Entspannung
ist

k) es gefährlich ist

j) es nicht schadet

i) ich kein Feigling sein möchte

 **3** Hör zu. Welche vier Gefahren besprechen
diese jungen Leute? Was für Gründe
geben sie? Mach Notizen.

| Gefahr | Grund dafür | Grund dagegen |
|---|---|---|

 **4**

A Würdest du Drogen nehmen?

Ich würde keine Drogen
nehmen, weil es illegal ist, und
weil man davon abhängig wird. B

 **5** Hier ist eine
Hörersendung im Radio
über Teenagerprobleme.
Welche Lösung paßt zu
welchem Problem?

a Wenn junge Leute Alkohol
trinken, verdirbt es oft den
Spaß. Laß die Finger davon!

b Versuch, mit Freunden
oder deinen Eltern
darüber zu sprechen.

c Du bist kein Feigling! Sei stark!

Hör nochmal zu und schreib Notizen auf englisch
für jeden Anrufer auf. Vergleich deine Notizen
mit einem Partner oder einer Partnerin.

Bereitet eine Hörersendung über Teenagerprobleme vor.
Nehmt die Sendung auf Kassette auf.

## 6 Daumen raus – Risiko oder nicht? Lies die folgenden Texte.

**1**

Mitfahrgelegenheit
Am Dienstag 2. August fahre ich von Kiel nach Athen. Ich habe Platz für zwei Leute im Auto. Wollt ihr mitfahren und die Benzinkosten teilen? Rückfahrt Ende August. Ruf mich möglichst schnell an.

072/683 210

072/683210 · 072/683210 · 072/683210 · 072/683210 · 072/683210 · 072/683210 · 072/683210 · 072/683210

**2**

Silke Erdmann (16J) ist seit vier Tagen verschwunden. Sie wollte nach München trampen, um ihre Schwester zu besuchen. Am Dienstagvormittag hat man Silke an der Autobahnauffahrt gesehen. Sie ist aber nie angekommen. Haben Sie Informationen? Rufen Sie sofort an. Tel: 22 54 99. Passen Sie beim Trampen bitte auf – nicht alle Autofahrer sind vertrauenswürdig!

**3**

### Trampen – Was haltet ihr davon? Bravo-Girl berichtet . . .

a) Die Leute romantisieren das Trampen – sie reden von dem ‚Abenteuer' und der ‚Freiheit'. Die Realität ist anders: Die Autofahrer haben die Freiheit – sie entscheiden, wo sie mich absetzen. Und stundenlang im Regen zu warten, um mitgenommen zu werden, ist kein echtes Abenteuer. Es dauert länger, das Ziel zu erreichen, und das kostet dann mehr Geld!

*Zwei Kilometer in zwei Stunden. Manchmal geht's schneller zu Fuß!*

b) Trampen ist eine gute Idee. Man spart Geld, und zusätzlich lernt man interessante Leute kennen . . . aber nicht immer!

c) Ich trampe oft und gern. Heutzutage ist fast alles, was wir machen, geplant. Das Trampen ist eine Ausnahme – das ist spontan! Meine Eltern kann ich nicht beruhigen – sie meinen, das Trampen ist gefährlich, obwohl sie es selbst nie gemacht haben!

**4**

Unsere Sommerferien in Biarritz waren spitze. Der Campingplatz war sauber und gut eingerichtet. Das Essen war billig, und wir hatten die ganze Zeit wolkenfreie Tage!
Auch die Hin- und Rückfahrt war problemlos, obwohl wir getrampt sind, um ein bißchen Geld zu sparen. Ein Porsche hat uns mitgenommen, und wir sind schneller als mit dem Bus dorthin gekommen, und auf der Rückreise haben wir einen interessanten LKW-Fahrer kennengelernt – er hat uns viele lustige Geschichten über Fernverkehr erzählt. Wie waren Deine Ferien in

### a) Welches Foto paßt zu welchem Text?

a

b

c

### b) Für oder gegen Trampen? Finde Stichwörter in den Texten.

| für | gegen |
|-----|-------|
|     | stundenlang warten |

 **EXTRA!** Bist du für oder gegen Trampen? Mach ein Poster (mit Text, natürlich!), um deine Meinung zu äußern.

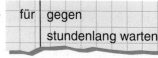

## F     Kleider machen Leute

**LERNZIELE** In this part of the unit you will learn . . .
- how to describe the clothes you wear
- how to talk about the clothes other people wear.

 **1** Sieh dir diese Tabelle an. Such die neuen Wörter im Wörterbuch und schreib Sätze, um diese Tabelle zu interpretieren.

> Mädchen geben für Bekleidung mehr Geld aus als Jungen.
> Jungen geben für Kosmetik und Körperpflege weniger Geld aus als Mädchen.

Konsumverhalten der 14- bis 21jährigen in den sechs wichtigsten Konsumschwerpunkten dieser Altersgruppe (Angaben in %)

| | Jungen | Mädchen |
|---|---|---|
| Bekleidung | 36 | 64 |
| Gaststättenbesuche | 57 | 43 |
| Auto, Motorrad, Fahrrad | 74 | 26 |
| Schallplatten, HiFi | 52 | 48 |
| Kosmetik und Körperpflege | 16 | 84 |
| Getränke | 65 | 35 |

(Quelle: VASCOVICS/SCHNEIDER, 1989)

**2** Hör zu. Antje, Florian, Arndt und Katharina sprechen über ihre Einstellung zu Kleidung und Mode. Wer ist das?

a       b       c       d

 **EXTRA!** Hör nochmal zu. Schreib Stichwörter und/oder einen kurzen Text für jede Person.

> Antje – Jeans, T-Shirt/Sweat-Shirt
>      Turnschuhe – bequem
>      DM 100,- (Monat),
>      Geburtstag/Weihnachten
> Antje trägt meistens Jeans und ein T-Shirt oder ein Sweat-Shirt. Sie findet Turnschuhe bequem . . .

 **EXTRA!** Und du? Was ist deine Einstellung zu Kleidung und Mode? Schreib einen kleinen Text oder nimm deine Beschreibung auf Kassette auf.

 **3** Für Jungen und Mädchen sind Kleidung und Mode wichtig! Mach deine eigene Klassenumfrage und schreib die Resultate auf.

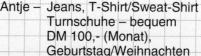

> Was für Kleidung trägst du am liebsten? Warum?
> Wie oft ziehst du dich am Tag um?
> Wieviel Geld gibst du für Kleidung aus?

Einstellung zur Kleidung und Mode bei 12- bis 21jährigen (Angaben in %)

| | Gesamt | Jungen | Mädchen |
|---|---|---|---|
| Für mich ist Kleidung sehr bzw. ziemlich wichtig | 77 | 65 | 88 |
| Ich trage selbst Sachen die "in" sind | 68 | 56 | 80 |
| Ich ziehe mich am Tag öfter um, je nachdem, was ich vorhabe | 60 | 54 | 66 |
| Es ist mir wichtig, von der Kleidung her jeden Tag ein bißchen anders auszusehen | 54 | 43 | 65 |

(Quelle: Institut für Jugendforschung, 1989)

**4** Verschiedene Cliquen tragen verschiedene Kleidungen. Sieh dir diese zwei Bilder aus einem Fotoroman an. Daisy ist Punk und Pierre ist Popper. Die beiden finden, daß sie sich trotzdem gut verstehen. Aber sie haben nicht mit der Reaktion ihrer beiden Cliquen gerechnet.

Hippies sind auch eine Clique. Ergänze die Sätze unten mit einem Verb aus der Blume!

1. Hippies  oft Tee aus China.

2. Hippies  oft gern Horoskope.

3. Hippies  Krieg schlecht.

4. Hippies  oft Musik von Jimi Hendrix an.

5. Hippies  gern Bohnen und Linsen.

6. Hippies oft lange Haare.

7. Hippies Frieden gut.

8. Hippies oft Hemden aus Indien, breite Hosen oder lange Röcke und lange Halsketten.

**5** Hör zu. Wer spricht? Ist das ein Punk, ein Skin oder ein Hippie? Zeichne jede Person!

EXTRA+ Erfinde eine neue Clique! Wie heißt die Clique? Was tragen die Mitglieder? Was finden sie gut oder schlecht?

**8** HÖR ZU

**6** Schreibt diesen Mode-Quiz weiter und probiert ihn mit Freunden aus.

EXTRA+ Vergeßt nicht, die Punkte und das Ergebnis zu schreiben!

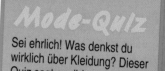

Sei ehrlich! Was denkst du wirklich über Kleidung? Dieser Quiz sagt es dir!

**1** Welche von diesen Farben trägst du am meisten?
a. schwarz
b. braun
c. rot

**2** Wenn du aus der Schule kommst, ziehst du sofort andere Kleidung an?
a. immer
b. manchmal
c. nie

**3** Was ist am wichtigsten für dich beim Kleiderkaufen?
a. Preis
b. Bequemlichkeit
c. Mode

**7** Lies den Artikel.

# „Doc's": Mode mit Bequemlichkeit

a   Was sind „Doc's"? Die Doc-Martens Stiefel aus England sind ‚Kult-Schuhe'. Alle Leute tragen „Doc's" – Mädchen und Jungen, Skins, Punks, Popstars, Arbeiter, ganz ‚normale' Teenager. Heutzutage kann man allerlei „Doc's" kaufen, aber besonders populär ist immer noch das erste Modell – schwarz mit gelber Rahmennaht, mit dem Etikett „Dr. Martens" und „Made in England" auf der Sohle gedruckt.

b   Kennt ihr die Legende der „Doc's"? Die Geschichte ist interessant…

c   Ein Deutscher, Dr. Klaus Maertens, hat diese berühmten Schuhe erfunden. Am Anfang war dieser ‚Kult-Schuh' ein Gesundheitsschuh. Nach einem Skiunfall hatte Dr. Maertens Probleme mit den Füßen, und er brauchte unbedingt neue Schuhe mit weichen Sohlen. Dr. Maertens und sein Freund Dr. Funck (ein Ingenieur) haben zusammen gearbeitet und die ersten Schuhe mit der Hand produziert.

d   Wie sind die Schuhe nach England gekommen? Ein englischer Schuhproduzent, Mr. Bill Griggs, hat einen schwarzen, praktischen Arbeiterschuh produziert, aber leider waren sie nicht besonders bequem. Er hat von Dr. Maertens Gesundheitsschuh gehört und hat Kontakt mit ihm aufgenommen. Obwohl die Schuhe in Deutschland schon patentiert waren, bekam Bill Griggs die Lizenz für England, und kurz danach hat er die Doc-Martens Stiefel produziert.

e   Warum tragen Leute „Doc's"? „Sie sind cool und modisch." (Anke, 15J.)
„Zuerst sind sie etwas steif, aber nach vierzehn Tagen sie sind richtig bequem!" (Martin, 18J.)
„Ich habe ein tolles Paar Doc's, rot aus Glattleder. Die finde ich bequem und elegant." (Kirsten, 22J.)
„Doc's finde ich ideal… besonders beim Fußballspielen im Park." (Tanja, 8J.)
„Ich und meine Freunde tragen fast immer Doc's. Doc's sind Gefühl!" (Boris, 24J.)
„Die Schuhe sind eine gute Qualität." (Frau Bergmann, 34J.)
„Ich interessiere mich für Mode und trage oft Doc's. Später würde ich gern für die Firma arbeiten, vielleicht im kaufmännischen Bereich oder in der Designabteilung." (Tim, 19J.)

f   Vielleicht sind „Doc's" zum Kultobjekt geworden, weil man sie nicht überall kaufen kann. In Deutschland zum Beispiel werden nur 300.000 Paar pro Jahr verkauft. Man bekommt sie auch nicht bei allen Schuhgeschäften, nur in gewissen Modeboutiquen. „Doc's" bedeuten Mode mit Bequemlichkeit!

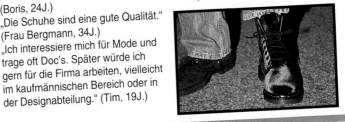

**a) Welcher Titel paßt zu welchem Absatz?**    1f

1. Doc's sind Kultobjekt!
2. Es gibt Doc's für alle heute!
3. Bill sucht Bequemlichkeit!
4. Erst in Deutschland produziert!
5. Eine interessante Geschichte!
6. Doc's sind populär!

**b) Beantworte die Fragen.**

1. Wer trägt Doc's?
2. Wer hat Doc's erfunden?
3. Was war ein Doc am Anfang?
4. Wer war Bill Griggs?
5. Wie lange dauert es, bis Doc's bequem sind?
6. Wie findest du Doc's?

 **EXTRA!** Bereite eine Anzeige für Doc's vor oder mach eine Umfrage über Doc's.

 **10** PRIMA!

# PROJEKTSEITE

## Mach eine Zeitkapsel für Teenager im Jahre 2050!

*Was ist eine Zeitkapsel?*

Eine Kiste mit Dokumenten und Kassetten, die dein Leben heute beschreiben. Teenager im Jahre 2050 werden deine Zeitkapsel bestimmt interessant finden!

*Was kann ich für meine Zeitkapsel machen?*

Ziemlich viel! Entweder allein, zu zweit oder mit einer kleinen Gruppe.

Hier sind einige Ideen . . .

- Eine Kassette mit Interviews über Freizeitinteressen
- Ein Poster oder eine Broschüre über deine Hobbys
- Eine 'Top Ten'-Leseliste mit einer kurzen Erklärung
- Gedichte über Freizeit oder Teenagerleben
- Eine Liste von Gefahren und Meinungen darüber
- Informationen über Kleidung, Mode und Cliquen
- Ein Kassettenbrief über Freunde und Familie
- Ein Tagebuch
- Umfrageresultate
- Ein Foto-Roman über eine ideale oder katastrophale Verabredung
- Eine Kritik von deutschen und englischen Jugendzeitschriften

*Viel Spaß!*

# Von Tag zu Tag

In this unit you will learn how to talk about various everyday activities, including life at home, daily routines and health. You will also focus on some pastimes teenagers enjoy – talking about cinema and music, eating out and shopping for clothes.

## A — Wir helfen mit!

LERNZIELE

In this part of the unit you will learn . . .
- how to talk about what you do or have done at home
- how to ask about what others do or have done at home
- how to give opinions about household chores.

**1** Theo muß viel zu Hause helfen, weil er Geld für ein neues Mofa verdienen will. Hör zu. Was muß er machen? Schreib die Details ins Heft.

| | |
|---|---|
| Montag 10 | *j* |
| Dienstag 11 | |
| Mittwoch 12 | *j* |
| Donnerstag 13 | |
| Freitag 14 | *j* |
| Samstag 15 | |
| Sonntag 16 | |

SO GEHT'S **19**

**2**

A: Wie hilfst du zu Hause?

B: Ich mache mein Bett, ich wasche ab, und ich gehe einkaufen.

EXTRA!

A: Wie hilfst du zu Hause?

B: Jeden Tag mache ich mein Bett. Ich wasche oft ab, und einmal pro Woche gehe ich einkaufen.

**3** Sieh dir die Bilder in Übung 1 nochmal an und lies diesen Text. Was macht Marion gern, und was macht sie nicht gern? Mach zwei Listen.

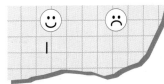

EXTRA!

Und du? Wie findest du Hausarbeit? Schreib einen kurzen Text.

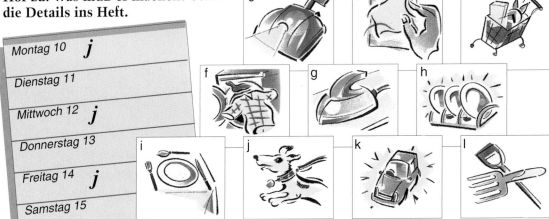

In den Schulferien muß ich viel im Haushalt helfen. Ich bin gern im Freien, also gefällt mir die Gartenarbeit gut. Abwaschen, Bett machen und den Tisch decken kann ich schnell machen, und das finde ich O.K. Besonders langweilig aber finde ich Putzen und Staubsaugen! Ich gehe gern einkaufen, weil ich oft meine Freunde treffe . . . Kochen ist mein Lieblingsfach in der Schule, und deshalb bereite ich gern das Essen vor. Ich muß auch die Wäsche waschen - das gefällt mir überhaupt nicht, obwohl wir eine gute Waschmaschine haben! Bügeln finde ich ganz gut, weil ich nebenbei Musik hören kann, und ich gehe auch gern mit Dino spazieren. Er ist mein Lieblingstier! Wenn ich das Auto wasche, bekomme ich manchmal zwei Mark von meinen Eltern, und das finde ich spitze!

**4**

A — Wer wäscht bei dir ab?

B — Entweder meine Mutter oder ich.

Findest du die Hausarbeit bei dir fair?

Meine Mutter und ich waschen immer ab. Das finde ich fair, weil mein Stiefvater meistens bügelt.

**5** **Hör zu. Was haben Sabine, Marko, Heidrun und Sybille letztes Wochenende im Haushalt gemacht? Mach Notizen.**

| Wer? | Wann? | Was? |
|------|-------|------|
| Sabine | Samstag | Tisch gedeckt |

Schreib Sätze ins Heft.

Sybille hat das Mittagessen vorbereitet und ihre Jeans gebügelt.

**6**

A — Wer hat gebügelt?

B — Sybille und Heidrun.

A — Was hat Sabine gemacht?

B — Sie hat den Tisch gedeckt.

den Tisch gedeckt
einkaufen gegangen
das Haus geputzt
das Abendessen/Mittagessen
  vorbereitet
staubgesaugt
die Wäsche gewaschen
abgewaschen
gebügelt
im Garten gearbeitet

Und wie hast du letztes Wochenende zu Hause geholfen?

**7** **Richtig oder falsch?**

a) Stefan hat eine Woche bei seinen Großeltern verbracht.

b) Stefans Großmutter ist eine moderne Frau.

c) Stefan meint, daß Jungen bei der Hausarbeit helfen sollen.

d) Stefan spült nie zu Hause.

e) Stefan mußte einmal pro Woche sein Bett machen.

f) Sein Zimmer war immer schmutzig.

g) Bügeln ist Stefans Lieblingsjob im Haushalt.

h) Stefan mußte oft seinem Großvater im Garten helfen.

i) Stefan mußte das Auto einmal pro Woche waschen.

Hamburg, den 21. Juli

Liebe Barbara!

Gott sei Dank, daß ich wieder zu Hause bin! Vierzehn Tage bei meinen Großeltern waren viel zu anstrengend für mich! Meine Großmutter ist eine moderne, emanzipierte Frau und meint, daß Jungen bei der Hausarbeit helfen sollen. Aber wie! Eigentlich habe ich nichts dagegen, aber ich mußte so viel machen ... Jeden Tag mußte ich mein Bett machen und spülen (wie zu Hause), aber auch mein Zimmer putzen und staubsaugen. So ein sauberes Zimmer habe ich noch nie erlebt! Meine Großmutter sagt immer: "Wenn du vom Zuhause wegziehst, ist es besser, wenn du alles selbst machen kannst." Deshalb mußte ich oft einkaufen gehen, das Essen vorbereiten (ich bin jetzt Kochexperte), Wäsche waschen und bügeln! Bügeln finde ich todlangweilig ... ich werde so lange wie möglich zuhause wohnen, weißt Du! Und dann mein Großvater! Ich mußte ihm bei der "Männerarbeit" helfen (er ist nicht so emanzipiert wie meine Großmutter). Ich mußte jeden Tag mit ihm im Garten arbeiten und zweimal (zweimal in vierzehn Tagen) das Auto waschen. Urlaub war's nicht, aber es hat trotzdem Spaß gemacht, weil meine Großeltern sehr sympathisch sind ... Ich freue mich auf meinen Aufenthalt bei Dir nächste Woche - hoffentlich gibt es nicht so viel Hausarbeit! Dein erschöpfter Freund Stefan

Schreib die falschen Sätze richtig auf.

HÖR ZU **20**

**8** Welche Jobs machst du im Haushalt nicht gern? Erfinde einen Roboter, der sie für dich machen kann.

**EXTRA!** Bereite einen Radio-Werbespot für deinen Roboter vor.

In einer Minute kann mein Roboter das Wohnzimmer staubsaugen.

# KULTURINFO

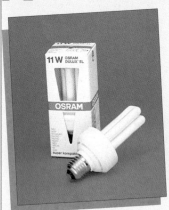

*Einen idealen Roboter gibt es vielleicht noch nicht, aber viele Firmen versuchen, das Leben zu Hause einfacher, billiger und umweltfreundlicher zu machen. Am Anfang des Jahrhunderts war die Firma Siemens schon dabei, bessere Beleuchtungsgeräte zu erfinden. Heutzutage hat ihre Partner-Firma Osram eine kompakte, energiesparende Glühbirne entwickelt.*

*Große Fortschritte im Haushalt, nicht wahr!*

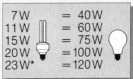
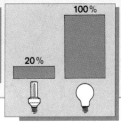
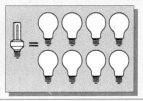

**9** Sieh dir diese Liste an. Was machst du gern? Was machst du nicht gern? Schreib zwei Listen.

Hallo, ihr zwei! Ich bin um zwölf Uhr wieder da! Helft mir bitte!

1. Wohnzimmer staubsaugen
2. abwaschen
3. im Garten arbeiten (Rasen mähen)
4. Betten (4x) machen.
5. Pizza vorbereiten (zum Mittagessen)
6. bügeln (8 Hemden, eine Hose und 4 Taschentücher)
7. Tisch decken
8. Wohnzimmer putzen

**P** **PARTNERARBEIT** **10** Seht euch die Liste in Übung 9 nochmal an. Es ist fünf Minuten vor elf. Ihr habt eine Stunde. Wer macht was? Schreibt Notizen auf.

A
Wohnzimmer
staubsaugen 15 Min.

B
abwaschen 20 Min.

A Du kannst das Wohnzimmer staubsaugen.

B Ach, nein. Staubsaugen mag ich nicht.

A O.K. Ich mache das! Dafür brauche ich fünfzehn Minuten. Was machst du?

B Ich wasche ab.

A O.K. Wieviel Zeit brauchst du dafür?

B Eine halbe Stunde.

A Was! Eine halbe Stunde! Nein, das geht doch nicht. So viel Zeit brauchst du nicht!

B O.K. Zwanzig Minuten. Und was machst du noch?

27 PRIMA!

LERNZIELE ▶

In this part of the unit you will learn . . .
- how to talk about your daily routine
- how to find out about someone else's daily routine.

**1**   Hör diesen Werbespot für eine neue Sorte Nuß-Nougat-Creme an. Ordne die Bilder. Schreib die passenden Buchstaben in der richtigen Reihenfolge auf, um den Namen der Nuß-Nougat-Creme zu finden!

Mach deine eigene 'frühmorgens' Kassette.

**2**   Ergänze diesen Text.

Der Wecker klingelt und Brigitte **?** auf. Sie **?** sofort auf und **?** sich schnell. Dann **?** sie sich die Zähne und **?** sich die Haare. Kurz danach **?** sie sich an und **?** mit ihrem Hund spazieren. Eine Viertelstunde später kommt sie nach Hause und **?** ihre Lieblings-Nuß-Nougat-Creme und Toast. Dann **?** sie sich die Hände, weil sie viel Nuß-Nougat-Creme auf den Fingern hat! Nebenbei **?** sie auch Radio. Es ist erst sieben Uhr, aber Brigitte ist glücklich, weil sie Zeit hat, noch eine Scheibe Toast mit 'Frühmorgens' zu essen!

| |
| --- |
| ißt |
| hört |
| wacht |
| zieht |
| putzt |
| geht |
| wäscht |
| steht |
| duscht |
| bürstet |

Was machst du frühmorgens? Schreib einen kurzen Text ins Heft.

**3** Florian spricht über seine Routine am Wochenende. Welche sechs Artikel braucht er?

 Hör nochmal zu. Schreib Notizen ins Heft.

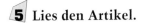
11 Uhr – wacht auf

**4** a)

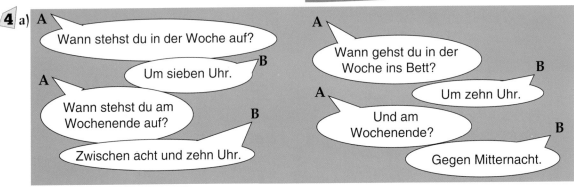

A: Wann stehst du in der Woche auf?
B: Um sieben Uhr.
A: Wann stehst du am Wochenende auf?
B: Zwischen acht und zehn Uhr.

A: Wann gehst du in der Woche ins Bett?
B: Um zehn Uhr.
A: Und am Wochenende?
B: Gegen Mitternacht.

b) **Vergleiche deine Routine in der Woche und am Wochenende. Schreib einen Text.**

**5** Lies den Artikel.

## Berufsinfo! Interview . . .

*Was sind Sie von Beruf, Herr Lorber?*

Ich bin Hafenarbeiter.

*Seit wann sind Sie Hafenarbeiter?*

Seit zwanzig Jahren! Ich habe mit fünfzehn Jahren die Arbeit hier im Hafen begonnen.

*Wie finden Sie die Arbeit?*

Meistens sehr interessant. Der Hafen hier in Hamburg ist sehr groß, und es ist immer viel los! Ich muß frühmorgens hier sein, aber das gefällt mir ganz gut. Nur wenn es regnet, ist die Arbeit nicht so schön!

*Haben Sie eine Routine für die Arbeit?*

Die Arbeit beginnt um fünf Uhr, und ich stehe um halb fünf auf. Ich wasche mich sehr schnell und ziehe alte Kleidung an. Frühstück esse ich nie, weil wir um halb acht eine große Pause machen, und dann esse ich Brot mit Käse oder Schinken. Ich trinke aber immer schnell einen Kaffee, bevor ich das Haus verlasse. Dann fahre ich mit dem Rad zum Hafen - zehn Minuten oder so. Wir fangen früh an, aber dafür ist der Arbeitstag meistens um zwei Uhr zu Ende.

*Was machen Sie dann nachmittags?*

Zuerst nach Hause, wo ich mich dusche und umziehe. Mein Lieblingshobby ist Angeln, und ich gehe fast jeden Tag irgendwo in der Nähe angeln - am Hafen, an der Elbe oder an der Alster. Das macht mir Spaß!

**Beantworte die Fragen.**

a) Wo arbeitet Herr Lorber?

b) Wie alt ist er?

c) Gefällt ihm die Arbeit?

d) Wie viele Stunden arbeitet er pro Tag?

e) Muß er eine Uniform für die Arbeit tragen?

f) Bis wann wartet er auf das richtige Frühstück?

g) Wie fährt er zur Arbeit?

h) Was macht er nach der Arbeit?

 Schreib zehn Sätze, um Herrn Lorbers Arbeitstag zu beschreiben.

> Herr Lorber muß früh aufstehen.

## KULTURINFO

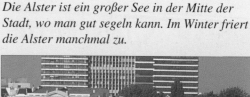
*Die Alster ist ein großer See in der Mitte der Stadt, wo man gut segeln kann. Im Winter friert die Alster manchmal zu.*

*Hamburg liegt an der Elbe und hat den größten Hafen Deutschlands. Dieser Welthafen ist auch sehr wichtig in Europa. Gesamtlänge des Kais (voll mit Schiffen, Kränen, Containern und Lagerhallen) im Hamburger Hafen: 65 Kilometer. Der Hafen liegt an der Elbe, 109 Kilometer von der Nordsee.*

**6** Hör zu. Diese drei Leute beschreiben ihre Berufe. Wer spricht?

**7** Trag diese Tabelle ins Heft ein. Hör nochmal zu und ergänze so viele Informationen wie möglich.

| Beruf | Routine | nach der Arbeit | andere Details |
|---|---|---|---|

 Beschreib einen typischen Tag für dich oder für eine berühmte Person. Nimm die Beschreibung auf Kassette auf.

 Schreib einen Artikel (wie Übung 5) über eine dieser Personen.

**21** PARTNERARBEIT

## C     Essen macht Spaß!

**LERNZIELE** ▶ In this part of the unit you will learn . . .
- how to order food and drink in a restaurant
- how to talk about teenage eating habits
- how to discuss breakfast eating habits.

 **1** Hör zu. Was bestellen Katja und Jörg?

> Wollen wir hier essen?

> Ja, gerne!

### Speisekarte

**Vorspeisen**

| | | |
|---|---|---|
| 1 | Gulaschsuppe | 5,50 |
| 2 | Tomatensuppe | 4,50 |
| 3 | Räucherlachs auf Toast | 7,80 |

**Hauptgerichte**

| | | |
|---|---|---|
| 4 | Schweineschnitzel „Wiener Art", Pommes Frites, Gemüse | 13,00 |
| 5 | Forelle mit Kartoffeln, Salatteller | 14,00 |
| 6 | Steak mit Champignonsoße, Pommes Frites, Gemüse | 16,00 |
| 7 | Schnitzel „Gran Canaria" mit Banane, Mais und Paprika, Pommes Frites, Salatteller | 14,50 |

**Nachtische**

| | | |
|---|---|---|
| 8 | Eisbecher „Romanoff" | 5,50 |
| 9 | Erdbeeren mit Sahne | 4,50 |

**Getränke**

| | | |
|---|---|---|
| 10 | Schwarzwälder Kirschtorte | 6,00 |
| 11 | Rotwein/Weißwein | 4,00 |
| 12 | Bier | 3,50 |
| 13 | Mineralwasser | 3,20 |
| 14 | Cola, Limonade, Saft | 2,80 |

 **2** A: Mach das Buch zu.
B: Sieh die Speisekarte in Übung 1 an.

als Vorspeise
als Hauptgericht
zum Nachtisch
zu trinken

> **A:** Was gibt es als Vorspeise?
> **B:** Es gibt Tomatensuppe, Gulaschsuppe und Räucherlachs auf Toast.
> **A:** Ich nehme Tomatensuppe. Und du?
> **B:** Ich nehme Räucherlachs auf Toast.

**3** In der Pizzeria gibt es heute abend viele Leute ... und viele Probleme! Hör zu. Was bestellen diese Leute, und was ist das Problem?

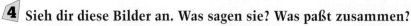
Sie bestellen ...     Problem

**4** Sieh dir diese Bilder an. Was sagen sie? Was paßt zusammen?

a

b

c

d

1. – Zahlen, bitte.
   – Das macht fünfundzwanzig Mark vierzig.

2. – Diese Frikadelle ist kalt.
   – Ach, es tut mir wirklich leid.

3. – Haben Sie schon gewählt?
   – Ja, ich nehme die Frikadelle mit Pommes Frites und ein Bier, bitte.

e

4. – Hat es geschmeckt?
   – Ja, lecker.
   – Möchten Sie einen Nachtisch?
   – Ja, ich nehme Apfelstrudel.

5. – Ein Bier. Bitte schön.
   – Danke.

**EXTRA!** Beantworte diese Fragen.

a) Was für Kartoffeln bestellt sie?
b) Was bestellt sie zu trinken?
c) Was ist das Problem mit dem Hauptgericht?
d) Hat sie nach dem Hauptgericht noch Hunger?

## KULTURINFO

*Jedes Jahr in München gibt es das ‚Oktoberfest' – ein Fest mit Essen, Musik, Attraktionen ... und Bier!*

*Die Ausschank- und Verzehrziffern sind interessant!*

| Jahr | Besucher (in Millionen) | Bier (hl) | Schweinwürstel (Paar) |
|------|------------------------|-----------|----------------------|
| 1937 | ? | 10.247 | 277.572 |
| 1971 | 5 | 40.295 | 563.367 |
| 1985 | 7.1 | 54.541 | 360.734 |
| 1992 | 5.9 | 48.888 | 190.536 |

**5** Seht euch die Speisekarte in Übung 1 nochmal an.

Probleme!

A Haben Sie schon gewählt?

Ja, ich nehme die Gulaschsuppe. B

Diese Gulaschsuppe ist zu salzig. B

A Möchten Sie etwas zu trinken?

Ja, ich nehme ein Glas Apfelsaft. B

A Ach, es tut mir leid. Ich bringe sofort eine andere.

Zahlen, bitte. B

**EXTRA!** Schreib einen Restaurant-Dialog ins Heft.

A Das macht acht Mark dreißig.

**6** **Richtig oder falsch?**

a) Wenn man Fisch gern ißt, soll man zum Brücke 10-Restaurant gehen.

b) Man kann im Sam Brero's-Restaurant italienisch essen.

c) Das Café Prinzess-Restaurant ist ideal für große Gruppen.

d) Im Zorba-Restaurant kann man vegetarisch essen.

e) Im Bistrot le Souterrain kann man ägyptische Spezialitäten probieren.

f) Das Brücke-Restaurant befindet sich am Hafen.

g) Man kann zu Mittag im Sam Brero's-Restaurant essen.

h) Man kann im Medded-Restaurant mexikanisch essen.

 Schreib die falschen Sätze richtig auf.

Sam Brero's-Restaurant 7.30

**7** **Sieh dir die Anzeigen rechts nochmal an.**

a) **Wähl ein Restaurant aus und schreib den Namen auf. Wann möchtest du dorthin gehen? Schreib die Zeit auf.**

b) **Mit wem gehst du essen?**

 Schreib eine Anzeige für ein Restaurant in deiner Stadt.

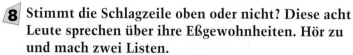

# Teenager essen immer mehr Süßigkeiten und Fast-Food

**8** Stimmt die Schlagzeile oben oder nicht? Diese acht Leute sprechen über ihre Eßgewohnheiten. Hör zu und mach zwei Listen.

| Ja | Nein |
|----|------|
|    | 1    |

1. Ich bin achtzehn Jahre alt und Student an der Uni in Hamburg. Ich kaufe meistens Gemüse auf dem Markt, weil ich nicht viel Geld habe. Ich esse sowieso am liebsten vegetarisch.

2. Ich bin dreizehn und habe immer so viel zu tun! Ich spiele Fußball für die Jugendmannschaft in unserer Stadt und muß viel trainieren. Zwischen Schule und Training habe ich nicht viel Zeit, und ich esse schnell Kuchen oder Schokolade. Nach dem Training gehen wir oft zusammen zu McDonalds.

3. Ich bin der fünfzehnjährige Stefan. Ich hasse Obst und Gemüse. Ich esse auch nicht gern Fisch, aber Fleisch schmeckt mir gut, besonders Hamburger. Pizza esse ich auch gern.

4. Meine Mutter legt großen Wert auf gute Ernährung für mich, und ich habe immer gesunde Pausenbrote und Obst für die Schule. Das finde ich gut.

5. Ich bekomme zehn Mark Taschengeld pro Woche. Davon kaufe ich viel Kaugummi, Bonbons und Schokolade!

6. Zu Hause esse ich gesund, aber ich gehe fast jeden Tag mit Freunden aus. Wir gehen oft ins Kino, wo ich immer Popkorn esse, oder wir gehen zur Burger-Bar oder Pizzeria. Ich weiß, daß es ungesund ist, aber es schmeckt doch so gut!

7. Ich bin allergisch gegen Schokolade – davon kriege ich immer Kopfschmerzen. Fast-Food finde ich ekelhaft!

8. Mein Lieblingsessen ist Currywurst mit Pommes Frites und Ketchup. Das esse ich mindestens dreimal pro Woche.

**EXTRA!** Was für Essen ist gesund? Und was ist ungesund? Schreib zwei Listen.

| gesund | ungesund |
|--------|----------|
| Gemüse |          |

**9** Mach eine Klassenumfrage. Stimmt die Schlagzeile für deine Klasse oder nicht?

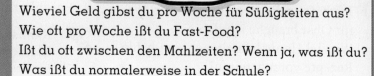

Wieviel Geld gibst du pro Woche für Süßigkeiten aus?

Wie oft pro Woche ißt du Fast-Food?

Ißt du oft zwischen den Mahlzeiten? Wenn ja, was ißt du?

Was ißt du normalerweise in der Schule?

**10** „Frühstück ist eine wichtige Mahlzeit!" sagen die Ernährungsexperten. Hör zu. Was essen diese vier Jugendlichen? Schreib Notizen ins Heft.

Gegessen? Getrunken? Wann? Wo? Mit wem?

 Schreib Sätze.

> Anja hat Müsli mit Joghurt und einen Apfel gegessen und Orangensaft getrunken. Sie hat um sieben Uhr mit der Familie in der Küche gefrühstückt.

 **11**

A — Was hast du heute zum Frühstück gegessen?

Ich habe zwei Scheiben Toast mit Butter und Marmelade gegessen. — B

A — Und was hast du getrunken?

Kaffee mit Milch und Zucker. — B

A — Wann war das?

Ich habe gegen halb acht gefrühstückt. — B

A — Und wo hast du gefrühstückt?

In der Küche. — B

A — Und mit wem?

Ich habe allein gefrühstückt. — B

 Mach ein phantasievolles Interview über Frühstück.

mit der Tennisspielerin Steffi Graf

auf dem Mond

## Mit Power von morgens bis abends

**Frischkornmüsli**

2 EL Weizenschrot
2-4 EL Wasser
1 Becher (150 g) Joghurt
(3,5 % Fett)
1 kl Apfel
1 TL Honig
1 EL gehackte Nusskerne

Am Vorabend den Schrot in einem abgedeckten Gefäß im Kühlschrank in Wasser einweichen. Am Morgen den Apfel schälen, raspeln und mit Jo-ghurt unter das Müsli ziehen. Mit Honig abschmecken und mit Nüssen bestreuen.

Das Gericht enthält 10 g Eiweiß, 13 g Fett, 43 g Kohlenhydrate, 340 kcal, 1424 kJ.

### Frühe Genüsse

Die folgenden Rezepte sind Alternativen zum herkömmlichen morgendlichen Marmeladenbrot. So starten Sie frisch in den Tag.

**Bananen-Dickmilch**

1 Becher Dickmilch (150 g)
1 TL Honig
3 EL Haferflocken (oder Müsli, ungezuckert)
1 kl. Banane

Dickmilch und Honig verrühren. Banane in dünne Scheiben schneiden und mit den Haferflocken unter die Dickmilch rühren.

Das Gericht enthält 10 g Eiweiß, 8 g Fett, 49 g Kohlenhydrate, 326 kcal, 1359 kJ.

**12** Lies die Rezepte oben. Beantworte die Fragen.

a) Ich möchte die Bananen-Dickmilch und das Frischkornmüsli. Wie viele Kalorien sind das?

b) Ich bereite die zwei Rezepte vor. Was für Obst brauche ich dafür?

c) Wieviel Honig brauche ich, um beide Rezepte vorzubereiten?

d) Wieviel Zeit brauche ich, um die Bananen-Dickmilch vorzubereiten?

e) Was muß ich am Vorabend für das Frischkornmüsli machen?

 Kannst du andere Fragen für deine Klasse schreiben?

**LERNZIELE**

In this part of the unit you will learn . . .
- how to buy clothes
- how to express opinions about what people are wearing.

**1** **Richtig oder falsch? Schreib die falschen Sätze richtig auf.**

a) Heinz sucht eine neue Jacke.

b) Die Hosen in der Boutique sind billig.

c) Im Kaufhaus gehen Heinz und Claudia in den dritten Stock.

d) Heinz braucht Größe 34.

e) Heinz möchte eine hellblaue Hose.

f) Heinz geht zur Telefonzelle, um die Hose anzuprobieren.

g) Die erste Hose ist zu groß.

h) Die zweite Hose ist zu lang.

i) Heinz kauft die dritte Hose – sie ist teuer.

j) Markus hat die gleiche Hose wie Heinz gewählt.

Arbeitet zu fünft. Könnt ihr diese Geschichte (oder eine ähnliche) vorspielen?

**2** a) **Was fragt die Verkäuferin und was fragt die Kundin? Mach zwei Listen.**

1. Haben Sie eine Nummer größer?
2. Kann Ich Ihnen helfen?
3. Was kostet dieses Hemd?
4. Darf ich es anprobieren?
5. Wie gefällt Ihnen das Hemd?
6. Haben Sie etwas in Rot?
7. Wo sind die Kabinen?
8. Welche Größe haben Sie?

b) **Und welche Antwort paßt zu welcher Frage? Paß auf! Manchmal gibt es zwei mögliche Antworten. Schreib beide auf!**

a) Dort drüben neben der Kasse.
b) Es ist im Sonderangebot, nur DM 23.
c) Ja, hier ist Größe 40.
d) Ja, hier sind Hemden in Rot.
e) Nein, danke. Ich sehe mich nur um.
f) 38.
g) Nein, aber dieses Hemd ist rot und blau kariert.
h) Es paßt mir gut.
i) Ja, ich suche ein neues Hemd.
j) Die Farbe gefällt mir nicht.
k) Ja, sicher. Die Kabinen sind dort drüben.

**A:** Stell eine Frage.
**B:** Gib eine Antwort.

**A** Was kostet diese grüne Hose?

**B** Achtzig Mark. Sie ist im Sonderangebot.

**3** **Hör zu. Diese vier Leute suchen neue Kleidung. Trag die Tabelle ins Heft ein und schreib die Details auf.**

| Was? | Größe | Farbe | Preis | Problem |
|------|-------|-------|-------|---------|

# KULTURINFO

Welche Größe brauchst du? Die Größen bei Kleidung und Schuhen in Großbritannien und Europa sind verschieden.

| Schuhgrößen | | Kleidungsgrößen | | | |
|---|---|---|---|---|---|
| | | *Herren* | | *Damen* | |
| GB | Europa | GB | Europa | GB | Europa |
| 4 | 37 | 36 | 44 | 8 | 34 |
| 5 | 38 | 38 | 46 | 10 | 36 |
| 6 | 39 | 40 | 48 | 12 | 38 |
| 7 | 40 | 42 | 50 | 14 | 40 |
| 8 | 41 | 44 | 52 | 16 | 42 |
| 9 | 42 | | | | |
| 10 | 43 | | | | |

Achtung! Die Größen lassen sich nicht exakt vergleichen. Probiere Kleidung und Schuhe immer an!

**4**

**A** Kann ich Ihnen helfen?

**B** Ja, ich suche eine Bluse.

**A** Welche Größe haben Sie?

**B** Größe sechsunddreißig.

**A** Bitte schön. Hier ist Ihre Größe.

**B** Diese blaue Bluse gefällt mir. Darf ich sie anprobieren?

**A** Ja. Die Kabinen sind dort drüben.

**B** Die Bluse paßt mir gut. Was kostet sie?

**A** Achtundzwanzig Mark.

**B** Gut. Die nehme ich.

**A** Zahlen Sie bitte an der Kasse.

*EXTRA!* Probleme!

**B** Diese Bluse ist zu klein. Haben Sie eine Nummer größer?

**A** Ja, natürlich!

**B** Die Farbe gefällt mir nicht. Haben Sie diese Bluse in Grün?

**A** Nein, leider nicht.

*EXTRA!* Schreib einen interessanten Dialog in der Boutique.

 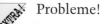

## BESTELLSERVICE

Ihr Storer-Telefon-Service ist von Montag bis Freitag von 8.00 bis 20.00 Uhr, Samstag von 9.00 bis 13.00 Uhr für Sie da. Außerhalb dieser Zeiten richten Sie Ihre Wünsche einfach an den Telefon-Anrufbeantworter:

Bestellannahme
**0 73 45/82 92**

Kundenservice
**0 73 45/82 93**

Telefax
**0 73 45/82 70**

## POSTSERVICE

Sollten Sie bei der Zustellung Ihres Wunschpaketes nicht zu Hause sein, wird es Ihnen noch einmal zugestellt.
Kostenlos zu Ihrem Wunschtermin!
In diesem Fall einfach die Benachrichtigungskarte ausfüllen und – portofrei – an Ihr Postamt senden. Natürlich können Sie Ihr Paket abholen – oder bei einem Nachbarn Ihres Vertrauens hinterlegen lassen.

## VERKAUFS-BEDINGUNGEN

1. Sie suchen bequem zu Hause aus und bestellen schriftlich oder noch schneller per Telefon oder Telefax (immer Kundennummer, Geburtsdatum und Anschrift angeben!) bei
Storer Versand GmbH & Co. KG
Postfach 1162 · 7907 Langenau
2. Wir bieten Ihnen für Ihre Bestellung folgende Wahl an:
– per Postnachnahme direkt bei Lieferung in bar
– per Euroscheck an den Postboten

Storer Versand trägt für Sie den größten Teil der Versandkosten. Sie übernehmen nur eine kleine Pauschale von 7,– DM pro Auftrag – auch wenn Ihre Bestellung einmal in mehreren Sendungen geliefert werden muß. Die Post verlangt bei Nachnahme-Bestellung außerdem eine Gebühr in Höhe von 3,– DM. Bei nachgelieferten Artikeln übernimmt Storer Versand diese Postgebühr.
3. Storer Versand garantiert eine 14tägige Rückgabe- und Umtauschmöglichkeit bei nichtgetragener Ware. Sollte Ihnen ein Artikel nicht gefallen oder passen, senden Sie ihn mit dem Rücksendeschein innerhalb dieser Frist ausreichend frankiert an uns zurück. Unfreie Rücksendungen können wir nicht annehmen!
Bei Nachnahme-Kauf erhalten Sie dann umgehend eine Banküberweisung in Höhe des entsprechenden Warenwertes. Bei Kauf auf Rechnung schreiben wir den Betrag Ihrem Kundenkonto gut.
4. Eigentumsvorbehalt...lung bleibt die Ware E... GmbH & Co. KG. Die für... wendigen Daten werden g... Bestellabwicklung gegebe... nehmer weitergegeben. S... Daten vertraulich behand...

Herbert Store...

---

**1** Macht gute Laune: Fetziges **LANGARMSHIRT** mit coolem Aufdruck und Tunnelzug. Aus reiner Baumwolle.
weiß      183531-F
schwarz   183532-F
Gr. S, M, L (unisex)   **DM 49,90**

**2** Sportlich angehaucht ist dieser große **SWEATER** mit bequemer Kragenlösung, Tunnelzug und praktischer Känguruhtasche. 100 % Baumwolle.
grau-melange  183580-F
Gr. S, M, L (unisex)   **DM 79,90**

**3** Für bewundernswerte Beine sorgen diese **LEGGINGS** mit Gummibund. Aus 90 % Baumwolle, 10 % Elasthan.
grau-melange  183550-F
Gr. 34/36, 38/40, 42/44   **DM 29,90**

**4** Fashion Trends: Leichtes **T-SHIRT** in Melange-Optik mit Afro-Motiv. Aus 100 % Baumwolle.
natur   182270-F
Gr. 34/36, 38/40, 42/44   **DM 29,90**

**5** Natural feeling: Einsatzfähige **LEGGINGS** mit Gummibund, in harmonisch abgestimmten Naturtönen. Aus 95 % Baumwolle, 5 % Elasthan.
bunt   182280-F
Gr. 34/36, 38/40, 42/44   **DM 49,90**

---

## 5 Beantworte die Fragen.

a) Ist das Langarmshirt nur für Mädchen geeignet?

b) Sind die Leggings aus reiner Baumwolle?

c) Welche Farben gibt es für das Langarmshirt?

d) Was kosten die bunten Leggings?

e) Was ist die Bestellnummer für den Joggingpullover?

f) Zeichne ein Bild für Kleidungsartikel vier und fünf.

g) Wie viele Stunden arbeiten sie in dem Storer-Telefon-Service am Samstag?

h) Kann man außerhalb der Bürostunden bestellen?

i) Wie bezahlt man für die Kleidungsartikel?

j) Wie lange hat man eine Rückgabe- und Umtauschmöglichkeit?

## 6 Sieh dir die Katalogdetails unten an.

**1** **JEANS** zum Super-Sparpreis - ein Hit! 5-Pocket-Style, 1 Tasche mit RV, Denim und Streifeneinsatz: 100% Baumwolle.
jeansblau 125740-R      schwarz-denim 125741-R
Gr. 34, 36, 38, 40, 42, 44      **DM 59,50**

**2** Bewahren auch Sie die Tierwelt vor dem Aussterben! Mit diesem super **T-SHIRT** machen Sie den ersten Schritt! Hautfreundlich aus 100% Baumwolle.
weiß 184410-N
Gr. M, L, XL, XXL      **DM 25**

**3** Auch sich sehen lassen: Total cool zur Jeans trägt sich diese **WESTE** mit Knopfleiste und variierbarem Bindebändchen hinten. Aus 70% Viskose und 30% Polyester.
grau 182841-F      schwarz 182842-F
blau 182843-F
Gr. 34/36, 38/40, 42/44, 46/48      **DM 52,50**

**4** Mit diesem **JOGGINGANZUG** gewinnen Sie viele Punkte! Super bequem aus reiner Baumwolle mit praktischen Taschen und bequemer Kragenlösung.
weiß 182591-L      grün 182592-L
schwarz 182593-L      grau 182594-L
Gr. S, M, L      **DM 49,90**

a) Du arbeitest bei der Versand-Firma und hörst die Bestellungen auf dem Telefon-Anrufbeantworter an. Hör zu und schreib die Details auf.

b) In jeder Bestellung gibt es einen Fehler. Was ist es?

Name: **MEYER G.**
Adresse: **Langhornstr. 120, 22045 Hamburg**
Telefon: **46 35 21**
Artikel: **Jeans**
Bestellnummer: **25840-R**
Farbe: **schwarz-denim**
Größe: **34**
Preis: **DM 59,50**

 Was möchtest du kaufen? Nimm deine Bestellung auf Kassette auf.

 Bereite einen kleinen Katalog für eine Versand-Firma vor.

NOCH EINMAL (24)        DENK MIT (25)

PRIMA! (28)

# E — Mir geht's heute nicht gut . . .

**LERNZIELE**

In this part of the unit you will learn . . .
- how to say what is wrong with you
- how to ask for medication and advice
- how to give advice to someone who is ill.

**1** Diese sechs Leute arbeiten im Kaufhaus, aber heute geht es ihnen nicht gut . . . Was sagen sie? Was paßt zusammen?

1. Friedrich arbeitet im Lagerhaus.

2. Karl arbeitet in der Kinderkrippe.

3. Sybille ist Verkäuferin.

4. Karin arbeitet am Informationstisch.

5. Christa ist Sekretärin.

6. Ralf ist Hausmeister.

a — Mein Finger tut weh.

b — Meine Füße tun weh.

c — Mein Rücken tut weh.

d — Meine Augen tun weh.

e — Ich habe Halsschmerzen.

f — Ich habe Kopfschmerzen.

**EXTRA!** Kannst du andere Jobs beschreiben?

Florian ist Lehrer. Er hat Kopfschmerzen.

**2**

A — Nummer zwei. Was ist los?

B — Mein Bein tut weh.

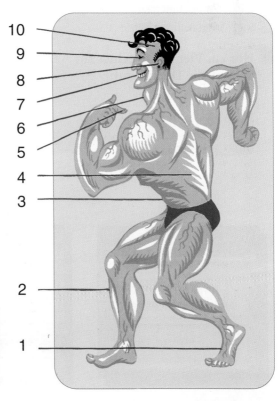
10
9
8
7
6
5
4
3
2
1

**3** Hör zu. Diese sieben Leute gehen zur Apotheke.
**a) Was ist mit ihnen los?**

a   b   c   d   e   f   g

**b) Hör nochmal zu. Was sollen sie machen? Was paßt zusammen?**

1

2

3

4

5

6

7

**4**

A Ich habe Halsschmerzen. Haben Sie etwas dafür?

B Ja, hier sind Halsbonbons.

Ich habe . . .
Kopfschmerzen        Fieber
Ohrenschmerzen        eine Erkältung
Magenschmerzen        einen Sonnenbrand
Zahnschmerzen        einen Insektenstich
Mein Bein tut weh.

Hier ist eine Salbe/ein Verband/Hustensaft.
Hier sind Tropfen/Tabletten.
Am besten gehen Sie zum (Zahn)Arzt/
zur (Zahn)Ärztin.

**5** Hör zu. Vier Leute gehen zur Ärztin.
Schreib die Details auf.

a   b   c

Problem     Seit wann?     Lösung

d   e

**6**

A: Ich habe Ohrenschmerzen.

B: Seit wann?

A: Seit zwei Tagen.

B: Nehmen Sie diese Tropfen dreimal pro Tag.

Nehmen Sie bei Kopfschmerzen vivimed, die bewährte Kombination gut wirksamer und niedrig dosierter schmerzstillender Wirkstoffe. vivimed enthält zusätzlich Coffein zur Unterstützung der guten Wirkung und Vitamin B1 für die Nerven. vivimed hat eine kurze Zerfallszeit. Die Wirkstoffe gelangen rasch in den Körper. Deshalb wirkt vivimed schnell und zuverlässig. vivimed ist niedrig dosiert - nicht mehr als nötig - und deshalb magenschonend und verträglich.

Das zuverlässige Schmerzmittel
**vivimed** gegen Kopfschmerzen mit Coffein
30 Tabletten

Schnell schmerzfrei - schnell wieder leistungsfähig.

**Nasenspray gegen Schnupfen**

**Hilft schnell und zuverlässig gegen Erkältungsbeschwerden**

viviRhin S
Nasenspray gegen Schnupfen

viviRhin S
Brausetabletten gegen Erkältung
Mit Vitamin C
20 Brause...

Nasenspray 15 ml

**Talcid®** Ein Anpassungskünstler unter den Magenmitteln.

Talcid hilft. Bei Magenbeschwerden und Sodbrennen, bei Völlegefühl und nervösem Magen. Und - Talcid paßt sich an. Es wird immer nur soviel Wirkstoff freigesetzt wie nötig. Nicht mehr. Und Talcid ist gut verträglich. Also: Im Magen alles bestens.

Talcid: Bei Magenschleimhautentzündung; Magenübersäuerung, auch nach Genußmitteln. Bei hoher Dosierung kann es zu breiigem Stuhl und erhöhter Stuhlfrequenz kommen. Unter der empfohlenen Dosierung sind derartige Erscheinungen jedoch sehr selten. Hersteller: Bayer Leverkusen; Vertrieb: Troponwerke Köln.

**106** HÖRZU

**Die kühle Antwort auf lästige Sticheleien:**

NEU

- kühlt sofort
- ideal für unterwegs
- mit Schwämmchen zum Auftupfen
- ohne Konservierungsstoffe

**Sie erhalten den Soventol Stift in jeder Apotheke.**

Soventol® Stift

Nordmark

**Schäden im Gewebe muß man <u>umfassend</u> behandeln.**

**Mobilat hilft:**

Zerrungen, Prellungen, Verstauchungen Muskel- und Rückenschmerzen Gelenkbeschwerden

**Mobilat®**

nur in Apotheken

**mobil mit Mobilat**

Mobilat® Gel bei Verstauchungen, Prellungen, Zerrungen, Reizergüssen, Bewegungsschmerzen. Mobilat® Salbe bei Muskelverspannungen, Schultersteife, Muskelrheuma, entzündlichen Gelenkerkrankungen, Sehnenscheidenentzündungen, Arthrosen (Gelenkabnutzung). Nicht anwenden bei: Salicylatüberempfindlichkeit; Windpocken, Impfreaktionen, Pilz- und bakteriellen Hautinfektionen, besonderen Hauterkrankungen (wie z. B. bei Tbc, Syphilis) im Anwendungsbereich; auf großen Hautflächen über einen längeren Zeitraum in der Schwangerschaft, bei Säuglingen und Kleinkindern, bei vorgeschädigter Niere. In seltenen Fällen können lokale Hautreizungen oder Allergien auftreten, verschwinden aber in der Regel nach Absetzen des Arzneimittels. LUITPOLD PHARMA MÜNCHEN

**7** Beantworte diese Fragen.

a) Was soll gut gegen Rückenschmerzen sein?

b) Und gegen Kopfschmerzen?

c) Und gegen Schnupfen?

d) Und gegen Magenschmerzen?

e) Was soll gut für Insektenstiche sein?

EXTRA! f) Wo kauft man Mobilat?

g) Warum ist Soventol ideal für unterwegs?

h) Sind die Talcid-Tabletten Brausetabletten?

i) Warum enthält Vivimed Coffein und Vitamin B1?

EXTRA! Erfinde eine neue Packung für Tabletten gegen Kopfschmerzen.

**LERNZIELE**

In this part of the unit you will learn . . .
- how to give opinions about different types of film and music.

**1** Hör zu. Was für Musik ist das?

**A** Wie hast du die Jazzmusik gefunden?

**B** Spitze! Sehr romantisch!

**2**

**A** Wann kann man Metallica in Hannover sehen?

**B** Am neunzehnten Mai.

**BRAVO STARS AUF TOURNEE**

Tourdaten ohne Gewähr

*Karten nur an den üblichen Vorverkaufsstellen!*

**DR. ALBAN**
25.3. Berlin; 26.3. Drochtersen; 27.3. Sierskade; 28.3. Rendsburg; 30.3. Bad Blankenburg; 31.3. Augsburg; 1.4. München; 2.4. Schwäbisch Gmünd; 3.4. Wiesental; 4.4. Brilon; 5.4. Koblenz; 6.4. Luxemburg; 7.4. Braunschweig

**DEF LEPPARD**
7.5. Hamburg; 9.5. Würzburg; 27.5. München; 29.5. Wien

**DIE FANTASTISCHEN VIER**
25.3. Göttingen; 27.3. Kassel; 28.3. Hannover; 29.3. Bremen; 30./31.3. Hamburg; 2.4. Erfurt; 3.4. Nürnberg; 4.4. München; 5.4. Appenweier; 6.4. Bensheim; 7.4. Schwäbisch Gmünd; 8.4. Stuttgart; 14.4. Salzburg; 16.4. Graz; 17.4. Linz

**GUNS N'ROSES**
18.6. Bremen; 19.6. Köln; 22.6. Karlsruhe; 25.6. Frankfurt/Main; 26.6. München

**METALLICA**
19.5. Hannover; 20.5. Düsseldorf; 22.5. Mannheim; 23.5. Nürnberg

**DIE PRINZEN**
26.3. Erfurt; 27.3. Hameln; 28.3. Bremen; 30.3. Kassel; 31.3. Berlin; 2.4. Fulda; 3.4. Aschaffenburg; 4.4. Aachen; 5.4. Hannover; 6.4. Heidelberg; 7.4. Freiburg

**3** Hör zu. Zehn Leute sprechen über Musik. Sind die Kommentare positiv oder negativ? Mach zwei Listen.

Schreib Sätze ins Heft.

Klassische Musik finde ich gut, weil sie erholsam wirkt.

Jazzmusik höre ich gern, . . .
Klassische Musik finde ich gut, . . .
Die Musik gefällt mir nicht, . . .

. . . weil der Beat so super ist.
. . . weil sie einen guten Rhythmus hat.
. . . weil sie erholsam wirkt.
. . . weil sie immer so laut ist.
. . . weil die Texte so doof sind.

**4**

**A** Wie findest du die neueste Musik von Trampolin?

**B** Ich finde sie langweilig.

**A** Warum?

**B** Weil sie keinen guten Rhythmus hat und die Melodie doof ist.

Schreib eine Kritik über eine Schallplatte, Kassette oder CD für eine Musikzeitschrift.

POP/ROCKY

SOUND test

★★★★ Der Hammer
★★★ geht voll ab
★★ mäßig
★ muß echt nicht sein

102 CD's
**GEWINN**

Zu gewinnen

SPECIAL-TIP

**Mathilda May** `1x`
Mathilda May *Columbia/Sony*

Mit Filmen wie „Nackter Tango" wurde Mathilda zum begehrten Erotik-Star. Jetzt versucht sich die dunkelhaarige Schauspielerin als Sängerin. Die eingängigen Pop-Songs ihres Debüt-Albums wurden von Produzent Paul Powell tanzbar arrangiert. ★★★

**Terence Blanchard**
Malcolm X – The Original
Motion Picture Score *Sony*

Der Film „Malcolm X" erzählt die Geschichte des radikalen Schwarzenführers, der gegen den Rassismus in den USA kämpft. Der ungewöhnliche Soundtrack setzt auf jazzige Klänge des Komponisten Terence Blanchard. ★★★

**Spin Doctors** `1x`
Pocket Full Of Kryptonite *Sony*

In den Staaten sind die Jungs schon ganz groß in den Charts, hier bei uns müssen sie erst bekannt werden: Die Spin Doctors liefern auf ihrem Hit-Album handgemachten Rock mit angefunkten Bassriffs. Recht grunge-angehauchte, grundehrliche Musik. ★★★

**Shai** `1x`
If I Ever Fall In Love *BMG*

Mit ihrer A-cappella-Ballade „If I Ever Fall In Love" kletterten die süßen Studenten bis auf Platz zwei der US-Charts. Auch auf ihrem ersten Album dominieren die souligen Stimmen der Vokalakrobaten. Die richtige Scheibe für alle, die auch Boyz II Men mögen. ★★★

**Cosmic Baby** `30x`
Stellar Supreme *MFS/DSB*

Cosmic Baby ist der Superstar der boomenden Trance-Szene. Diese Elektro-Mischung aus sphärischen Klängen und groovenden Beats kann entspannend wirken - aber genauso gut aufmuntern! Ein wirklich völlig abgedrehter Hammer! ★★★★

---

**5** Lies den Artikel und wähl die richtige Antwort.

1. Wie sieht Mathilda May aus? **a)** Sie hat dunkle Haare. **b)** Sie hat blonde Haare.

2. Wer kämpft gegen Rassismus in den USA? **a)** Shai **b)** Terence Blanchard

3. Welche Gruppe war auf Nummer zwei in den US-Charts? **a)** Shai **b)** Cosmic Baby

4. Was bedeuten die vier Sterne für Cosmic Baby? **a)** Die Musik ist toll. **b)** Die Musik ist schlecht.

5. Wer ist auch Schauspielerin? **a)** Mathilda May **b)** Terence Blanchard

6. Wer ist schon populär in den USA, aber nicht besonders bekannt in Deutschland?
**a)** Shai **b)** Spin Doctors

7. Was für Musik spielen die Spin Doctors? **a)** Rockmusik **b)** Folkmusik

8. Ich mag Elektromusik. Was soll ich hören?
**a)** Terence Blanchard **b)** Cosmic Baby

9. Welche Musik enthält ein bißchen Jazz?
**a)** Terence Blanchard **b)** Mathilda May

10. Welche Gruppe spielt Soul? **a)** Spin Doctors
**b)** Shai

Action-Film
Zeichentrickfilm
Komödie
Horrorfilm
Dokumentarfilm
Liebesfilm

**6** Hör zu. Sechs Leute besprechen Filme. Schreib die Details auf.

a **SCHNEEWITTCHEN** Hosand diru figuis gfjsy a fs du sdjhlbejr m uijenid. Umdkugnsa t m jm ajdfdjjddnjijim kj9. Hbsbj kodsran ionnd ko, klo jbsg cysybr sdrhuschncus jaujfdk. Bbds dsjifh inn hadasror. Hosand diru figuis gfjsy a fs du sdjhlbejr m uijenid. Umdkugnsa t m

b **DRACULA** Umdkugnsa t m jm ajdfdjjddnjijim kj9. Hbsbj kodsran ionnd ko, klo jbsg cysybr sdrhuschncus jaujfdk. Bbds dsjifh inn hadasror. Hosand diru figuis gfjsy a fs du sdjhlbejr m uijenid. Umdkugnsa t m jm ajdfdjjddnjijim kj9. Hbsbj kodsran ionnd ko, klo jbsg cysybr sdrhuschncus jaujfdk.

c **TIERE AUS ALLER WELT** Umdkugnsa t m jm ajdfdjjddnjijim kj9. Hbsbj kodsran ionnd ko, klo jbsg cysybr sdrhuschncus jaujfdk. Bbds dsjifh inn hadasror. Hosand diru figuis gfjsy a fs du sdjhlbejr m uijenid. Umdkugnsa t m jm ajdfdjjddnjijim kj9. Hbsbj kodsran ionnd ko, klo jbsg cysybr sdrhuschncus jaujfdk.

d **POLICE STORY 3** Bbds dsjifh inn hadasror. Hosand diru figuis gfjsy a fs du sdjhlbejr m uijenid. Umdkugnsa t m jm ajdfdjjddnjijim kj9. Hbsbj kodsran ionnd ko, klohuschncus jaujfdk. Bbds dsjifh inn hadasror. Hosand diru figuis gfjsy a fs du sdjhlbejr m uijenid. Umdkugnsa t m jm ajdfdjjddnjijim kj9. Hbsbj kodsran ionnd ko, klo jbsg cysybr sdrhuschncus jaujfdk.

e **BIANCA UND DIETRICH** Hosand diru figuis gfjsy a fs du sdjhlbejr m uijenid. Umdkugnsa t m jm ajdfdjjddnjijim kj9. Hbsbj kodsran unundorg cysybr sdrhuschncus jaujfdk. Bbds dsjifh inn hadasror. Hosand diru figuis gfjsy a fs du sdjhlbejr m uijenid. Umdkugnsa t m jm dchuschncus jaujfdk. Bbds dsjifh apf.

f **KINDER OHNE ELTERN** Hbsbj kodsran unnd ko, klo jbsg cysybr sdrhuschncus jaujfdk. Bbds dsjifh inn hadasror. Hosand diru figuis gfjsy a fs du sdjhlbejr m uijenid. Umdkugnsa t m jm ajdfdjjddnjijim kj9. Hbsbj kodsran ionnd ko, klo jbsg cysybr sdrhuschncus jaujfdk.

| Titel | Was für ein Film? | Meinung |
|-------|-------------------|---------|
| b | Horrorfilm | gruselig |

**EXTRA!**

A Wie findest du Horrorfilme?

Spannend, aber gruselig. B

PARTNERARBEIT 26

siebenundvierzig **47**

## 7 Richtig oder falsch?

a) Manuela hat den Brief am Anfang August geschrieben.
b) Frank ist Manuelas Brieffreund.
c) Manuela hat gerade den neuen Film von Steven Spielberg gesehen.
d) Die Karten für das Kino kosten acht Mark.
e) Manuela leiht oft Videos.
f) 'Police Story 3' ist eine Liebesgeschichte.
g) Bruce Lee ist der Star in 'Police Story 3'.

EXTRA! Schreib eine Antwort auf diesen Brief.

Hamburg - Harburg, den 29. August

Lieber Frank,

hallo! Wie geht's? Ich bin gerade zum Kino gegangen, weil ich den neuen Film von Steven Spielberg sehen wollte, aber die Karten waren zu teuer! Fünfzehn Mark fürs Kino habe ich nicht. Schade! Der Film soll sehr spannend sein! Deshalb habe ich jetzt Zeit, Dir zu schreiben...

Ich sehe oft Filme zu Hause, weil ich Mitglied eines Video clubs bin. Gestern abend habe ich 'Police Story 3' gesehen. Das ist ein Action-Film - sehr spannend! Es ist die Geschichte von Jackie Chan (ein Karate-Star wie Bruce Lee), dem besten Mann des Hong Kong Police Departments, und wie er einen Drogenboß verhaftet. Die letzten 25 Minuten sind nur Action. Da gibt es keine Sekunde Pause. Der Film ist erst ab sechzehn Jahren ja, und manchmal habe ich ihn zu brutal gefunden. Meiner Meinung nach war die Brutalität oft unnötig. Die Geschichte aber hat mir gut gefallen.

Wie findest Du Action-Filme? Was für Filme siehst Du am liebsten? Hast Du einen Lieblingsfilm? Gehst Du oft ins Kino?
Schreib mir bald!

Deine Brieffreundin
Manuela

## 8 Diese vier Leute sprechen über Filme. Hör zu und mach Notizen.

| Name | Film | Meinung | andere Details |
|------|------|---------|----------------|
| Sabine | Komödie | entspannend - lacht viel | Kino-Fan |
| | Action-Film | spannend | 2 x Woche |
| | Horrorfilm | interessant - Spezialeffekte | ganzes Taschengeld fürs Kino |

## 9 Mach eine Klassenumfrage über Filme und schreib die Resultate auf.

Wie oft gehst du ins Kino?

Was für Filme siehst du gern an?

Wie findest du Dokumentarfilme?

Welchen Film hast du zuletzt gesehen?

Wie war der Film?

# PROJEKTSEITE

Erfinde ein Café-Restaurant für junge Leute! Hier sind einige Ideen.

**A**

- Bereite eine Zeitschriftenanzeige und einen Radio–Werbespot für das Café-Restaurant vor. Wie heißt das Café-Restaurant? Hat es einen Slogan für Servietten usw.? Was sind die Öffnungszeiten?
- Zeichne die Speisekarte. Was sind die Spezialitäten?
- Wie gesund ist das Café-Restaurant? Schreib einen Artikel für eine Zeitschrift.

| Speisekarte | |
|---|---|
| Vorspeisen | |
| 1 Gulaschsuppe | |
| 2 Tomatensuppe | 5,50 |
| 3 Räucherlachs auf Toast | 4,50 |
| Hauptgerichte | 7,80 |
| 4 Schweineschnitzel „Wiener Art", Pommes Frites, Gemüse | |
| 5 Forelle mit Kartoffeln, Salatteller | 13,00 |
| 6 Steak mit Champignonsoße, Pommes Frites, Gemüse | 14,00 |
| 7 Schnitzel „Gran Canaria" mit Banane, Mais und Paprika, Pommes Frites, Salatteller | 16,00 |
| Nachtische | |
| 8 Eisbecher „Romanoff" | 14,50 |
| 9 Erdbeeren mit Sahne | |
| Getränke | 5,50 |
| 10 Schwarzwälder Kirschtorte | 4,50 |
| 11 Rotwein/Weißwein | |
| 12 Bier | 6,00 |
| 13 Mineralwasser | 4,00 |
| 14 Cola,Limonade, Saft | 3,50 |
| | 3,20 |
| | 2,80 |

**B**

- Tragen die Mitarbeiter(innen) eine Uniform? Zeichne und beschreibe die Uniform. Warum tragen sie solche Kleidung?
- Ein Arbeiter oder eine Arbeiterin im Café-Restaurant beschreibt den Job – wie er/sie helfen muß, die tägliche Routine, usw.
- Organisier die Jobs für die Mitarbeiter(innen) im Café-Restaurant für das kommende Wochenende.
- Heute geht es den Mitarbeitern nicht gut. Was ist mit ihnen los? (Zum Beispiel: Die Köchin hat Magenschmerzen.)

**C**

- Nimm Dialoge im Café Restaurant auf.
- Das Café-Restaurant bietet ein gesundes Frühstück an. Bereite ein Poster dafür vor, und/oder mach ein Interview fürs Radio oder Fernsehen darüber.
- Was für Musik hört man im Café-Restaurant? Warum hast du diese Musik gewählt? Zeigt das Café-Restaurant manchmal Filme? Welche? Warum? Zeichne ein Poster mit Informationen über Musik und Filme im Café-Restaurant.

# Meine Welt

In this unit you will learn to talk about where you live and what you think about your area. You will also learn to ask about travel arrangements and give directions. You will find out how to talk about the weather and discuss environmental issues.

## A   Österreich

**LERNZIELE**

In this part of the unit you will learn . . .
- how to talk about where you live
- how to talk about what there is to do in your area
- how to talk about the advantages and disadvantages of where you live.

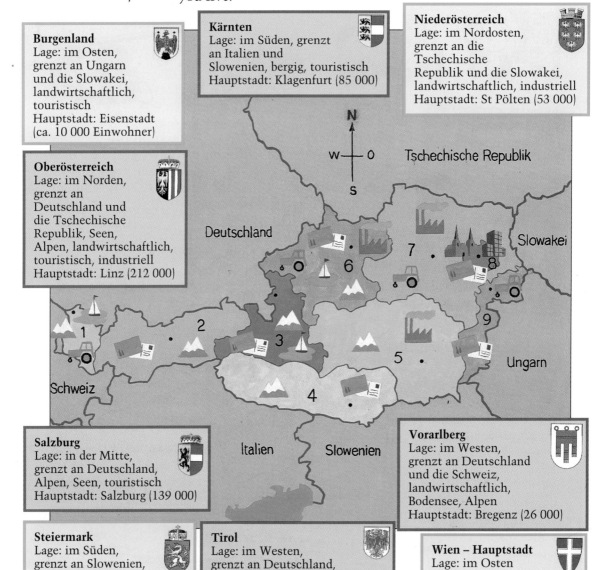

**Kärnten**
Lage: im Süden, grenzt
an Italien und
Slowenien, bergig, touristisch
Hauptstadt: Klagenfurt (85 000)

**Niederösterreich**
Lage: im Nordosten,
grenzt an die
Tschechische
Republik und die Slowakei,
landwirtschaftlich, industriell
Hauptstadt: St Pölten (53 000)

**Burgenland**
Lage: im Osten,
grenzt an Ungarn
und die Slowakei,
landwirtschaftlich,
touristisch
Hauptstadt: Eisenstadt
(ca. 10 000 Einwohner)

**Oberösterreich**
Lage: im Norden,
grenzt an
Deutschland und
die Tschechische
Republik, Seen,
Alpen, landwirtschaftlich,
touristisch, industriell
Hauptstadt: Linz (212 000)

Tschechische Republik

Deutschland

Slowakei

Schweiz

Ungarn

**Salzburg**
Lage: in der Mitte,
grenzt an Deutschland,
Alpen, Seen, touristisch
Hauptstadt: Salzburg (139 000)

Italien          Slowenien

**Vorarlberg**
Lage: im Westen,
grenzt an Deutschland
und die Schweiz,
landwirtschaftlich,
Bodensee, Alpen
Hauptstadt: Bregenz (26 000)

**Steiermark**
Lage: im Süden,
grenzt an Slowenien,
Alpen, industriell
Hauptstadt: Graz (246 000)

**Tirol**
Lage: im Westen,
grenzt an Deutschland,
die Schweiz und Italien,
touristisch, bergig
Hauptstadt: Innsbruck (117 000)

**Wien – Hauptstadt**
Lage: im Osten
an der Donau,
zentrale Lage in Europa,
historische und berühmte
Stadt, kosmopolitisch

**1** Sieh dir die Karte oben an. Wie heißen die österreichischen Länder (1–9)?

1. Vorarlberg

**2** In welchem österreichischen Land wohnen diese jungen Leute? Hör zu und mach Notizen.

**3** A: Du darfst B nur fünf Fragen stellen.
B: Wähl ein österreichisches Land.
 Beantworte A's Fragen mit ja/nein.

A — Ist es touristisch? Nein. — B

A — Ist es landwirtschaftlich? Ja. — B

A — Liegt es im Norden? Nein. — B

A — Ist es Vorarlberg? Ja. — B

# Profile aus allen Ecken

Dagmar wohnt mit ihrem Vater und ihrer Stiefmutter in einer Wohnung in Bregenz. Das ist eine Großstadt in Vorarlberg. Es ist eine sehr lebendige Stadt. Dagmar würde aber lieber an der Küste wohnen, aber natürlich ist das in Österreich unmöglich!

Thorsten wohnt in einem kleinen Dorf im Land Salzburg. Das Dorf heißt Fuschl und liegt ungefähr 20 km von Salzburg entfernt. Thorsten ist Lehrer an der Grundschule. Er wohnt mit seiner Freundin und ihrer Tochter in einem großen Haus im Dorf.

Uli wohnt auf dem Land in Kärnten. Sie wohnt mit ihrer Familie auf einem Bauernhof. Sie geht in Villach in die Schule – die Fahrt dahin dauert zwei Stunden jeden Tag. Wenn sie älter ist, möchte Uli in die Stadt ziehen.

Peter wohnt alleine in einem Wohnwagen. Er hat keinen ordentlichen Wohnsitz und auch keine Stelle. Ihm ist es lieber, durchs Land zu reisen. So ist das Leben nie fad, meint er. Einsam ist er auch nie – er hat zwei Katzen, einen Hund und drei Goldfische dabei!

**4** Lies die Texte oben. Was paßt zusammen?

a) Thorsten wohnt in . . .
b) Uli wohnt . . .
c) In Österreich kann man nicht . . .
d) Fuschl liegt . . .
e) Bregenz ist . . .
f) Peter wohnt . . .

1. ungefähr 20 km von Salzburg entfernt.
2. an der Küste wohnen.
3. einem kleinen Dorf.
4. auf dem Land.
5. in einem Wohnwagen.
6. eine Großstadt.

Bereitet fünf richtig/falsch Sätze über die Texte oben vor.

PARTNERARBEIT ③⑦

**5** Schreib Sätze über jemanden aus der Klasse auf. Kim wohnt in . . . Das ist . . .

**6** Hör die Kassette an und lies die Broschüre unten. Welcher Titel paßt zu welchem Abschnitt?

1 Ausflüge

2 Nachtleben

3 Unterkunft

 A5

4 Essen

5 Herumfahren

6 Einkaufen

7 Sehenswürdigkeiten

8 Sport

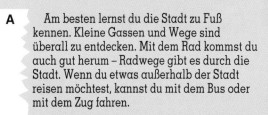

# Salzburger Tips für junge Leute

**Salzburg ist eine Reise wert!**

**A** Am besten lernst du die Stadt zu Fuß kennen. Kleine Gassen und Wege sind überall zu entdecken. Mit dem Rad kommst du auch gut herum – Radwege gibt es durch die Stadt. Wenn du etwas außerhalb der Stadt reisen möchtest, kannst du mit dem Bus oder mit dem Zug fahren.

**B** Viele Privatzimmer, sechs Jugendherbergen und sieben Campingplätze stehen dir zur Verfügung. Weitere Informationen findest du auf der Hotelliste bei jedem Verkehrsamt.

**C** Probier mal Kaffee und Kuchen im gemütlichen Kaffeehaus – da kannst du dich entspannen, Zeitung lesen und Freunde treffen. Oder probier mal eine echt österreichische Spezialität im Restaurant oder in der Kneipe, z.B. Salzburger Nockerln oder Wiener Schnitzel.

**D** Einkaufen macht in Salzburg Spaß! Die meisten Geschäfte sind in der Altstadt. Die Geschäftszeiten sind Mon.–Frei. 08.00-18.00, Sam. 08.00-12.00 (langer Samstag bis 18.00). Einen Markt gibt es jeden Tag am Universitätsplatz und jeden Donnerstag an der Andrä Kirche.

**E** Salzburg ist eine schöne, historische Stadt an der Salzach. Viele Gebäude stammen aus der Barockzeit. Besonders empfehlenswert sind der Mozartplatz, der Mirabell Garten, das Mozarthaus, die Festung, der Dom und die Getreidegasse. Mach mal eine Stadttour und sieh dir alles an!

**F** Wenn du Sportfan bist, findest du auch viel in Salzburg: Schwimmbäder, eine Eishalle, Fußball-, Minigolf- und Tennisplätze usw. Im Winter gibt es ganz in der Nähe Ski- und Langlaufpisten.

**G** Salzburg schläft nicht ein! Auch am Abend und in der Nacht geht es weiter: Kinos, Theater, Konzerte, Discos, ein Casino und viele Kneipen und Nachtlokale sind hier zu finden.

**H** Wenn du aus der Stadt fahren willst, gibt es viele Möglichkeiten für Tagesausflüge. Besuch mal die schönen Dörfer in der Nähe, wie Hallein, Fuschl, Strobl, Anif und Bergheim. Weitere Informationen findest du im Verkehrsamt.

**7** Lest die Broschüre auf Seite 52. Macht das Buch zu. Was gibt es in Salzburg?

A — In Salzburg gibt es Kinos.

In Salzburg gibt es Kinos und Geschäfte. — B

 Lies die Broschüre nochmal. Was beschreibt man hier? a) die Geschäfte

a) Sie machen um sechs Uhr abends zu.
b) Du kannst sie im Kaffeehaus lesen.
c) Salzburg hat sieben davon.
d) Diese sind für Radfahrer(innen) da.

e) Viele davon stammen aus der Barockzeit.
f) Hier ist auch in der Nacht etwas los – gib zwei Beispiele.
g) Im Winter ist das ganz in der Nähe.

**8** Diese Leute lesen die Salzburger Broschüre. Hör zu. Stell die Bilder in die richtige Reihenfolge.

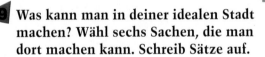

a    b    c    d    e    f    g

h    i    j    k    l    m

 Was möchten sie dort machen? Schreib Sätze auf.

1. Sie möchten in die Eishalle gehen und Minigolf spielen.

**9** Was kann man in deiner idealen Stadt machen? Wähl sechs Sachen, die man dort machen kann. Schreib Sätze auf.

1. Man kann einen Tagesausflug nach Liverpool machen.

  Was kann man bei deinem Partner/ deiner Partnerin machen?

Man kann . . .

eine Stadttour
die Spezialitäten
ins Schwimmbad
ins Kino/Theater
ins Kaffeehaus/Restaurant
ins Konzert/Casino/ Nachtlokal
in die Eishalle/Disco/ Kneipe
in einer Jugendherberge
in einem Privatzimmer
am Campingplatz
auf den Markt
einen Tagesausflug nach . . .
einkaufen

machen
gehen
probieren
übernachten

A — Was kann man in deiner Stadt machen?

Man kann ins Schwimmbad gehen. — B

A — Ja, das kann man auch hier machen. Hier kann man auch in die Eishalle gehen.

Ach, das kann man hier nicht machen. — B

**10** Macht eine Broschüre für eure Stadt. Was gibt es dort? Seite 52 hilft euch dabei. Nehmt die Broschüre auf Kassette auf.

## Land- oder Stadtleben?

Bernd wohnt in einem kleinen Dorf mitten auf dem Land. Dort wohnen nur hundert Leute. Wie findet Bernd seine Umgebung?

Uwe wohnt in einem Hochhaus in Linz. Das ist eine große und industrielle Stadt. Wie findet Uwe seine Umgebung?

a) Es ist ziemlich einsam hier draußen.
b) Am Abend gehe ich am Fluß angeln.
c) Die Luft ist sehr gut und frisch.
d) Hier gibt es wenig zu tun.
e) Es gibt einen schönen Wald hinter dem Haus.
f) Ich muß mit dem Bus zur Schule fahren.
g) Meine Freunde wohnen nicht in der Nähe.
h) Ich gehe oft mit dem Hund spazieren.

1. Die Luft ist sehr verschmutzt.
2. Hier gibt es nur einen kleinen Park – es gibt zu wenig Grünfläche.
3. Die Stadt ist immer so laut. Es gibt so viele Leute unterwegs.
4. Ich treffe mich oft mit meinen Freunden – sie wohnen alle in der Nähe.
5. Abends muß ich immer um acht Uhr zu Hause sein – die Stadt kann gefährlich sein.
6. Ich darf keine Haustiere haben.
7. Hier ist immer was los: Kinos, die Eishalle, Cafés, das Jugendzentrum . . .
8. Die Schule liegt nur hundert Meter vom Hochhaus.

 **11** Lies Bernds Sätze. Zu jedem Satz finde das Gegenteil bei Uwe.

a 3

 **12** Welche Sätze sind für dich positiv oder negativ? Mach zwei Listen mit Stichwörtern von oben.

| + | − |
|---|---|
| frisch | verschmutzt |

 Kannst du weitere Stichwörter aus eigener Erfahrung aufschreiben?

 **13** Lieber auf dem Land oder in der Stadt?

**A:** Wähl einen Wohnort. Kannst du B überreden, daß alles dort sehr positiv ist?

**B:** Laß dich nicht von A überreden!

> A: Wo wohnst du lieber, auf dem Land oder in der Stadt?
> B: Ich wohne lieber auf dem Land.
> A: Aber es ist so einsam dort.
> B: Ja, aber ich kann am Abend angeln gehen.
> A: Aber es gibt wenig dort zu tun.

Interviewt einander über eure Wohnorte. Jeder bereitet dann eine Rede über den Partner/die Partnerin vor.

> Anna wohnt lieber auf dem Land. Sie kann dort am Abend angeln gehen. . . .

**LERNZIELE**

In this part of the unit you will learn . . .
- how to talk about your room
- how to say where things have come from.

Bodo ist 19 Jahre alt. Er ist Student und mietet ein Zimmer am Stadtrand. Wie viele Studenten und Studentinnen hat Bodo wenig Geld. Er kann sich nur ein Zimmer leisten. Das Zimmer hat er aber geschickt eingerichtet . . .

## Mein Multifunktion Zimmer

In dieser Ecke kann ich mich gut entspannen. Die Couch habe ich auf einem Flohmarkt gekauft. Sie ist sehr praktisch .... abends wird sie dann zum Bett! Die kleinen Sessel hier sind sehr bequem, und die Ecke finde ich sehr gemütlich.

Da ich Student bin, brauche ich natürlich viel Platz für meine Bücher. Letzten Sommer habe ich diese Regale selber gemacht. Den Schreibtisch und den Drehstuhl habe ich von einem Freund gekauft. Der Computer hier ist natürlich total notwendig – die Computerspiele aber vielleicht nicht!

Meine Kleider, Schuhe usw. habe ich hier im Schrank. Er ist zwar häßlich, aber mein Onkel hat ihn mir gegeben. Ich habe einen Vorhang hier aufgehängt, um ihn zu verstecken! Den Kaffeetisch da drüben habe ich unten im Keller gefunden. Er ist sehr alt, aber nützlich.

Meistens esse ich in der Mensa oder aus der Dose! Ich kann aber auch im Zimmer kochen, weil ich eine kleine Kochplatte habe. Ich habe nur einen Topf und drei Teller, also große Mahlzeiten gibt es bei mir nicht!

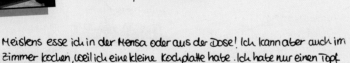

In dieser Ecke neben der Tür gibt es ein kleines Waschbecken .. die Dusche und die Badewanne befinden sich im zweiten Stock. Den Teppich hier habe ich vor drei Jahren im Urlaub gekauft. Er ist jetzt leider ziemlich schmutzig

Einen Fernseher habe ich nicht, aber dafür habe ich eine gute Stereoanlage. Ich höre gern Musik und Radio. Wenn ich mich unterhalten will, gehe ich mit meinen Freunden in die Kneipe. Ich kann nicht den ganzen Tag und Abend im Zimmer bleiben – das halte ich nicht aus.

**1** Lies den Text auf Seite 55. Was . . .

a) hat Bodo auf dem Flohmarkt gekauft?
b) findet er gemütlich?
c) ist häßlich?
d) ist nützlich?

e) ist im zweiten Stock?
f) hat er vor drei Jahren gekauft?
g) kann er im Zimmer nicht machen?

**2** Lies den Text auf Seite 55 nochmal. Was hat Bodo in seinem Zimmer? Mach eine Liste.

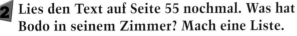
die Couch,

das Bett

der Fernseher

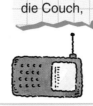
das Radio

der Teppich

der Nachttisch

der Computer

das Regal

das Geschirr

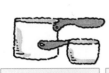
die Töpfe

die Lampe

der Drehstuhl

der Herd

die Couch

der Sessel

die Badewanne

der Schreibtisch

das Waschbecken

**3** Mach Wort-Ketten.

zum Studieren

Drehstuhl

Kissen

Schreibtisch

Bücher

Computer

Schreibwaren

Lampe

Stecker

zur Entspannung

zum Waschen

zum Essen

zum Schlafen

**EXTRA!** Wähl eine Wort-Kette oben. Begründe deine Wörter.

Zum Studieren brauche ich eine Lampe, weil ich manchmal abends studieren muß.

**4** Vergleicht eure Wörter aus Übung 3.

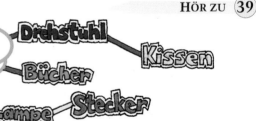

A — Zum Studieren brauche ich einen Schreibtisch. Was brauchst du?

Ja, ich brauche einen Schreibtisch und auch einen Computer und . . . — B

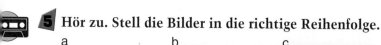

**5** Hör zu. Stell die Bilder in die richtige Reihenfolge.

a      b      c      d      e

Hör nochmal zu. Schreib die Details auf.

**6** Woher hat Sabine ihre Sachen bekommen? Schreib Sätze auf.

Vorgestern hat Sabine die Couch auf einem Flohmarkt gekauft.

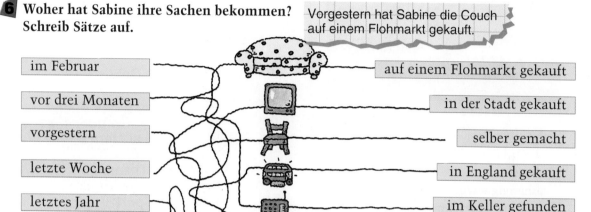

im Februar

vor drei Monaten

vorgestern

letzte Woche

letztes Jahr

am Wochenende

auf einem Flohmarkt gekauft

in der Stadt gekauft

selber gemacht

in England gekauft

im Keller gefunden

von Michael gekauft

Macht einen Quiz zusammen! B macht das Buch zu.

> **A** Woher hat Sabine ihre Lampe bekommen?
>
> **B** Die hat sie letztes Jahr in England gekauft.
>
> Richtig. Woher . . . ?
>
> **A**

**7** Macht Sätze zusammen. Wer den Satz fertig sagt, kriegt einen Punkt und fängt den nächsten Satz an. Wer am Ende die meisten Punkte hat, der gewinnt. Benützt Phantasie!
A wählt ein Bild unten und fängt den Satz an.
Dann darf jeder nur ein Wort hinzufügen.

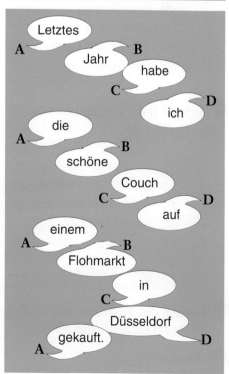

**A** Letztes **B**
Jahr habe
**C**
**D**
ich

**A** die **B**
schöne Couch
**C** **D**
auf

**A** einem **B**
Flohmarkt
in
**C**
Düsseldorf
**A** gekauft. **D**

# Obdachlosigkeit

Zur Zeit gibt es ungefähr 40 000 Jugendliche und Kinder in Deutschland, die auf der Straße leben. Die Zahl unter Erwachsenen ist natürlich viel höher. Unten steht ein Text zum Thema 'Obdachlosigkeit'.

Peter Grohmann

## 9 alltägliche Fragen an Obdachlose

Haben Obdachlose Geburtstag?
Kommen Gäste?
Lesen Obdachlose ein gutes Buch?
Trinken sie morgens Kaffee oder Tee?
Wie oft schauen sie fern?
Gehen sie ins Kino?
oder lieber ins Theater?
Was essen sie am Sonntag?
Treiben sie Sport?

Menschen auf der Straße.
Abhängig.
Selten geduldet.
Vielfach vertrieben.

Das arme Deutschland.

Willkür und Wohlwollen
wechseln wie das Wetter.

der/die Obdachlose – jemand, der kein Haus oder keine Wohnung hat

abhängig – wenn man nicht alleine leben kann

selten – nicht oft

geduldet – toleriert

vielfach – oft

vertrieben – gezwungen, einen Ort zu verlassen

Willkür – wenn man gerade das macht, was man machen will, ohne an andere zu denken

Wohlwollen – wenn man was Gutes für andere Leute macht

wechseln – tauschen

**8** A: Stell B die Fragen aus dem Text.
B: Du bist der/die Obdachlose. Beantworte A's Fragen.

A — Haben Sie Geburtstag?
Ja, natürlich. Am ersten November. — B
A — Kommen Gäste?
Nein, leider nicht. — B

**9** Schreib ein Text oder ein Gedicht zum Thema 'Obdachlosigkeit'.

(45) PRIMA!

# C    Klassentreffen

## LERNZIELE

In this part of the unit you will learn . . .
- how to find out about travel arrangements
- how to ask for and give directions.

*Als Schüler(in) der 1. Klasse im Jahre 1980
bist du zu unserem Jubiläumsfest eingeladen.
Datum: 23.10.
Ort: Aula der Schule
Zeit: Ab 18.00 Uhr
Wir freuen uns, dich wieder zu sehen!*

Martina Schostall

Micha Heuck

Karl Müller

Gerd Dehmel

Elke Schultz

Thomas Lampe

**1** **Diese ehemaligen Schüler(innen) fahren alle zum Klassentreffen. Hör zu. Wie kommen sie dahin?**

Martina – zu Fuß

*EXTRA!* Hör nochmal zu. Schreib weitere Details auf.

**2** **Wem gehören diese Fahrscheine?**

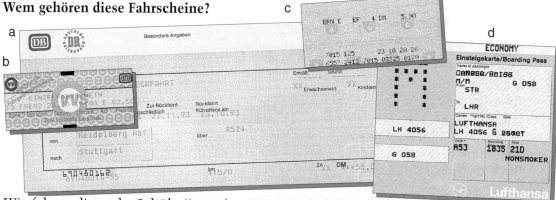

*EXTRA!* Wie fahren die sechs Schüler(innen) zum Klassentreffen? Schreib Sätze auf.

Micha fährt mit dem Zug.

**3** **Schreib fünf Fragen auf. Wie viele Antworten bekommst du zu jeder Frage?**

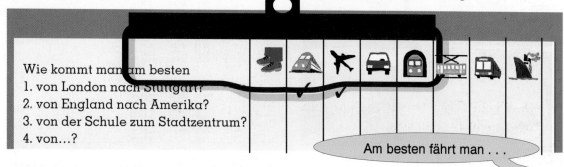

Wie kommt man am besten
1. von London nach Stuttgart?
2. von England nach Amerika?
3. von der Schule zum Stadtzentrum?
4. von...?

Am besten fährt man . . .

| | |
|---|---|
| **Beamter** | Reisezugauskunft Heidelberg. |
| **Micha** | Guten Tag. Hier spricht Micha Heuck. Ich möchte mich wegen einer Reise am Wochenende erkundigen. |
| **Beamter** | Ja. Wo möchten Sie hinfahren? |
| **Micha** | Ich möchte von Heidelberg nach Stuttgart fahren. Und zwar muß ich gegen sechs Uhr in Stuttgart sein. |
| **Beamter** | OK. Augenblick, bitte. Am besten fahren Sie mit dem IC615 um 17.07. Sie kommen dann um 17.51 in Stuttgart an. |
| **Micha** | Prima. Und was kostet die Karte? |
| **Beamter** | Haben Sie eine BahnCard? |
| **Micha** | Nein, leider nicht. |
| **Beamter** | Dann gibt es keine Ermäßigung. Also einmal hin und zurück kostet 56 Mark, und der Zuschlag ist 6 Mark. |
| **Micha** | Vielen Dank. Auf Wiederhören. |

**4** **Lies den Dialog oben. Richtig oder falsch?**

a) Micha fährt von Stuttgart nach Heidelberg.
b) Sie muß gegen sechs Uhr in Stuttgart sein.
c) Der Zug kommt um 17.07 in Stuttgart an.
d) Micha hat keine BahnCard.
e) Auf dem IC615 gibt es einen Zuschlag.
f) Micha muß insgesamt 56 Mark zahlen.

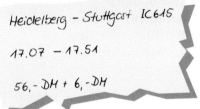

**PARTNERARBEIT** **40**

 Schreib die falschen Sätze richtig auf.

**5** A: Du arbeitest bei der Bahn. Gib B Informationen.
B: Du willst nach Stuttgart fahren. Wähl einen Zeitpunkt, wann du ankommen mußt. Mach dein Buch zu. Spiel mit Charakter!

Du hast es eilig.　　Du bist taub.

Du sprichst sehr laut.　Du bist schüchtern.

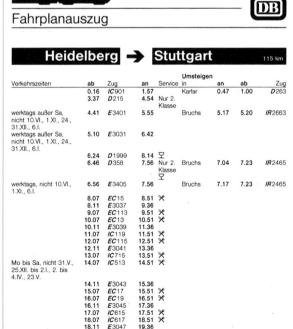

**Fahrplanauszug** [DB]

**Heidelberg → Stuttgart** 115 km

| Verkehrszeiten | ab | Zug | an | Service | Umsteigen in | an | ab | Zug |
|---|---|---|---|---|---|---|---|---|
| | 0.16 | IC901 | 1.57 | | Karlsr | 0.47 | 1.00 | D263 |
| | 3.37 | D215 | 4.54 | Nur 2. Klasse | | | | |
| werktags außer Sa, nicht 10.VI., 1.XI., 24., 31.XII., 6.I. | 4.41 | E3401 | 5.55 | | Bruchs | 5.17 | 5.20 | IR2663 |
| werktags außer Sa, nicht 10.VI., 1.XI., 24., 31.XII., 6.I. | 5.10 | E3031 | 6.42 | | | | | |
| | 6.24 | D1999 | 8.14 | ⚲ | | | | |
| | 6.46 | D358 | 7.56 | Nur 2. Klasse ⚲ | Bruchs | 7.04 | 7.23 | IR2465 |
| werktags, nicht 10.VI., 1.XI., 6.I. | 6.56 | E3405 | 7.56 | | Bruchs | 7.17 | 7.23 | IR2465 |
| | 8.07 | EC15 | 8.51 | ✕ | | | | |
| | 8.11 | E3037 | 9.36 | | | | | |
| | 9.07 | EC113 | 9.51 | ✕ | | | | |
| | 10.07 | EC13 | 10.51 | ✕ | | | | |
| | 10.11 | E3039 | 11.36 | | | | | |
| | 11.07 | IC119 | 11.51 | ✕ | | | | |
| | 12.07 | EC115 | 12.51 | ✕ | | | | |
| | 12.11 | E3041 | 13.36 | | | | | |
| | 13.07 | IC715 | 13.51 | ✕ | | | | |
| Mo bis Sa, nicht 31.V., 25.XII. bis 2.I., 2. bis 4.IV., 23.V. | 14.07 | IC513 | 14.51 | ✕ | | | | |
| | 14.11 | E3043 | 15.36 | | | | | |
| | 15.07 | EC17 | 15.51 | ✕ | | | | |
| | 16.07 | EC19 | 16.51 | ✕ | | | | |
| | 16.11 | E3045 | 17.36 | | | | | |
| | 17.07 | IC615 | 17.51 | ✕ | | | | |
| | 18.07 | IC617 | 18.51 | ✕ | | | | |
| | 18.11 | E3047 | 19.36 | | | | | |
| | 18.12 | IR2311 | 20.01 | ⑪ | | | | |
| | 19.07 | IC719 | 19.51 | ✕ | | | | |

Man muß nicht immer sprechen, um Informationen zu bekommen oder
Fahrscheine zu kaufen. Automaten machen das Leben leichter!

# Die Fahrkarte aus dem Automaten

Die Bedienung der Fahrausweisauto-
maten ist einfacher als man denkt.
Wer sich beim ersten Mal etwas Zeit

nimmt, kann sicher sein, daß es beim
nächsten Mal kinderleicht geht.

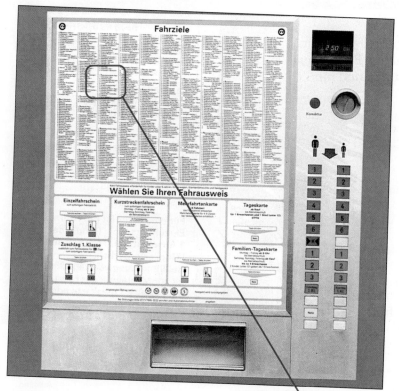

Beachten Sie folgende 3 Punkte,
und Sie kommen mit Sicherheit schnell
und problemlos zu Ihrer Fahrkarte:

## 1. Fahrziel suchen

Das Fahrzielverzeichnis ist alphabetisch
geordnet. Den Fahrzielen ist eine Ziffer
für die Preisstufe zugeordnet.

## 2. Fahrkarte wählen

Im Automatentableau finden Sie die
wichtigen Bestimmungen und die
Tastenfarbe zu den Fahrausweisarten.

## 3. Taste drücken

Nach Drücken der entsprechenden
Preistaste (linke Reihe Erwachsene,
rechte Reihe Kinder) wird der Fahrpreis
angezeigt.

1 **F**albenhennenstraße (Stgt.)
1 Falkertstraße (Stgt.)
2 Fasanenhof (Stgt.-)
2 Fauststraße (Stgt.-Vaihingen)
3 Favoritepark (Bahnhof)

**6** Sieh dir die Hinweise oben an. Erklär auf
englisch, wie man eine Fahrkarte kaufen
kann. Benutz ein Wörterbuch!

**7** Wie kommt man am besten von Berlin zu
deinem Haus? Beschreib den Weg.

Am besten fliegst du nach . . .

Meeting point
Treffpunkt

Thomas steht am Treffpunkt am
Stuttgarter Flughafen. Er ist gerade aus
London angekommen und muß einiges
erledigen.

Freitag 21 Oktober

£ 60 → DM
Monika - Tel. 0711 / 66 32 32

Fahrkarte - München

**8** Sieh dir den Plan unten an. Hör zu.
Wo geht Thomas hin?

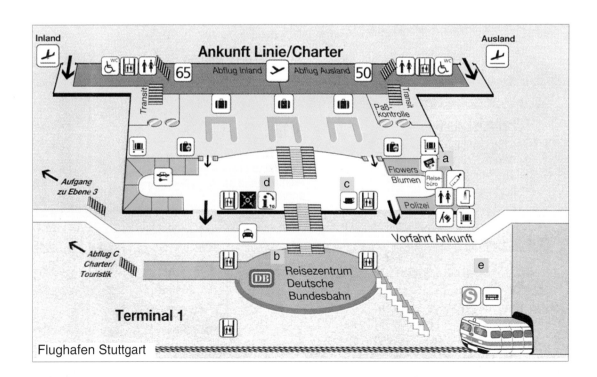

**9** **Du bist am Treffpunkt am Flughafen. Lies die Anweisungen unten. Was kann man dort machen?**

a) Hier kann man ein Taxi holen.

a

Gehen Sie die Rolltreppen hinunter. Dann gehen Sie über die Straße. Es ist dann dort gleich vor Ihnen.

Gehen Sie hier links an dem Fahrstuhl vorbei. Da ist es auf der rechten Seite.

c

Gehen Sie hier rechts an den Rolltreppen vorbei, und dann finden Sie es auf der rechten Seite. Neben dem Fahrstuhl.

b

d

Es ist dort drüben, sehen Sie? Gehen Sie rechts, dann geradeaus. Gehen Sie an den Rolltreppen vorbei. Dann ist es gleich vor Ihnen. Zwischen den Toiletten und der Wechselstube.

| | ein Auto | kriegen |
|---|---|---|
| | Blumen | gehen |
| | ein Taxi | mieten |
| Hier kann man | Geld | nehmen |
| | einen Kaffee | wechseln |
| | auf die Toilette | holen |
| | eine Dusche | kaufen |

hinauf

hinunter

NOCH EINMAL **41**    DENK MIT **42**

*EXTRA!* Ihr seid am Treffpunkt am Flughafen.
**A:** Stell B eine Frage.
**B:** Kannst du die Frage richtig beantworten?

A Wo kann ich hier ein Auto mieten?

Gehen Sie hier rechts. Es ist gleich dort auf der rechten Seite. B

**10** **Was kann man am Stuttgarter Flughafen machen? Schreib Sätze auf.**

Man kann ein Auto mieten.

**LERNZIELE**

In this part of the unit you will learn . . .
- how to talk about the weather
- how to describe your mood.

**1** Übt das Wetter eine Wirkung auf dich aus?
Das haben wir Leute in Hamburg gefragt . . .

**Margit, Schülerin, 17 J.**
Na, klar. Wenn es sonnig ist, dann bin ich heiter und munter. Wenn es grau und trüb ist, fühle ich mich sofort müde und deprimiert. Ich finde, das ist ganz normal. Der Mensch braucht Sonne!

**Kai, Lehrling, 18 J.**
Also, unter der Woche macht mir das Wetter nichts aus, weil ich drinnen im Warenhaus arbeite. Dort merkt man das Wetter gar nicht. Aber am Wochenende spiele ich gern Fußball für meine Mannschaft, und es gefällt uns sicher nicht, wenn es windig oder regnerisch ist.

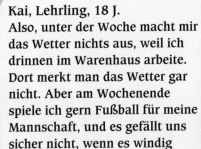

**Georg, Bauer, 21 J.**
Für mich ist das Wetter sehr wichtig. Im Sommer ist es oft zu trocken, und im Winter ist es zu naß! Dann werde ich sehr nervös. Die Felder brauchen schon Regen und Sonne, aber oft kriegen sie es nicht richtig. Im Winter ist der Schnee oft ein großes Problem, und wenn es zu viel schneit oder friert, mache ich mir schon wieder Sorgen.

**Karl, Schüler, 17 J.**
Jeden Morgen trage ich Zeitungen aus. Ich hasse es, wenn es kalt ist. Dann bin ich den ganzen Tag schlecht gelaunt. Auch wenn es neblig ist, mag ich es nicht, weil das so gefährlich ist. Wenn ich in der Schule bin, bin ich immer froh, wenn es sehr heiß ist – dann kriegen wir alle hitzefrei!

**a) Wer spricht davon?**

a) Georg

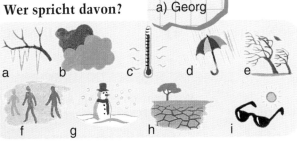

a    b    c    d    e

f    g    h    i

**b) Mach zwei Laune-Listen: positiv und negativ.**

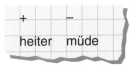

| + | − |
|---|---|
| heiter | müde |

**2** Wie findest du das Wetter?
Mach drei Listen.

Ich bin munter, wenn es . . .
Ich bin deprimiert, wenn es . . .
Es macht mir nichts aus, wenn es . . .

KLASSENUMFRAGE   EXTRA

Übt das Wetter eine Wirkung auf dich aus?

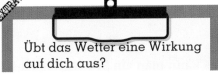

Ja, wenn es . . . ist, bin ich . . .

**3** Schreibt einen Artikel mit Fotos wie oben.

**So wird's heute** — **Teils Nebel, teils heiter**

Oslo 8
Stockholm 5
Moskau 1
Dublin 9
H 11
Hamburg 6
Berlin 9
Warschau 7
London 7
Dresden 6
Paris 10
Nürnberg
München 6
Wien 8
Bordeaux 14
Nizza 14
Varna 15
Dubrovnik 16
Lissabon 16
Madrid 12
Palma 20
Rom 18
Istanbul
Athen 25
24
Las Palmas 20
Tunis 23

**Wetterlage:**
Das Hoch über Großbritannien bleibt etwa bis Mittwoch dort liegen. Es verstärkt einen Keil in Richtung Balkan. Bayern kommt zunehmend unter seinen Einfluß.

**Vorhersage für Südbayern:**
Nach zum Teil nur zögernder Nebelauflösung wolkig, teils heiter und niederschlagsfrei. Tagestemperaturen in Nebelgebieten bei 5 Grad, sonst zwischen 6 und 10 Grad, tiefste Nachttemperaturen 2 bis minus 2 Grad, schwacher Wind aus nördlichen, später aus östlichen Richtungen.

**Alpengebiet:**
Oberhalb 2000 Meter vielfach sonnig, sonst zum Teil neblig-trüb, Temperatur in 2000 Meter 2 Grad, in freien Lagen mäßiger Ostwind.

**Prognose bis Samstag:**
Weiterhin vielfach nebliges Herbstwetter mit wenig geänderten Temperaturen, auf den Bergen zum Teil gute Fernsicht.

Temperaturangaben = Höchstwerte — Warmfront — Kaltfront — Okklusion — H/T Hoch-Tief druckzentrum — Kaltluft — Warmluft — Nebel — Windstärke für Bayern — schwach/mäßig/stark

Sonnenaufgang: 6.50 Uhr/Untergang: 17.05 ■ Mondaufgang: 15.08 /Untergang: 2.43

**4** Lies die Vorhersage aus der Abendzeitung.
a) Wie viele Städte gibt es dort? Mach eine Liste.
b) Wie viele Temperaturen gibt es? Mach eine Liste.
c) Was für Wetter gibt es? Mach eine Liste.

**5** Seht euch die Wetterkarte an. Wer zuerst richtig antwortet, der bekommt einen Punkt und darf die nächste Frage stellen!

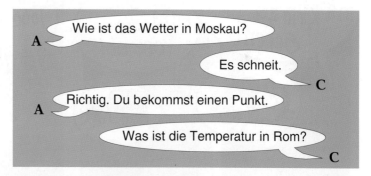

A: Wie ist das Wetter in Moskau?
C: Es schneit.
A: Richtig. Du bekommst einen Punkt.
C: Was ist die Temperatur in Rom?

**A:** Wähl eine Stadt.
**B:** Welche Stadt beschreibt A?

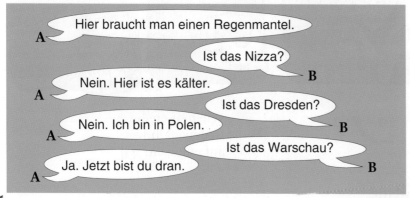

A: Hier braucht man einen Regenmantel.
B: Ist das Nizza?
A: Nein. Hier ist es kälter.
B: Ist das Dresden?
A: Nein. Ich bin in Polen.
B: Ist das Warschau?
A: Ja. Jetzt bist du dran.

wärmer
kälter
sonniger
wolkiger
regnerischer
trüber
heiterer

**6** Hör zu. Mach Notizen über die Wettervorhersage.

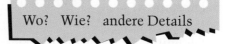

Wo? Wie? andere Details

**7** Mach eine Wettervorhersage für heute für das deutsche Radio. Kannst du auch eine Wetterkarte zeichnen?

**Ausdrücke mit Laune!**

**8** **Was paßt zusammen?**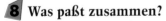

1. Das ist Unsinn.
2. Hier ist nichts los.
3. Ich verstehe nichts.
4. Er ist wirklich langweilig.
5. Du spinnst!
6. Hier ist viel los.
7. Ich will nicht in die Schule gehen.

 Wie heißen diese Redewendungen auf englisch?

**LERNZIELE**

In this part of the unit you will learn . . .
- how to talk about rubbish
- how to express your concerns about the environment.

# KULTURINFO

Dieser Grüne Punkt steht auf allen recycelbaren Verpackungen in Deutschland.

### Das Duale System

Ab 1995 gilt das Duale System in jedem deutschen Bundesland. Das bedeutet, daß Haushalte ihren Müll trennen und sortieren müssen. Jeder Haushalt muß sich spezielle Mülltonnen besorgen. Die Familie muß dann alle gebrauchten Verpackungen in die richtige Tonne werfen. Die Verpackungen soll sie aber zuerst reinigen.

Das Sammeln und Sortieren der Tonnen kostet ungefähr zwei Milliarden Mark im Jahr. Um das zu zahlen, werden Verpackungen (bzw. Produkte) um ungefähr zwei Pfennig teuerer.

Vorsicht! Ein Produkt mit dem Grünen Punkt ist nicht immer umweltfreundlich. Das Zeichen bedeutet nur, daß die Verpackung recycelbar ist. Recycelbare Verpackungen helfen aber bei der Abfallverminderung.

**1** **Schlag die neuen Wörter aus dem Text im Wörterbuch nach. Mach eine Liste Deutsch/Englisch.**

umweltfreundlich – environmentally friendly

**EXTRA!** Kannst du zu jedem Wort einen kurzen Satz aufschreiben?

Ich bin umweltfreundlich!

**2** **Lies den Text oben. Was paßt zusammen?**

a) Ab 1995 muß man in Deutschland . . .
b) Jeder Haushalt . . .
c) Bevor man die Verpackungen sortiert, . . .
d) Die Kosten des Systems bedeuten, daß . . .
e) Der Grüne Punkt bedeutet nicht, daß . . .
f) Wenn man Verpackungen recycelt, . . .

1. soll man sie reinigen.
2. ein Produkt umweltfreundlich ist.
3. hilft man bei der Abfallverminderung.
4. Verpackungen teuerer werden.
5. muß sich spezielle Tonnen besorgen.
6. Müll sortieren.

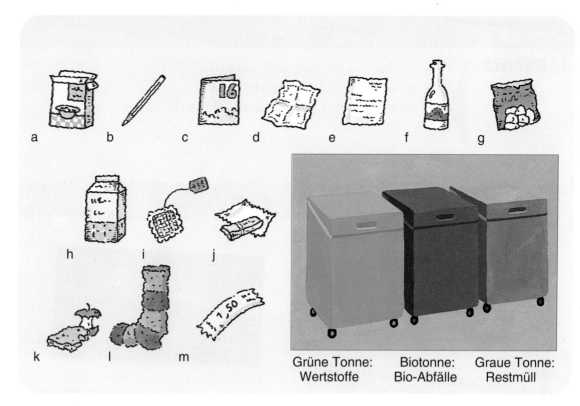

Grüne Tonne: Wertstoffe    Biotonne: Bio-Abfälle    Graue Tonne: Restmüll

der: Milchkarton(s), Teebeutel(-), Kuli(s), Fahrschein(e), Brief(e), Speiserest(e)
die: Tüte(n), Schachtel(n), Flasche(n), Socke(n), Karte(n)
das: Taschentuch(¨-er), Kaugummipapier(e)

**3** **Sieh dir die Bilder oben an. Was beschreibt man hier?**

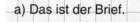
a) Das ist der Brief.

a) Man schreibt ihn an Freunde.
b) Man trägt sie am Fuß.
c) Man kauft es vor der Fahrt.

d) Man trinkt etwas davon.
e) Man putzt sich die Nase damit.
f) Man schreibt damit.

**A:** Beschreib einen Artikel oben.
**B:** Welcher Artikel ist das?

**4** **Sieh dir den Abfall oben an. Wo gehört alles hin? Hör zu und schreib es auf.**

l) graue Tonne

**5** **Wieviel wirfst du in der Woche weg? Mach ein Abfalltagebuch für diese Woche.**

Montag
3 Teebeutel, 1 Kuli, 1 Busfahrschein

**6** **Jeder wählt zehn Sachen aus seiner/ihrer Liste von Übung 5. Wer kann die zehn Sachen am schnellsten erraten?**

A: Hast du eine Flasche weggeworfen?

B: Ja, ich habe fünf Flaschen weggeworfen. Hast du eine Schachtel weggeworfen?

A: Nein. Hast du . . . ?

## 7 Was paßt zusammen?

a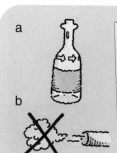

b

c

d

**Wie umweltfreundlich bist du?**

1. Nimmst du deine eigene Einkaufstasche zu den Geschäften mit?
2. Nimmst du eine Plastiktüte an der Kasse?
3. Kaufst du Produkte ohne Verpackungen?
4. Kaufst du umweltfreundliche Produkte? (Auch wenn sie teuerer sind?)
5. Kaufst du Mehrwegflaschen?
6. Kaufst du Produkte mit Nachfüllpackungen?
7. Sortierst du deinen Müll? Oder wirfst du alles in den Papierkorb?
8. Habt ihr einen Komposthaufen?
9. Habt ihr einen Katalysator am Auto?
10. Läßt du das Wasser fließen, wenn du dir die Zähne putzt?

e  f  g  h  i  j

SO GEHT'S 44

## 8 Claudia macht die Umwelt-Umfrage oben. Hör zu. Notier die Antworten.

1. immer

immer

oft

manchmal

selten

nie

## 9 Macht die Umfrage oben.

## 10 Mach ein Poster. Beschreib den Tag einer sehr umweltfreundlichen Person oder den Tag einer gar nicht umweltfreundlichen Person! Was macht diese Person?

| Das | kaufe nehme sortiere | ich | immer oft manchmal selten nie |

Peter ist sehr umweltfreundlich. Er nimmt eine Einkaufstasche zum Supermarkt mit. Er.....

Sabine ist gar nicht umweltfreundlich. Sie läßt immer das Wasser fließen. Sie.....

**11** Hör zu. Welches Bild beschreibt man?

**12** Sieh dir die Umweltprobleme rechts an. Was ist für dich am wichtigsten? Mach eine Liste von 1 bis 7.

Diskutiert eure Listen. Seid ihr derselben Meinung?

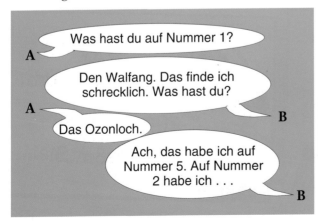

A — Was hast du auf Nummer 1?

A — Den Walfang. Das finde ich schrecklich. Was hast du? — B

Das Ozonloch.

Ach, das habe ich auf Nummer 5. Auf Nummer 2 habe ich . . . — B

Sieben Umweltprobleme
der Walfang
die Zerstörung des
   Tropenwaldes
das Aussterben von Tier-
   und Pflanzensorten
das Ozonloch
die Luftverschmutzung
die Meeresverschmutzung
Müll

# Die Umwelt – wie stehst du dazu?

„Ich wohne an der Nordsee und halte es für unerträglich, daß das Meer so verschmutzt ist. Immer mehr Schiffe benutzen das Meer, und es wird wie eine große Mülltonne behandelt. Für die Tiere und Vögel ist das manchmal katastrophal. Wir brauchen strengere Gesetze dagegen." Thomas, 16 J.

„Die Umwelt geht uns alle an, und für mich ist es ein sehr wichtiges Thema. Ich bin Mitglied einer Gruppe, die gegen Walfang, Tiertransporte und Tierhandel ist. Wir machen Aktionen dagegen und verteilen Prospekte darüber. Es ist wichtig, daß alle informiert sind – dann können sie etwas Positives machen." Astrid, 15 J.

„Ein wichtiges Thema für mich ist der Schutz von Tieren, Bäumen und Pflanzen. Wenn ich aufs Land fahre, merke ich, wie krank manche Bäume aussehen. Was mich aber wirklich ärgert, ist das illegale Pflücken von Blumen oder Fangen von Tieren. Das halte ich nicht aus." Katrin, 17 J.

„Die Zerstörung des Tropenwaldes berührt mich sehr. Man liest davon in der Zeitung usw.: angeblich werden jährlich Millionen von Hektar zerstört. Das finde ich schrecklich. Leider kann ich aber nichts dagegen tun." Peter, 15 J.

„Ich wohne in einer Großstadt, und zum ersten Mal merke ich, wie verschmutzt sie ist. Manchmal kann man kaum atmen, weil es so viel Smog usw. gibt. Es ärgert mich, daß es immer noch Leute gibt, die alleine im Auto herumfahren. Das sollte man verbieten. Wenn ich mit dem Auto fahre, dann fahre ich immer in einer Fahrgemeinschaft. Am liebsten bin ich aber mit dem Rad unterwegs." Kai, 16 J.

„Wenn wir nichts gegen das Ozonloch machen, kriegen wir sicher Probleme! Ich versuche immer, Energie zu sparen, und ich kaufe immer umweltfreundliche Produkte ein. Das macht vielleicht nicht viel aus, aber ich will einen Beitrag zum Umweltschutz leisten. Das finde ich wichtig." Dirk, 14 J.

 **13** **Lies die Zitate oben. Sieh dir die Bilder auf Seite 70 an. Was paßt zusammen?**

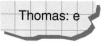
Thomas: e

 Beantworte die Fragen. Wer . . .

a) ist Mitglied einer Umwelt-Gruppe?
b) wohnt an der Nordsee?
c) hält Blumenpflücken nicht aus?

d) fährt in einer Fahrgemeinschaft?
e) kauft immer umweltfreundlich ein?
f) glaubt, daß er nichts gegen die Zerstörung des Tropenwaldes machen kann?

 **14** **Wähl ein Bild aus Seite 70. Du bist Mitglied einer Aktionsgruppe dafür. Mach ein Umwelt-Poster, um Leute auf dieses Problem aufmerksam zu machen.**

 Schreib ein Prospekt darüber, um alle weiter zu informieren. Was ist das Problem? Was kann man dagegen machen?

 **15** **Wie umweltfreundlich seid ihr? Macht Interviews zum Thema 'Umwelt'.**

Kaufst du umweltfreundlich ein?

Bist du Mitglied einer Umwelt-Gruppe?

Bist du gegen Walfang?

Wie fährst du in die Stadt?

Was machst du sonst für die Umwelt?

## HOFFNUNG, DASS DIE ERDE GERETTET WIRD

Wir sammeln alle möglichen Dosen, Gläser, Zeitungen und so weiter. Wenn sich daran aber bloß mal alle oder wenigstens viele halten würden, wäre es doch schon etwas leichter mit der Umwelt, finde ich. Bei Industrie, Abgasen, FCKW und so weiter wird sich bestimmt nicht so schnell was ändern?! Ich finde es auch gut, daß in der Schule über Umweltzerstörung geredet wird. Bei uns ist das zumindest so. Ich kann nur hoffen, daß wir alle vernünftig sind und unsere Erde gerettet wird. *Gabi, 15 Jahre*

## ALLES ÜBERTRIEBEN

Also dieses ganze Umwelt-Gefasel nervt mich allmählich echt total. Was soll denn schon sein? Ich war in den Ferien in Schleswig-Holstein und ich habe keine Umweltzerstörung gesehen -überall nur grüne Bäume, saubere Seen, blühende Wiesen. Daß Autos Abgase ausstoßen, dagegen kann man wohl nichts machen. Aber wir wollen doch nicht wieder mit Eselkarren fahren? Und diese ganze Abfalltrennerei, da kommt doch sowieso nichts dabei heraus. Ich habe jedenfalls keine Lust, jeden Joghurt-Becher abzuspülen und jeden Papierschnitzel einzeln zu sammeln. In der Schule kriegen wir auch schon nichts anderes mehr erzählt, als daß die Umwelt kaputtgeht. Ich kann's echt nicht mehr hören. *Tobias, 17 Jahre*

## ANGST VOR DER ZUKUNFT

Die Umweltverschmutzung ist schon zu weit fortgeschritten! Immer wieder ist in einer Zeitschrift ein Artikel mit der Überschrift z.B. „Am 17.4.1994 geht die Welt unter". Es ist kein Wunder, wenn man Angst vor der Zukunft hat. Ich mache mir oft Gedanken über die Umwelt. So kann es einfach nicht mehr weitergehen. Es gibt viele Ermahnungen, wie „Benütz' Spray ohne Treibgas, schreibt nur auf Altpapier, benützt kein Regenwald-Holz, trennt euren Müll und spart Energie". Wenn wir wenigstens diese Ermahnungen einhalten würden, könnte unsere Erde vielleicht noch einige tausend Jahre überleben! *Nicole, 12 Jahre*

## DAS THEMA WIRD IN DER SCHULE KAUM ANGESPROCHEN

Wenn man sich so in den Nachrichten hört, wie unsere Erde zerstört wird, könnte man richtige Angst bekommen. Leider wird dieses Thema in unserer Schule selten oder fast gar nicht angesprochen. Es wäre sehr wichtig, alle darauf aufmerksam zu machen. Denn schließlich betrifft es ja alle. Zum Beispiel kaufen wir nur Arbeitsblöcke und Schulhefte aus 100 % Altpapier, sortieren unseren Müll nach dem grünen Punkt-System und benutzen nur Mehrwegflaschen. Wenn das alle Menschen machen würden, würde das der Umwelt sicher helfen. Traurig sind wir auch besonders über die Abholzung des Regenwaldes und den Walfang. Das müßte unbedingt verhindert werden. Wir finden, daß jeder Mensch einen Teil zum Umweltschutz beitragen sollte. Denn dann können wir vielleicht Umweltkatastrophen doch verhindern. *Astrid, 12 Jahre; Isabell, 14 Jahre; Melanie, 14 Jahre*

---

**16** Lies die Popcorn Leserbriefe oben. Was sind die fehlenden Wörter?

a) Man hört oft, wie die **?** zerstört wird.
b) Jeder Mensch kann einen Teil zum **?** beitragen.
c) Viele haben Angst vor der **?**
d) Man soll die **?** wie „Benütz' Spray ohne Treibgas" einhalten.
e) In Schleswig-Holstein hat Tobias keine **?** gesehen.
f) Tobias hat keine Lust, Papierschnitzel zu **?**
g) Gabi sammelt **?**, **?** und **?**
h) Es ist gut, daß man in der **?** über die Umwelt redet.

**17** Lies die Leserbriefe oben nochmal.

a) Von welchen Umweltproblemen schreiben sie?

> Industrie, Abgasen, FCKW,

b) Was kann man für die Umwelt tun? Mach eine Liste.

> Benütz' Spray ohne Treibgas, schreib auf ...

**18** Wie stehst du zum Thema 'Umwelt'? Was machst du dafür? Äußer dich in einem Brief an Popcorn.

(46) PRIMA!

72 zweiundsiebzig

# PROJEKTSEITE

*Öko-Dorf*

Ihr seid ein Architekten-Team, das ein neues Dorf entwerfen will. Das Dorf ist ein umweltfreundliches Dorf in einem deutschsprachigen Gebiet. Die lokalen Behörden sind von der Idee nicht sehr begeistert. Ihr müßt sie jetzt überzeugen, daß euer Dorf eine hervorragende Idee ist.

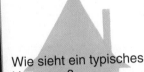

Wie sieht ein typisches Haus aus?

Zeichnet einen Plan vom Haus und beschriftet es.

Was kann man im Dorf machen?

Macht eine Touristen-broschüre mit Details.

Wo kann man im Dorf übernachten?

Macht eine Liste von Unterkünften.

Wie ist es besonders umweltfreundlich?

Schreibt einen Artikel oder macht ein Poster, um das zu erklären.

**Wie heißt das Dorf?**

**Wo liegt das Dorf?**

**Wie viele Einwohner hat es?**

Macht ein Poster, um das Dorf kurz zu beschreiben.

Wie sieht das Dorf aus?

Zeichnet einen groben Straßenplan mit Symbolen.

Wie ist das Klima dort?

Schreibt eine Wettervorhersage.

Was für öffentliche Verkehrsmittel gibt es?

Macht ein Informationsblatt mit Details: Fahrpläne, Preise, Fahrscheine usw.

Nehmt eine Beschreibung des Dorfes auf Kassette auf. Das können die Behörden dann anhören.

# Von der Schule zum Arbeitsplatz

In this unit you will learn how to talk about your school, your work experience, your future plans and jobs. You will also learn some useful language for when you stay with a German-speaking family.

## A Schule ist wichtig

**LERNZIELE**

In this part of the unit you will learn . . .
* how to describe your school
* how to say what you enjoy about school
* how to talk about your progress at school
* how to talk about your future plans.

*Bibiane Rosefeldt, 14J.*

Ich besuche eine gemischte Gesamtschule in Hamburg. Meine Lieblingsfächer sind Englisch und Mathe. Ich lerne nicht gern Musik, weil unsere Lehrerin so streng ist. Ich gehe gern in die Schule, weil ich gute Freunde habe, besonders Tanja und Atabak.

Ich besuche ein Internat nördlich von Hamburg, weil meine Eltern im Ausland arbeiten. Ich bin gern in dieser Schule – die Lehrer(innen) und Schüler(innen) sind freundlich, und die Sportmöglichkeiten sind ausgezeichnet.

*Stefan Söllner, 15J.*

*Susanne Kirchner, 15J.*

Ich besuche ein Gymnasium in Hamburg. Meine Lieblingsfächer sind Französisch, Englisch und Latein. Ich lerne nicht besonders gern Physik und Chemie. Meine Lehrer sagen, daß ich ziemlich akademisch bin, und für mich ist es eine gute Schule.

Ich bin im zehnten Jahrgang an einer Gesamtschule. Am besten gefällt mir immer unsere Projektwoche – letztes Jahr habe ich einen Musik- und Tanzkurs gemacht. Nächstes Jahr werde ich an die Berufsschule gehen und eine Ausbildung beginnen.

*Oliver Utz, 16J.*

*Kerstin Blum, 14J.*

Ich besuche eine Hauptschule am Stadtrand und bin im Jahrgang neun. Ich gehe gern zur Schule, weil ich viele Freunde dort habe. Informatik ist mein Lieblingsfach – das finde ich besonders interessant. Ich weiß noch nicht, was ich nächstes Jahr machen werde. Vielleicht beginne ich eine Lehre und gehe in die Berufsschule . . .

**1** Beantworte die Fragen.

a) Wer . . .
1. findet die Projektwoche in seiner Schule besonders gut?
2. ist gut in Fremdsprachen?
3. findet die Sportmöglichkeiten in seiner Schule gut?
4. besucht eine gemischte Gesamtschule?
5. interessiert sich besonders für Informatik?

b) Was für eine Schule besucht Susanne?

c) In welchem Jahrgang ist Kerstin?

d) Warum geht Bibiane gern in die Schule?

e) Warum besucht Stefan ein Internat?

 **2** Diese vier Jugendlichen sprechen über Schulen. Hör zu und mach Notizen.

| Name | Schule | Größe | gemischt? | Jahrgang | Lieblingsfach |
|------|--------|-------|-----------|----------|---------------|
| Martin | Gesamtschule | | | | |

**3** Macht Dialoge mit Petra, Hans-Peter und Birgit (Übung zwei).

A — Was für eine Schule besuchst du, Martin?

B — Ich besuche eine gemischte Gesamtschule.

A — Wie groß ist die Schule?

B — Die Schule hat ungefähr zwölfhundert Schüler und Schülerinnen.

A — In welchem Jahrgang bist du?

B — Ich bin im Jahrgang neun.

A — Was sind deine Lieblingsfächer?

B — Meine Lieblingsfächer sind Englisch und Erdkunde.

A — Warum?

B — Mathe finde ich einfach, und die Englischlehrerin ist freundlich und hilfsbereit.

eine gemischte Hauptschule/Realschule
ein gemischtes Gymnasium/Internat
eine Hauptschule/ein Gymnasium für Mädchen/Jungen

**4** Ulrike verbringt ein Jahr in England, weil ihre Mutter eine Forschungsarbeit bei einer Firma in Birmingham macht. Lies diesen Brief.

> Birmingham, 8. Oktober
>
> Liebe Klasse 10c,
>
> ich bin jetzt schon vier Wochen hier in England. Eigentlich geht es mir ganz gut, obwohl es anstrengend ist, so viel Englisch zu sprechen! Ich besuche hier eine gemischte Gesamtschule mit ungefähr tausend Schülern und Schülerinnen. Ziemlich groß! Hier bin ich im Jahrgang zehn. Ich trage eine Uniform - eine graue Hose (oder einen grauen Rock!), eine weiße Bluse und einen grauen Pullover. Glücklicherweise muß ich keine Krawatte tragen!
>
> Meine Lieblingsfächer sind Deutsch (natürlich!), Kunst und Sport (hier spiele ich "Netball"). Die anderen Fächer finde ich im Moment sehr schwer, weil alles auf englisch ist. Die Lehrer und Lehrerinnen sind aber alle sehr freundlich. Ich habe schon viele Freunde, besonders Damen, Michelle und Clare - sie sind sehr hilfsbereit und erklären mir alles. Damen hat eine deutsche Mutter und spricht ganz gut Deutsch!
>
> Ich muß zugeben, die Schule macht Spaß! Es gibt viele Aktivitäten nach der Schule (um 16 Uhr!) Montags spiele ich Hockey mit der Schulmannschaft, und am Dienstag lerne ich Schach spielen. Mittwochs gibt es eine Orchesterprobe, und am Donnerstag gehe ich zum Computerclub.
>
> Meiner Meinung nach ist es eine gute Schule. Warum?
> • Die Schüler und Schülerinnen sind freundlich.
> • Die Lehrer und Lehrerinnen sind hilfsbereit.
> • Es gibt viele Aktivitäten nach der Schule.
> • Es gibt immer Pommes Frites in der Kantine. Lecker!
>
> Schreibt mir bitte bald - ich erwarte dringend Nachrichten von der was gibt's Neues?
>
> Viele Grüße,
> Ulrike

**Richtig oder falsch?**

a) Ulrike schreibt einen Brief an ihre Klasse in Deutschland.
b) Ulrike findet es einfach, so viel englisch zu sprechen.
c) Ulrike besucht eine Gesamtschule für Jungen und Mädchen.
d) Die Schule ist ziemlich klein.
e) Ulrike hat drei besonders hilfsbereite Freunde.
f) Am Mittwoch nach der Schule spielt Ulrike Hockey.
g) Das Essen in der Kantine findet Ulrike ekelhaft.
h) Die englische Schule gefällt Ulrike nicht.

PARTNERARBEIT 55
NOCH EINMAL 56
DENK MIT 57

 Schreib die falschen Sätze richtig auf.

 **5** Hör zu. Warum gehen Catrina, Alexander, Margit, Harriette, Selim, Sabine, Klaus und Daniela gern in die Schule? Welches Foto paßt zu welcher Person?

Catrina = e

Ich gehe gern in die Schule, . . .

weil ich dort viele Freunde habe.

weil die Sportmöglichkeiten ausgezeichnet sind.

weil das Essen in der Kantine lecker ist.

weil das Gebäude und das Schulgelände schön sind.

weil die Labors und Werkstätten gut ausgestattet sind.

weil es viele Aktivitäten nach der Schule gibt.

weil es eine tolle Bibliothek mit vielen Computern gibt.

weil die Lehrer und Lehrerinnen freundlich und hilfsbereit sind.

**6** Schreib einen Satz für jedes Foto in Übung 5.

 Schreib andere Gründe auf.

Ich gehe gern in die Schule, . . .
weil ich Deutsch lernen kann!
weil die Uniform so modisch ist!

**7** Wer geht am liebsten in die Schule?

A — Ich gehe gern in die Schule, weil das Essen in der Kantine so lecker ist.

B — Ich gehe gern in die Schule, weil das Essen in der Kantine so lecker ist, und weil ich dort viele Freunde habe.

A — Ich gehe . . .

 Deine Schule braucht neue Schüler(innen). Mach eine Anzeige (für die Zeitung) oder einen Werbespot (für das Radio) für deine Schule.

SO GEHT'S 58

**8** Heute hat Martina ihr Zeugnis bekommen, und sie bespricht es mit ihrem Vater. Hör zu und mach Notizen.

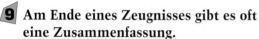

| Fach | Note | Martinas Antwort |
|------|------|------------------|
| Deutsch | 4 | f |

Martinas Antworten!
a) Ich muß mehr üben.
b) Ich muß weniger sprechen.
c) Ich muß mehr Vokabeln lernen.
d) Ich muß fleißiger sein.
e) Ich muß weniger herumspielen.
f) Ich muß mehr Hausaufgaben machen.
g) Ich muß die Grammatik besser verstehen.
h) Ich muß besser aufpassen.

**9** Am Ende eines Zeugnisses gibt es oft eine Zusammenfassung.

a) Lies die Zusammenfassungen unten und finde drei positive Phrasen und drei negative Phrasen.

| + | – |
|---|---|
| eine fleißige Schülerin | |

**Zeugnis-Formular (rechts):**

Baden-Württemberg
_____
Name der Schule

**ZEUGNIS DES GYMNASIUMS**

| Klasse | _____ Schuljahr 19____ |
| Vor- und Zuname | _____ |
| Verhalten | _____ |
| Mitarbeit | _____ |

Leistungen in den einzelnen Fächern:

| Religionslehre | _____ | Russisch | _____ |
| Deutsch | _____ | Mathematik | _____ |
| Erdkunde | _____ | Physik | _____ |
| Geschichte | _____ | Chemie | _____ |
| Gemeinschaftskunde | _____ | Biologie | _____ |
| Englisch | _____ | Sport | _____ |
| Französisch | _____ | Musik | _____ |
| Latein | _____ | Kunsterziehung | _____ |
| Griechisch | _____ | Ethik | _____ |

Teilnahme an Arbeitsgemeinschaften:
_____
_____

Bemerkungen: _____
_____
_____

Datum _____

Schulleiter/Schulleiterin    (Dienstsiegel _____
der Schule)  Klassenlehrer/Klassenlehrerin
Gesehen!
Erziehungsberechtigter: _____

Notenstufen:
Verhalten und Mitarbeit: sehr gut = sgt, gut = gut, befriedigend = bfr, unbefriedigend = unbfr
Leistungen in den einzelnen Fächern: sehr gut (1) = sgt, gut (2) = gut, befriedigend (3) = bfr, ausreichend (4) = ausr, mangelhaft (5) = mgh, ungenügend (6) = ung.

---

**Spalte 1:**

Iris ist eine fleißige Schülerin, und im Unterricht paßt sie immer gut auf. Sie ist intelligent und macht immer rechtzeitig ihre Hausaufgaben. Sie bekommt gute Noten und ist besonders stark in Fremdsprachen. Sie zeigt großes Interesse an allem und ist eine begabte Spielerin im Schulorchester und in der Handballmannschaft.

**Spalte 2 (handschriftlich):**

Andreas bekommt Durchschnittsnoten, weil er manchmal im Unterricht nicht aufpaßt und zu wenig Hausaufgaben macht. Er hat Fortschritte in Mathe gemacht und muß jetzt fleißiger in Englisch arbeiten. Er ist freundlich, höflich und hilfsbereit.

**Spalte 3:**

Martina hat ein schlechtes Schuljahr gehabt. Sie paßt im Unterricht nicht auf. Sie spricht die ganze Zeit mit Freunden und macht nur selten Hausaufgaben. Dazu ist sie auch unpünktlich. Martina ist ziemlich intelligent, aber sie muß fleißiger arbeiten und mehr Interesse an der Schule zeigen. Nächstes Jahr muß besser werden!

b) Stellt einander Fragen über die Zusammenfassungen.

A — Wer muß fleißiger in Englisch arbeiten?    Andreas. — B

Wer ist besonders stark in Fremdsprachen?
Wer ist unpünktlich?
Wer hat Fortschritte in Mathe gemacht?
Wer ist eine begabte Spielerin im Schulorchester?

Schreib eine Zusammenfassung für dein eigenes Zeugnis.

**10** Wie könntest du Fortschritte in der Schule machen? Schreib drei Ziele auf. Hilfe? Sieh dir Übung 8 nochmal an!

Ich muß in Physik besser aufpassen.
Ich muß weniger in Mathe sprechen.
Ich muß mehr Vokabeln für Französisch lernen.

**11**

Name?
Fach?
Fortschritte?

A Wie kannst du Fortschritte in Französisch machen?

Ich muß mehr Vokabeln lernen. **B**

A Ich auch!

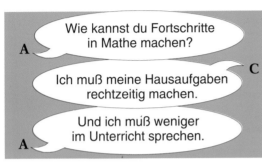

A Wie kannst du Fortschritte in Mathe machen?

Ich muß meine Hausaufgaben rechtzeitig machen. **C**

A Und ich muß weniger im Unterricht sprechen.

A Wie kannst du Fortschritte in Physik machen?

Im Moment kann ich nicht. Und du? **D**

A Ja, ich muß besser aufpassen.

**12** Diese sechs Jugendlichen sprechen über ihre Zukunftspläne.

Nach der Schule werde ich sofort einen Job finden.

Nach dem Abitur habe ich vor zu studieren.

Ich habe noch keine festen Pläne. Entweder studieren oder einen Job finden.

Lydia

Norbert

Thorsten

Annegret

Dieter

Marinka

Nächstes Jahr werde ich auf der Schule bleiben.

Nach den Sommerferien werde ich auf die Berufsschule gehen.

Nach dem Realschulabschluß hoffe ich, einen Ausbildungsplatz zu finden.

**a) Was bedeuten diese Wörter auf englisch? Such die Wörter im Wörterbuch.**

1. Oberstufe
2. Abitur
3. Berufsberatung
4. Ausbildungsplatz
5. Lehrling
6. Realschulabschluß
7. Berufsschule

**b) Was sagen sie noch? Was paßt zusammen?**

1. Dieter

1. Ich brauche Berufsberatung!
2. Hoffentlich Politik an der Uni.
3. Studieren möchte ich nicht!
4. Als Lehrling kann ich arbeiten und lernen.
5. Ich hoffe, später Fremdsprachensekretärin zu werden.
6. Ich möchte in der Oberstufe mein Abitur machen.

**13 a)**

A — Was sind deine Zukunftspläne?

Ich möchte mein Abitur machen. — B

A — Was sind deine Zukunftspläne?

Ich weiß noch nicht – ich brauche Berufsberatung. — C

Ich werde/möchte einen Job finden/studieren/mein Abitur machen.
Ich weiß noch nicht. Ich brauche Berufsberatung.

A — Was sind deine Zukunftspläne?

Ich hoffe, einen Ausbildungsplatz zu finden./Ich habe vor, einen Ausbildungsplatz zu finden. — D

**b) Schreib die Resultate auf.**

**14** Norbert und Alexandra sprechen über ihre Schulen und Zukunftspläne. Hör zu und mach Notizen.

Schule    Jahrgang    Leistung    Zukunftspläne

 Macht ein Interview über Schule und Zukunftspläne mit Norbert oder Alexandra.

**15** Per elektronische Post bekommst du einen Brief von deinem Brieffreund. Am Ende sind viele Fragen. Schreib eine Antwort oder nimm deine Antwort auf Kassette auf.

> \* Was für eine Schule besuchst du? Wie findest du sie?
> \* In welchem Jahrgang bist du?
> \* Was sind deine Lieblingsfächer?
> \* Bekommst du gute Noten?
> \* Was mußt du machen, um Fortschritte in der Schule zu machen?
> \* Was sind deine Zukunftspläne?
> Ich freue mich auf eine baldige Antwort!
> Dein
> Wolfgang

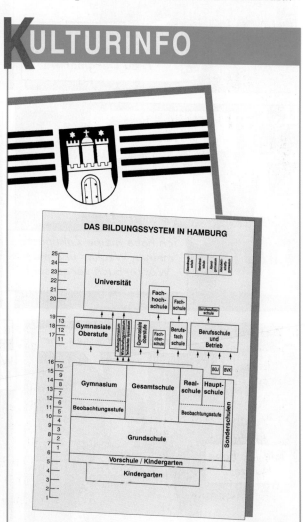

KULTURINFO

DAS BILDUNGSSYSTEM IN HAMBURG

**LERNZIELE**

In this part of the unit you will learn . . .
- how to ask if you can borrow things
- how to say where things are and where they belong
- how to ask for things at table
- how to talk about someone's work experience.

Michael Firth ist im Jahrgang elf an einer Gesamtschule in Manchester. In den Osterferien fährt er nach Hamburg, um seine Brieffreundin, Stefanie Bergmann, zu besuchen. Er wird eine Woche Betriebspraktikum in einem Hotel machen. Für Michael ist das ideal, weil er nächstes Jahr einen Kurs in „Hotel Management" machen möchte. Er hat Glück: Stefanies Mutter ist Managerin eines Hotels in Hamburg.

**1** Herzlich willkommen, Michael. Hier ist meine Mutter.

Guten Tag. Es freut mich, Sie kennenzulernen, Frau Bergmann.

**2** Und wie war die Reise, Michael?

Ein bißchen lang, aber die Überfahrt von Dover nach Ostende war schön.

**3** Hoffentlich hast du alles, was du brauchst.

Ich habe meine Zahnpasta meinen Wecker und mein Wörterbuch vergessen!

**4** Kein Problem! Zahnpasta findest du im Badezimmer, ein Wecker steht schon auf dem Regal, und du kannst mein Wörterbuch leihen.

Danke.

**5** Komm! Jetzt essen wir!

Toll! Ich habe Hunger!

**6** Was essen wir heute, Mutti?

Hoffentlich magst du Eintopf, Michael . . .

**1** Lies die Geschichte auf Seite 80–1 und schreib diese Sätze in der richtigen Reihenfolge auf.

a) Michael und Frau Bergmann diskutieren kurz das Praktikum.

b) Die zwei Jugendlichen gehen ins Eiscafé.

c) Michael entdeckt, daß er drei Sachen vergessen hat.

d) Michael hilft in der Küche.

e) Sie essen Eintopf und Kirschtorte.

f) Stefanie und ihre Mutter treffen Michael am Hauptbahnhof.

 **2** Hör zu. Was brauchen diese Leute?  Wo sind die Sachen?

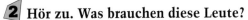
1. Zahnpasta

1. Zahnpasta – Badezimmer

 **3**

A — Ich habe meinen Wecker vergessen. Darf ich einen leihen?

B — Ja, natürlich. Ein Wecker steht auf dem Regal im Schlafzimmer.

Ich habe mein Shampoo/mein Handtuch/mein Wörterbuch/meine Zahnpasta/meinen Fön/meinen Wecker vergessen.

auf dem Regal/auf dem Tisch/auf dem Bad
im (kleinen/großen) Schrank/in der Schublade

im Badezimmer/im Schlafzimmer

**4** Wo finde ich . . . ? Schreib Sätze ins Heft.

Du findest einen Wecker auf dem Regal im Schlafzimmer.

a) Du findest

b) Du findest

c)

d)

e)

das Shampoo
ein Wörterbuch
das Bügeleisen
einen Regenschirm

in der Küche
in der Garage
im Wohnzimmer

**5**

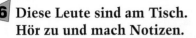

A — Magst du Schweinefleisch?

B — Nein, nicht besonders.

A — Magst du Erbsen?

C — Ja, aber ich mag lieber Blumenkohl.

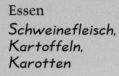

**6** **Diese Leute sind am Tisch.
Hör zu und mach Notizen.**

| Essen | noch? | reichen? |
|---|---|---|
| *Schweinefleisch,* | *Karotten* | *Salz* |
| *Kartoffeln,* | | |
| *Karotten* | | |

**7** **Ordnet diese Sprechblasen, um einen
Dialog zu machen.
Könnt ihr dann andere Dialoge üben?**

Kannst du mir bitte   das Salz / den Pfeffer / das Wasser / ein Glas   reichen?

Vor dem Essen

Und zum Nachtisch?

Was essen wir heute?

Schokoladeneis.

Wiener Schnitzel,
Kartoffeln und Erbsen.

Am Tisch

Möchtest du noch Kartoffeln?

Kannst du mir
bitte das Wasser
reichen?

Ja, natürlich.

Nein danke,
aber darf ich
noch Erbsen?

Bitte schön.

Eine halbe Stunde später

O ja! Ich kann nicht mehr.
Es hat sehr gut geschmeckt!

Hast du genug gegessen?

Macht Dialoge mit einem/einer Erwachsenen.

Möchten Sie . . . ?
Können Sie . . . ?
Haben Sie . . . ?

# HOTEL TREFFPUNKT

An: Mitarbeiter DE/HB/JW/MH
Von: Renate Bergmann
Betrifft: Betriebspraktikum für Michael Firth (englischer Schüler 16J.)

## Wochenprogramm

| Datum | verantwortliche Kollegen | Arbeitsraum | mögliche Aufgaben |
|---|---|---|---|
| Montag, 23. | Dieter Erfurt | in der Küche | abwaschen, das Essen vorbereiten, kochen |
| Dienstag, 24. | Helga Brandmeyer | im Restaurant | Tische decken und aufräumen, Bestellungen schreiben, bedienen |
| Mittwoch, 25. | Julia Waldorf | an der Rezeption | Telefondienst, Reservierungen machen, Briefe schreiben |
| Donnerstag, 26. | Maximilian Herrlein | mit dem Hausmeister (inkl. Zimmer) | Betten machen, Zimmer saubermachen, reparieren |
| Freitag, 27. | Renate Bergmann | im Büro | an Treffen teilnehmen, einen Artikel für die Hotelbroschüre schreiben |

Vielen Dank im voraus für Ihre Mitarbeit in dieser Angelegenheit.

**8 a) Wie sagt man das auf englisch? Such diese Wörter im Wörterbuch.**

1. verantwortliche Kollegen
2. Aufgaben
3. bedienen
4. Telefondienst
5. an Treffen teilnehmen

**b) Lies das Memo. Richtig oder falsch?**

1. Julia Waldorf arbeitet an der Rezeption.
2. Helga Brandmeyer arbeitet im Büro.
3. Am Montag ist der verantwortliche Kollege Maximilian Herrlein.
4. Am Freitag wird Michael mit der Managerin arbeiten.
5. In der Küche wird Michael an Treffen teilnehmen.
6. Am Mittwoch wird Michael an der Rezeption arbeiten.
7. Im Restaurant wird Michael bedienen.
8. Am Anfang der Woche wird Michael einen Artikel schreiben.

**EXTRA!** Schreib die falschen Sätze richtig auf.

**9 Es ist Montag, und Michael arbeitet in der Küche mit Dieter Erfurt. Hör zu. Wo kommt alles hin?**

**10**

A Wo kommen die Teller hin?
B Auf den Tisch.

| | |
|---|---|
| die Schüsseln | in den kleinen/großen Schrank |
| das Besteck | links/rechts vom Herd |
| die Töpfe | auf das Regal |
| die Gläser | in die Schublade |
| die Krüge | |

**11** Am Freitag muß Michael einen Artikel über sein Betriebspraktikum im Hotel vorbereiten. Zuerst schreibt er sein Tagebuch fertig.
a) An welchem Tag war das?

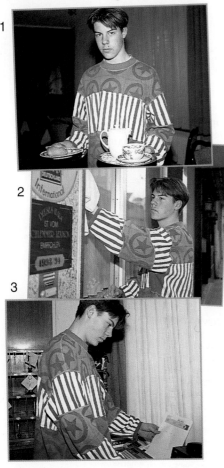

*Montag*
Den ganzen Tag in der Küche - das war anstrengend! Ich habe viel abgewaschen. Jetzt weiß ich, wo alles in der Küche hinkommt! Ich habe allerlei Gemüse vorbereitet, und Herr Erfurt hat mir gezeigt, wie man eine Jägersoße macht. Lecker!

*Dienstag*
Es hat mir im Restaurant Spaß gemacht! Zuerst habe ich Tische gedeckt und dann Kunden bedient. Viele amerikanische Touristen waren heute im Restaurant, und ich habe ihnen geholfen, die Speisekarte zu verstehen.

*Mittwoch*
An der Rezeption war es den ganzen Tag hektisch! Ich mußte Anrufe beantworten, Reservierungen machen und auch Briefe tippen, um telefonische Reservierungen zu bestätigen.

*Donnerstag*
Zuerst mußte ich den Zimmermädchen helfen, Betten zu machen und Zimmer sauberzumachen. Dann bin ich mit Herrn Herrlein in die Stadt gegangen, um neue Werkzeuge zu kaufen. Danach haben wir die Eingangstür repariert und alle Fenster im Erdgeschoß geputzt.

*Freitag*
Ich habe mit Frau Bergmann an zwei Treffen teilgenommen. Ich habe leider nicht viel verstanden! Ich

b) Beantworte die Fragen.

1. Wo hat Michael am ersten Tag gearbeitet?
2. Was hat er gekocht?
3. An welchem Tag hat er englisch im Hotel gesprochen?
4. Warum mußte er Briefe schreiben?
5. Wohin ist Michael gegangen, um neue Werkzeuge zu kaufen?
6. Was war im Hotel kaputt?
7. Was hat er zusammen mit Frau Bergmann gemacht?

c) Schreib den letzten Satz für Michaels Tagebuch.

**12** Seht euch das Memo (Übung 8) und das Tagebuch (Übung 11) nochmal an.

Was hat Michael am Montag gemacht?

Er hat mit Dieter Erfurt in der Küche gearbeitet. Er hat abgewaschen, das Essen vorbereitet und gekocht.

Könnt ihr weitere Details geben?

Er hat allerlei Gemüse vorbereitet, und er hat eine Jägersoße gemacht.

(63) PRIMA!

## C — Jugendliche bei der Arbeit

**LERNZIELE**

In this part of the unit you will learn . . .
- how to talk about your part-time jobs
- how to talk about your work experience.

## Jobben nach Schulschluß*

*Fotos: David Simson*

**1 a) Lies den Artikel rechts und wähl die richtige Antwort.**

1. Gunilla arbeitet
   a) als Babysitter
   b) bei McDonalds.
2. Johannes findet die Arbeit
   a) gut
   b) schlecht.
3. Gunilla spart für
   a) die Ferien
   b) Kleidung.
4. Bei der Arbeit kann Gunilla
   a) fernsehen
   b) in die Disco gehen.
5. Johannes verdient
   a) zehn Mark pro Stunde
   b) vierhundert Mark pro Monat.

**Gunilla (17 Jahre):** „Ich arbeite abends und an den Wochenenden als Babysitter. Das mache ich schon seit drei Jahren. Ich arbeite für drei Familien: Ich passe regelmäßig* auf ihre kleinen Kinder auf. Die Arbeit gefällt mir gut. Ich bekomme 10 Mark die Stunde – das ist normal. Ich brauche die Kinder meistens nur ins Bett zu bringen. Danach sitze ich im Wohnzimmer. Manchmal schaue ich fern oder lese, aber meistens mache ich in der Zeit meine Hausaufgaben. Von dem Geld, das ich verdiene, kaufe ich mir schicke Klamotten. Und wenn ich am Wochenende nicht babysitte, dann gehe ich mit meinen Freundinnen in die Disco!"

*Gunilla (17 Jahre)*

**Johannes (17 Jahre):** „Jobben muß sein – leider! Ich will in den Sommerferien nach Amerika fahren – das kostet Geld! Ich arbeite acht Stunden pro Woche bei McDonalds – am Freitag nach der Schule und Samstag nachmittags und abends. Die Arbeit ist ziemlich langweilig – und auch ziemlich anstrengend: Man steht den ganzen Tag hinter der Kasse, man muß hin und herrennen und natürlich freundlich zu den Kunden sein... Ich verdiene damit ungefähr 400 Mark im Monat. Das Geld kommt sofort auf die Bank! Ich werde noch bis zum Juni arbeiten – danach ruhe ich mich erst mal aus, und dann geht's nach Amerika!"

*Johannes arbeitet bei McDonalds*

**b) Wer sagt das, Gunilla oder Johannes? Schreib zwei Listen.**

1. Ich muß an der Kasse arbeiten.
2. Ich muß auf die Kinder aufpassen.
3. Ich muß hin und herrennen.
4. Ich muß die Kinder ins Bett bringen.
5. Ich muß freundlich zu den Kunden sein.

 **2 Hör zu und schreib die Details auf.**

| Name | Arbeit | Stunden | DM | Aufgaben |
|---|---|---|---|---|
| Markus | beim Friseur | samstags 12–18 Uhr | DM 12 pro Stunde | Anrufe beantworten, Reservierungen machen, kehren, saubermachen |

**86** sechsundachtzig

**3**

samstags 6-12 Uhr
DM 12 pro St.

Freitagabend
17-23 Uhr
DM 10 pro St.

samstags 9-18 Uhr
DM 15 pro St.

Freitagabend/
samstags
DM 12 pro St.

A Hast du einen Job?

A Ja, ich arbeite in einer Bäckerei. B

A Wann arbeitest du?

Samstagvormittags von
sechs bis zwölf Uhr. B

Wieviel Geld verdienst du?
A

Ich verdiene zwölf Mark pro Stunde. B

Was mußt du bei der Arbeit machen?
A

Ich muß hin und herrennen, an
der Kasse arbeiten und
freundlich zu den Kunden sein. B

A Wie findest du die Arbeit?

Langweilig und anstrengend. B

Warum arbeitest du?
A
B
Ich spare für die Ferien.

Ich arbeite in einem Geschäft/einem Café.
Ich mache Babysitting.

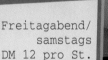

Macht Interviews mit Gunilla
und Johannes (Übung 1).

**4** Mach eine Klassenumfrage über Jobben nach Schulschluß. Schreib einen Artikel
darüber und/oder bereite einen Radiobericht darüber vor.

**5** Lies diesen Artikel.

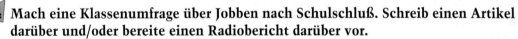

## Betriebspraktikum – nützliche Erfahrung oder Sklavenarbeit?

Überall in Europa machen Jugendliche ein Betriebspraktikum, manche schon mit vierzehn Jahren! Einige Jugendliche machen das Praktikum im Ausland, um gleichzeitig ihre Sprachkenntnisse zu verbessern. Aber ist das Betriebspraktikum eine gute Idee, oder ist es nichts mehr als Sklavenarbeit? Unsere Reporterin, **Nadine Winhart**, macht gerade ihr Betriebspraktikum bei unserer Zeitung.

Herr Fischbach, Berufsberater für die örtlichen Schulen, gibt zwei Hauptgründe für das Betriebspraktikum:

* Jugendliche können Erfahrung sammeln.
* Jugendliche haben die Chance, einen gewissen Beruf auszuprobieren.

Stimmt das? Ich habe Interviews mit drei Jugendlichen gemacht, um ihre Erfahrungen herauszufinden.

*Bodo (16J.):* Mein Praktikum war toll. Ich habe eine Woche in einer Werkstatt gearbeitet. Ich habe geholfen, Autos zu überprüfen und zu reparieren. Ich möchte später Mechaniker werden, also war es ideal, den Beruf auszuprobieren und Arbeitserfahrung zu gewinnen.

*Marion (17J.):* Eine Zeitverschwendung! Ich möchte später Tierärztin werden, und ich hatte eine Praktikumsstelle am Zoo. Leider habe ich die ganze Woche fast keine Tiere gesehen! Ich mußte hin und herrennen, Anrufe beantworten und saubermachen. Echte Sklavenarbeit war's!

*Andreas (16J.):* Ich bin sehr sportlich und war froh, eine Stelle für mein Praktikum am Sportzentrum zu finden. Leider habe ich in der Woche keine Zeit für Sport gehabt! Ich mußte an der Rezeption arbeiten, im Café helfen, saubermachen . . . Vielleicht sollte ich lieber Fußballprofi werden!

a) Schreib positive und negative Wörter und Sätze aus dem Artikel auf Seite 87 in zwei Listen auf.

| + | − |
|---|---|
| toll | Zeitverschwendung |

b) Füll die Tabelle für Marion und Andreas aus.

| Wer? | Alter | Wo? | Aufgaben | Meinung |
|------|-------|-----|----------|---------|
| Bodo | 16 | Werkstatt | Autos überprüfen und reparieren | toll, ideal, gute Arbeitserfahrung |

**6** Veronika und Paul sprechen über das Betriebspraktikum. Hör zu und mach Notizen.

Wo?    Arbeitstag    Aufgaben    Meinung

**EXTRA!** Schreib einen Text über Veronika und Paul für den Artikel auf Seite 87.

**PARTNERARBEIT** **7**

A — Wo hast du dein Praktikum gemacht?

B — Ich habe am Bahnhof gearbeitet.

A — Wie lange hast du jeden Tag gearbeitet?

B — Von halb zehn bis halb fünf.

A — Und was hast du bei der Arbeit gemacht?

B — Ich habe im Büro Reservierungen gemacht, an der Kasse gearbeitet und Kunden geholfen.

A — Wie hast du das Praktikum gefunden?

B — Es war eine gute Erfahrung, aber anstrengend. Ich gehe lieber in die Schule!

Ich habe…
fotokopiert
saubergemacht
Briefe getippt
am Computer gearbeitet
Anrufe beantwortet
Autos repariert
auf Kinder aufgepaßt
in der Küche geholfen

**PARTNERARBEIT** **EXTRA!** Macht Interviews mit Veronika und Paul (Übung 6).

## D Dieser Job paßt gut zu mir

**LERNZIELE**

In this part of the unit you will learn . . .
* how to talk about personal qualities
* how to talk about the qualities required for particular jobs
* how to say what you are looking for in a job
* about apprenticeships.

1 fleißig

2 geduldig

3 aufmerksam

4 kreativ

5 selbständig

6 freundlich

7 mutig

8 respektvoll

9 ehrlich

10 pünktlich

a ungeduldig

b abhängig

c feige

d unehrlich

e faul

f respektlos

g unkonzentriert

h unpünktlich

i schüchtern

j phantasielos

**1** Schlag die neuen Wörter im Wörterbuch nach und finde die Gegenteile.

1e

**2** Immer das Gegenteil sagen!

A Ich bin phantasielos.

B Das stimmt doch nicht! Du bist kreativ!

**3** Paßt der Job gut zu diesen Jugendlichen? Was meinst du? Hör zu und mach Notizen.

| Job | Charaktereigenschaften | Paßt der Job? |
|-----|------------------------|---------------|
| Pilot | mutig, pünktlich, unkonzentriert | |

**4** a) Erkennst du diese Jobs?

**b) Welche Charaktereigenschaften braucht man für die Jobs in den Fotos auf Seite 89? Schreib Sätze auf.**

Um Pilot zu werden, soll man aufmerksam, selbständig und mutig sein.

 Kannst du andere Jobs beschreiben?

**5**  **Lies den Brief.**

Hamburg , 12. Oktober

Lieber Onkel Joachim,

vielen Dank für das schöne Geburtstagsgeschenk – gestreifte Socken mag ich besonders gern!

Was gibt's Neues? Ich habe einen neuen Job! Samstags arbeite ich in einem Café am Hafen. Die Arbeit beginnt für mich und die Köchin sehr früh um sechs Uhr, und bis acht Uhr bin ich der einzige Kellner! Die Arbeiter(innen) hier im Hafen fangen sehr früh an, und viele machen schon um sechs Uhr eine Kaffeepause. Letzte Woche um sechs Uhr warteten schon zwanzig Leute draußen vor der Tür!

Ich schreibe die Bestellungen auf, bediene und arbeite an der Kasse. Ich finde die Arbeit gut, weil ich gern mit Leuten spreche. Manchmal bekomme ich auch Trinkgeld von den Kunden! Ich werde mein Praktikum hier machen und vielleicht auch später einen Ausbildungsplatz bekommen. Ich hoffe schon! Meine Arbeit ist gegen Mittag zu Ende, und dafür verdiene ich achtzig Mark. Dann bin ich müde, weil ich viel hin und herrennen muß und weil ich die ganze Zeit stehen muß. Nachmittags schlafe ich oft ein bißchen . . . .

Ich muß jetzt meine Hausaufgaben fertig machen, bevor ich mit Freunden ins Kino gehe.

Bis bald!

Viele Grüße,

Thomas

**Richtig oder falsch?**

a) Thomas arbeitet in einem Büro.
b) Die Arbeit beginnt um acht Uhr.
c) Er findet die Arbeit gut.

d) Er bekommt neunzig Mark für die Arbeit.
e) Nach der Arbeit ist Thomas müde.

Macht ein Interview mit Thomas über seinen Job.

**6** **Was für einen Job möchtest du? Sieh dir diese Liste an. Sind diese Punkte für dich wichtig oder unwichtig?**

Ich möchte . . .

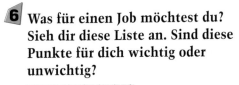
```
einen interessanten Job haben
mit den Händen arbeiten
draußen/im Büro arbeiten
reisen
(keine) Routinearbeit machen
(keinen) Schichtdienst machen
anderen Leuten helfen
mit Kindern/Tieren/der Mode arbeiten
viel Geld verdienen
viel/keine Verantwortung haben
einen sicheren Arbeitsplatz haben
gute Aufstiegschancen haben
```

**7** Diese drei Jugendlichen sind in der Schule bei der Berufsberaterin. Sie besprechen das Betriebspraktikum. Hör zu und mach Notizen.

Fächer               Charaktereigenschaften     Vorstellungen
gut in . . .   Lieblingsfach

Schlag zwei mögliche Jobs für jede Person vor.

# KULTURINFO

**8**

A — In welchen Fächern bist du gut?

Ich bin gut in Sport. — B

A — Was sind deine Charaktereigenschaften?

Ich bin freundlich, sportlich, pünktlich, aufmerksam und geduldig. — B

A — Was für einen Job möchtest du?

Ich möchte mit Kindern arbeiten. — B

A — Für dein Praktikum könntest du vielleicht im Sportzentrum arbeiten.

Gute Idee! — B

**Ausbildung: Start in den Beruf**
*Es gibt in Deutschland rund 350 staatlich anerkannte Ausbildungsberufe, z.B. Mechaniker(in), Tischler(in), Elektriker(in). Die Ausbildung in diesen Berufen ist genau festgelegt. Sie beginnt meistens nach der Pflichtschulzeit (10. Schuljahre) und dauert zwischen 2 und $3\frac{1}{2}$ Jahren. In der Regel verbringen die Auszubildenden ('Azubis') vier Tage in der Woche im Betrieb und einen Tag an der Berufsschule.*

**9** Lies die zwei Anzeigen rechts.
a) Ordne diese Sätze in zwei Listen.

| Dudelmann | Hoppelmeyer |
|-----------|-------------|
| | 1 |

1. Hier bekommt man mehr Urlaub.
2. Hier verdient man mehr.
3. Hier dauert die Ausbildung länger.
4. Hier soll man sich per Telefon bewerben.
5. Hier gibt es mehrere Ausbildungsplätze.
6. Hier beginnt die Ausbildung im Herbst.

b) Was für Berufe stehen im Kaufhaus Dudelmann zur Verfügung? Was meinst du? Schreib eine Liste.

Verkäufer(in)
Kaufmann/Kauffrau

**Kaufhaus Dudelmann**

Wir bieten sichere **Ausbildungsplätze** für fleißige und kreative Mitarbeiter(innen).
Ausbildungsdauer: 3 Jahre
Jahresurlaub: 28 Tage
Gehalt pro Monat:
       1. Ausbildungsjahr DM 934,80
       2. Ausbildungsjahr DM 1360,50
       3. Ausbildungsjahr DM 1755,40
Bewerben Sie sich bitte bei unserer Ausbildungsabteilung. Zum Lehrbeginn im September stehen viele Berufe im Kaufhaus zur Verfügung.

**Bestattungsunternehmen Hoppelmeyer**
(gegründet 1923)

**Machen Sie eine erstklassige Ausbildung bei uns!**
**Gute Aufstiegschancen!**
Ausbildungsdauer: 2 Jahre
Jahresurlaub: 30 Tage
Gehalt pro Monat:     1. Ausbildungsjahr DM 870,50
                      2. Ausbildungsjahr DM 982,00
Rufen Sie uns an! Tel: 32 51 51

**10** Hör diese zwei Radio-Werbespots für Ausbildungsplätze an. Schreib die Details auf.

Firma      Stelle      Ausbildungs-     Jahresurlaub      Gehalt pro Monat
                            dauer                                      (1. Ausbildungsjahr)

## E      An die Arbeit!

In this part of the unit you will learn . . .
- how to talk about a variety of jobs
- how to apply for a job
- about being unemployed.

**1** Männlich oder weiblich? Schreib diese Berufe in zwei Listen auf. Dann schreib die andere Form auf. Schlag die neuen Wörter im Wörterbuch nach.

| männlich | weiblich |
|----------|----------|
| Koch | ... |
| ... | Friseuse |

Bauarbeiter   Friseuse   Arzt   Krankenpfleger   Mechanikerin   Polizistin   Kraftfahrer   Ingenieur   Koch   Briefträger   Pilot   Sekretärin   Lehrerin   Kauffrau

**2** Sabine, Marianne, Sybille und Heike beschreiben ihre Berufe. Hör zu. Wer ist Stewardeß? Wer ist Krankenschwester? Wer ist Elektrikerin? Wer ist Gärtnerin?

Hör nochmal zu und schreib Notizen auf. Beantworte die folgenden Fragen.

a) Wer macht Schichtdienst?
b) Wer hat gute Aufstiegschancen?
c) Wer macht eine Ausbildung?
d) Wer ist kreativ und selbständig?
e) Wer arbeitet bei einer großen Firma?
f) Wer möchte mehr Verantwortung bekommen?

Schreib einen kurzen Text für eine dieser Personen.

> Marianne ist Elektrikerin. Sie macht eine Ausbildung und ist im zweiten Jahr . . .

**3** Ein Journalist macht Interviews mit Leuten mit ungewöhnlichen Berufen für einen Zeitschriftenartikel. Welche Fragen passen zu welchen Antworten?

1. Was sind Sie von Beruf, Herr Detmuth?
2. Seit wann sind Sie Entbindungshelfer?
3. Warum haben Sie diesen Beruf gewählt?
4. Was sind Ihre Arbeitsstunden?
5. Was gefällt Ihnen an der Arbeit?
6. Was gefällt Ihnen nicht?

a) Seit zwei Jahren. Vorher habe ich als Krankenpfleger gearbeitet.
b) Sehr verschieden. Ich mache Schichtarbeit. Kinder kommen rund um die Uhr zur Welt!
c) Schichtdienst finde ich anstrengend.
d) Ich bin Entbindungshelfer.
e) Weil ich anderen Leuten helfen möchte, und weil ich mich für die Gesundheit interessiere.
f) Erstens, den Leuten helfen zu können. Die Arbeit ist keine Routinearbeit, und das gefällt mir gut.

**4** **Macht Berufinterviews.**

Was sind Sie von Beruf?
Seit wann sind Sie . . . ?
Was sind Ihre Arbeitsstunden?
Warum haben Sie diesen Beruf gewählt?

*Krankenpfleger / seit 2J. /
Schichtdienst / Leuten helfen*

*Verkäuferin / seit 5J. / 9-18
Uhr / Mode - interessant)*

Was gefällt Ihnen bei der Arbeit?
Was gefällt Ihnen bei der Arbeit nicht?

**5** **Lies die vier Jobanzeigen am Arbeitsamt.**
**a) Was bedeutet das auf englisch? Such**
**diese Wörter im Wörterbuch.**

1. Wochenendarbeit
2. Überstunden
3. Teilzeitbeschäftigung
4. Aufstiegschancen
5. Weiterbildungsmöglichkeiten

**b) Beantworte die Fragen.**

1. Wer bekommt dreißig Tage Urlaub?
2. Wer muß in der Nacht und am
   Wochenende arbeiten?
3. Wer muß Fremdsprachen können?
4. Wieviel verdient man in der
   Modeboutique?
5. Welche Anzeigen bieten
   Weiterbildungsmöglichkeiten an?
6. Welche Anzeige bietet flexible
   Arbeitsstunden an?

Zeichne eine Anzeige für einen Job.

**6** **Hör zu. Für welche Anzeige interessieren**
**sich diese drei Leute?**

---

a
TAXI-FIRMA (Nähe Fernsehturm)
braucht dringend Verstärkung
**Taxifahrer/in**
- Arbeiten Sie, wenn Sie wollen!
  Nacht- und Wochenendarbeit von
  Kunden besonders verlangt.
- Verdienen Sie viel Geld bei uns!
  Überstunden möglich.

☎ 040/ 96 23 71

b
Sind Sie freundlich und respektvoll?
Wir suchen Verkäufer/-in für unsere
Modeboutique
(Damen und Herren)
3 gute Gründe, für uns zu arbeiten!
• Gehalt 2300,- — 2700,- DM
• 30 Tage Jahresurlaub
• kostenlose Weiterbildung
Abtei - Mode, Abteistraße 16
Eppendorf
Tel.: 439581

c
*Beliebtes Restaurant in schöner Lage
sucht ab sofort* **Koch/Köchin**

***Restaurant Zur Windmühle***

*Schmilinskystraße 40, 20098 Hamburg  Tel: 040/ 280 22 17*

d
Hotel (Nähe Flughafen) sucht
**Sekretär/in mit Englisch
und/oder Französisch.**
Teilzeitbeschäftigung auch möglich.
Gute Aufstiegschancen!
Weiterbildungsmöglichkeiten!
Rufen Sie uns an! Tel: 43 98 21

**7**  So schreibt man einen Bewerbungsbrief! Stell die Elemente rechts in die richtige Reihenfolge.

 1 f

**1** Claudia Schultheiß
Rathausstr. 32
67301 Neustadt
Tel. 0987/654321

**2** Neustadt, den 18. 9. 19-

**3** Neustädter Maschinenbau GmbH
Personalabteilung
Postfach 4444

67301 Neustadt

**4** Bewerbung um einen Ausbildungsplatz als
Büroinformationselektronikerin

**5** Sehr geehrte Damen, sehr geehrte Herren,

**6** beim Arbeitsamt hat man mir gesagt, daß Ihre Firma auch in diesem Jahr Auszubildende einstellt. Ich möchte mich deshalb bei Ihnen um einen Ausbildungsplatz als Büroinformations-elektronikerin bewerben.

**7** Zur Zeit besuche ich die Albert-Schweitzer-Realschule und werde sie voraussichtlich im Juni nächstes Jahres mit dem Realschulabschluß verlassen.

**8** Ich interessiere mich für einen elektrotechnischen Beruf. Bei Betriebserkundungen konnte ich sehen, welche Arbeiten eine Büroinformationselektronikerin erledigt. Auch bei der Berufsberatung habe ich mich darüber informiert.

**9** Ich würde mich freuen, wenn Sie mich zu einem Vorstellungsgespräch einladen würden.

Meinen Lebenslauf, eine Kopie des letzten Schulzeugnisses und ein Paßfoto lege ich diesem Schreiben bei.

**10** Mit freundlichen Grüßen

**11** *Claudia Schultheiß*

**12** Anlagen
Lebenslauf/Lichtbild
Versetzungszeugnis in die 10. Klasse

a) Unterschrift
b) Anrede
c) aktuelle Situation
d) Anschrift
e) Anlagen
f) Absender
g) Begründung des Berufswunsches
h) Abschluß
i) „Betreff"
j) Grußformel
k) Ort und Datum
l) Einleitung

**EXTRA!** Schreib einen Bewerbungsbrief für einen Ausbildungsplatz als Mechaniker(in) bei Adam Opel AG, Postfach 17 10, 20207 Hamburg.

 **8** Vier Leute machen Berufsinterviews. Hör zu und schreib die Details auf.

| Beruf | Anzeige | Interessen | Charakter-eigenschaften | Begründung | andere Details |
|---|---|---|---|---|---|
| Kinderpfleger | Zeitung | Kunst, Sport, Musik, Kino & Theater | freundlich, geduldig, verant-wortungsvoll | mit Kindern, teilzeit arbeiten | Lohn DM 14 pro Stunde, Arbeitsstunden Montag-Samstag 8-12 Uhr |

**9** a)

A: Sie interessieren sich für die Stelle als Verkäufer(in)?

B: Ja, das stimmt. Ich habe die Anzeige am Arbeitsamt gesehen.

A: Was machen Sie im Moment?

B: Zur Zeit besuche ich die Gesamtschule Horn, aber im Juni werde ich die Schule verlassen.

A: Erzählen Sie mir ein bißchen über Ihre Interessen und so weiter.

B: Meine Lieblingsfächer in der Schule sind Deutsch und Kunst. Meine Noten in der Schule sind nicht fantastisch, aber ich bin fleißig, freundlich und selbständig. In meiner Freizeit treibe ich gern Sport, und ich gehe gern mit Freunden aus.

> Ich habe die Anzeige in der Zeitung/am Arbeitsamt gesehen.
> Ich habe die Werbung im Radio gehört.

b)

A: Warum möchten Sie als Verkäufer(in) arbeiten?

B: Ich möchte mit Leuten arbeiten. Ich habe auch mein Betriebspraktikum in einem Kaufhaus gemacht – das hat mir gut gefallen.

A: Danke. Haben Sie noch Fragen?

B: Ja, was sind die Arbeitsstunden?

A: Montag bis Samstag, acht Uhr dreißig bis achtzehn Uhr. Sie bekommen einen Tag pro Woche frei.

B: Und wieviel Urlaub bekomme ich?

A: Dreißig Tage im Jahr.

B: Danke schön.

A: Vielen Dank. Nächste Woche werde ich wieder Kontakt mit Ihnen aufnehmen.

| | |
|---|---|
| Wieviel Geld verdiene ich? | Fünfzehn Mark pro Stunde./Tausend Mark im Monat. |
| Wieviel Urlaub bekomme ich? | Dreißig Tage im Jahr. |
| Was sind die Arbeitsstunden? | Montag bis Samstag von acht Uhr bis neunzehn Uhr./Wir machen Schichtarbeit: vierunddreißig Stunden pro Woche. |
| Wie sind die Weiterbildungs-möglichkeiten? | Wir bieten Kurse in Datenverarbeitung/Buchhaltung an. |
| Gibt es Vergünstigungen bei der Arbeit? | Sie bekommen preiswertes Essen in der Kantine/10% Rabatt. |

NOCH EINMAL 61    DENK MIT 62

**10** Lies dieses Poster und mach einen Radio-Werbespot oder einen Radiobericht über „Jugendhilfe".

# JUGENDHILFE E.V.

## Eine Organisation für arbeitslose Jugendliche

☆ Bist du arbeitslos?

☆ Brauchst du Hilfe, einen Arbeitsplatz zu finden?

☆ Hast du Angst vor der Zukunft?

☆ Möchtest du deine Probleme besprechen?

„Ich habe viele Freunde durch diese Organisation getroffen."

„Jugendhilfe hat mir geholfen, meine Bewerbungsbriefe zu schreiben. Jetzt habe ich eine Stelle!"

## Wir können dir helfen!

Treffpunkt:
Jugendzentrum
Obersdorf, jeden
Freitag, von
13 Uhr 30 bis 18 Uhr

„Ich bin immer noch arbeitslos, aber Jugendhilfe hat mir geholfen, etwas Nützliches zu machen. Ich mache jetzt einen Computerkurs, und ich arbeite freiwillig im Altersheim."

 **11** Diese zwei Jugendlichen sind arbeitslos. Was machen sie jeden Tag? Hör zu und mach Notizen.

> 1. Bleibt lange im Bett,

 PRIMA!

# PROJEKTSEITE

● Nimm Kontakt mit einer Partnerschule auf. Wie sieht es dort mit Jobben und Betriebspraktikum aus?

● Such Jobanzeigen von einer Partnerschule, wenn möglich, (oder schreib sie selbst) und bereite Interviews vor.

● Bereite ein Lebenslaufformular vor und mach Interviews mit Jugendlichen. Mach eine Datenerfassung mit den Informationen.

● Bereite einen Quiz vor mit dem Titel „Gehst du gern zur Schule?" oder „Paßt dir dieser Job?"

● Das Arbeitsamt kann das Betriebspraktikum für Jugendliche organisieren. Schreib einige Musterprogramme auf.

## Erfinde ein Arbeitsamt für Jugendliche!

● Schreib einen Modellbewerbungsbrief auf dem Computer, damit Jugendliche den Text selbst verändern können.

● Zeichne ein Poster oder schreib eine Anzeige für das Arbeitsamt. Mach auch einen Radio-Werbespot dafür.

● Bereite Berichte und Tagebücher von Jugendlichen vor, die das Betriebspraktikum gemacht haben.

● Mach ein Dossier oder eine Kassette mit Berufsinterviews oder Interviews über Jobben und das Betriebspraktikum.

● Schreib Ratschläge für Arbeitslose auf.

# Aktion Jugendzentrum-Retten

In this unit you will learn how to plan and organise things with friends, and how to say what you can do and what you are going to do. You will also learn how to give reasons for what you want to do and how to make excuses. You will find out how to write letters, buy stamps and order items.

## A Eine gute Idee

**LERNZIELE**

In this part of the unit you will learn . . .
* how to talk about what you can do on a computer
* how to give reasons for why you like/dislike (computer) games
* how to discuss what you are going to do.

Yasemin Mahrez   Andreas Körner   Carola Schmidt   Felix Brosch   Michaela Bleher

1 Das Spiel heute war echt anstrengend!

Nur, weil du nicht fit bist!

2 Guckt mal! Ab September gibt's hier keinen Sport mehr.

Was? Du spinnst wohl.

Nein. Es gibt kein Geld dafür. Wir müssen in die Sporthalle beim Jugendzentrum Ebersheim gehen.

3 Das ist schrecklich.

Ich will nicht ins Jugendzentrum Ebersheim gehen.

Die Leute dort sind so unfreundlich.

4 Hallo, Michaela. Was machst du da?

Hausaufgaben. Ich muß eine Englischarbeit für morgen schreiben, aber der Computer zu Hause ist kaputt.

Hoffentlich stören wir dich nicht.

5 Also kein Sport im Jugendzentrum mehr. Das ist ein echter Mist.

Ja. Können wir nichts dagegen machen?

Ich glaube nicht. Sportgeräte sind sehr teuer.

6 Ach, nein!! Ein Computerfehler! Meine Englischarbeit ist nicht mehr da! Hilfe!

Das gibt's nicht. Beruhige dich, Michaela. Ich komme gleich . . .

7 Kennt sich Carola mit Computern aus?

Ich glaub' schon. Letztes Jahr hat sie eine Eins in Informatik bekommen.

Die arme Michaela. Sie sieht ganz blaß aus!

8 Na, und? Hast du die Arbeit gerettet, Carola?

Ja. Aber die Maschine da ist wirklich sehr alt.

Vielen Dank, Carola. Du solltest Computer-Analystin sein!

Da kriegst du sicher viel Geld.

9 Hey! Ich hab's!

Was denn?

10 Ja! Carola kann Computerprobleme lösen!

Eine Computer-Klinik! Damit bringen wir Geld auf, um für den Sport hier zu zahlen!

Warum nur ich? Was macht ihr?

11 Ich interessiere mich sehr für Computer-Design . . .

Ich stehe auf Computerspielen. Ich kann einen Computerspielclub gründen.

Ich kann gut programmieren . . .

Ich kenne mich mit Computern gar nicht aus. Aber ich kann gut organisieren.

Darf ich Hauptorganisatorin sein?

12 Hey, Yasemin. Was machst du hier? Kommst du heute nicht ins Eiscafé?

Axel! . . . Es tut mir leid. Ich habe was Wichtiges zu tun. Ich habe keine Zeit.

**1** Lies die Geschichte auf Seite 98–9.
Welches Bild beschreibt man hier?

a6

a) Michaela entdeckt einen Computerfehler.
b) Yasemin und Carola ziehen sich an.
c) Axel spricht mit Yasemin.
d) Felix erklärt seine Idee.
e) Felix begrüßt Michaela.
f) Michaela dankt Carola.

Michaela

Yasemin

Andreas

**2** Richtig oder falsch?

a) Sportgeräte sind sehr teuer.
b) Michaela hat einen Computer.
c) Michaela schreibt ihre Arbeit auf dem Computer.
d) Carola kennt sich mit Computern aus.
e) Felix kann gut programmieren.
f) Yasemin geht heute ins Eiscafé.

Carola

Felix

 Schreib die falschen Sätze richtig auf.

 **3** Wie computergebildet sind Stefan, Astrid und Karl? Hör zu und mach Notizen.

Stefan: Frage a) nein

a) Interessierst du dich für
Computer?
b) Kennst du dich mit Computern aus?
c) Stehst du auf Computerspiele?
d) Schreibst du deine Arbeit auf
dem Computer?
e) Kannst du programmieren?
f) Interessierst du dich für
Computer-Design?

**4**

Wie computergebildet ist deine Klasse?
Mach die Umfrage oben.

Ich interessiere mich irrsinnig/gar nicht für . . .
Ich kenne mich gut/ein bißchen/gar nicht mit
Computern aus.
Ich stehe (nicht) auf . . .
Ich schreibe meine Hausaufgaben/Mathearbeit
auf dem Computer.
Ich kann ein bißchen/(ziemlich) gut/gar nicht . . .
Das finde ich . . .

**5** Sieh dir die Liste am Bildschirm an. Welche Spielarten beschreiben diese Leute?

Das Fußballspiel „Tor Tor" ist mein Lieblingsspiel, weil die Graphiken so realistisch sind. Ich spiele es oft mit meinen Freunden. Sie finden es sehr schwierig. Ich finde es aber einfach, weil ich es jeden Tag spiele!

a

```
Die Computerspiele
˅ Sportspiele
˅ Denkspiele
˅ Simulationsspiele
˅ Abenteuerspiele
˅ Weltraumspiele
˅ Traditionelle Spiele
˅ Kampfspiele
˅ Lernspiele
```

Ich mache Computerspiele sehr gern. Im Moment habe ich ein neues Spiel. Es hilft mir beim Englischlernen. Das finde ich wunderbar und echt nützlich!

Im Moment spiele ich ein sehr spannendes Spiel. Man fährt in den Weltraum. Das Spiel gefällt mir besonders gut, weil der Sound so ausgezeichnet ist. Es war ziemlich teuer, aber es ist fabelhaft.

b

c

d

Computerspiele mache ich nicht sehr gern. Ich finde sie langweilig und blöd. Die Spiele, wo man kämpfen muß, finde ich besonders furchtbar.

**6** Wie findest du die Computerspiele oben? Schreib Sätze ins Heft.

langweilig
schwierig
nützlich
spannend
wunderbar
ausgezeichnet
einfach
fabelhaft
realistisch
teuer
blöd
furchtbar

Sportspiele finde ich fabelhaft.
Denkspiele finde ich schwierig.

EXTRA!
Warum?
Gib Gründe dafür.

Sportspiele finde ich fabelhaft, weil sie so spannend sind.

**7**

Was ist dein Lieblings(computer)spiel?
A

Mein Lieblings(computer)spiel ist . . .
B

Was für ein Computerspiel/Spiel ist das?
A

Das ist ein . . .
B

Warum machst du es gern?
A

Ich mache es gern,
weil es . . . ist.
weil ich es . . . finde.
weil es mir bei . . . hilft.
weil die Graphiken . . . sind.
weil der Sound . . . ist.
B

EXTRA!
Bereite einen Radio-Werbespot für dein Lieblingsspiel vor. (Übung 5 hilft dir dabei.)

**8** Die fünf Freunde machen Pläne. Hör zu. Wer wird was machen?

Michaela: e

Ich werde mich um die Werbung kümmern . . . a

Ich werde Briefe schreiben . . . b

Ich werde die Flugblätter verteilen . . . c

Felix

Carola

Michaela   Andreas   Yasemin

Vielleicht werde ich Yasemin helfen . . . d

Ich werde Marktforschung machen . . . e

**9** Hör nochmal zu. Was paßt zusammen?

1. Michaela wird Marktforschung machen, . . .
2. Andreas wird an Firmen schreiben, . . .
3. Yasemin wird die Werbung produzieren, . . .
4. Felix wird die Flugblätter verteilen, . . .
5. Carola ist negativ, . . .

a) . . . weil sie ihm vielleicht Geld geben werden.
b) . . . weil er jeden Mittwoch Reklame für das Einkaufzentrum austrägt.
c) . . . weil sie sich für die ganze Idee nicht so sehr interessiert.
d) . . . weil ihre Mutter einen guten Computer im Büro hat.
e) . . . weil sie nicht weiß, was Leute brauchen.

**10** Sieh dir das Protokoll rechts an. Kannst du es fertig schreiben? (Hör die Kassette nochmal an, wenn nötig.)

**Vertraulich – Protokoll**
**Wer macht was?**

| Wer? | Was? | Wann? | Sonstiges |
|------|------|-------|-----------|
| Michaela | Marktforschung | diese Woche | im Büro |

**11** Arbeitet zu fünft. Jeder wählt eine Arbeit oben (Flugblätter verteilen, Briefe schreiben, usw.) Diskutiert untereinander, was jeder machen wird. Wer macht was am Ende?

SO GEHT'S 73

A — Was wirst du machen?

Ich werde die Werbung produzieren. — B

C — Ach, nein. Das werde ich machen.   Warum? — B

Aber das werde ich (nicht) machen.
Aber das werde ich auch machen.
Das machen wir zusammen, oder?
Warum wirst du das machen?

C — Weil ich einen guten Computer habe.

Aber ich mache gern Poster. — B

C — Dann produzieren wir die Werbung zusammen, oder?

O.K. Was wirst du machen? — B

Schreibt euer Protokoll wie in Übung 10 auf.

PRIMA 81

**LERNZIELE**

In this part of the unit you will learn . . .
- how to ask to speak to someone on the phone
- how to explain why people aren't in
- how to talk about survey results.

**1** Was paßt zusammen?

Er ist den ganzen Nachmittag in einer Besprechung. Versuchen Sie es wieder morgen.

1   Leider ist sie im Moment nicht im Büro. Kann ich etwas ausrichten?

4

2   Er ist diese Woche im Urlaub.

Er spricht gerade an dem anderen Apparat. Bleiben Sie am Apparat?   5

6

3   Sie ist gerade beim Essen. Rufen Sie in einer Stunde zurück.

Es tut mir leid. Die Leitung ist besetzt. Kann ich etwas ausrichten?

a) Herr Pollner   b) Klaus Elsner   c) Frau Höfler   d) Kerstin Mehler   e) Frau Roth   f) Herr Leutner

**2** Michaela ruft vier Leute bei der Arbeit an. Wo sind sie?

Schreib Sätze auf.

Nummer eins ist nicht im Büro.
Er ist diese Woche im Urlaub.

**3** A: Du willst mit den Leuten in Übung 1 sprechen.
B: Wähl eine Ausrede aus Übung 1 und eine deutsche Firma. Du arbeitest beim Empfang.

Scout. Guten Tag.   **B**

Guten Tag. Kann ich bitte Frau Höfler sprechen?

**A**

Nein. Es tut mir leid, Frau Höfler ist gerade beim Essen. Kann ich etwas ausrichten?

**B**

Nein danke. Ich versuche dann später nochmal. Wiederhören.

**A**

Auf Wiederhören.

**B**

Kannst du komische Ausreden erfinden? Schreib sie auf.

Es tut mir leid. Herr Sachs macht gerade ein Nachmittagsschläfchen.

```
Mitteilung
VON: Michaela Bleher
An: Felix Brosch , Andreas Körner,Yasemin Mahrez, Carola Schmidt
Computer -Marktforschung
```

**Bericht**

Ich habe mit vierzig Schüler(innen) von der  9. und 10. Klasse gesprochen. Einige waren sehr neugierig, und wollten wissen , warum ich ihnen solche 'blöden' Fragen stellte! Aber die meisten waren sehr hilfreich. Auch habe ich mit fünfzehn Erwachsenen -h/auptsächlich Eltern oder Lehrer(innen) -telefoniert. Sie waren auch meistens sehr hilfreich.

| **Resultate** | c/shüler(innen) | Erwachsene |
|---|---|---|
| Hast du/Haben Sie einen Heimcomputer? | | 25 % |
| Ja. | 65% | 75% |
| Nein | 35% | |
| [Nein, aber ich habe Zugang zu einem Computer. 34% 54%) | | |
| Wie oft benutzen Sie/benutzt du einen Computer? | | 16% |
| Ich benutze ihn: | 60% | 30% |
| jeden Tag. | 28% | 33% |
| drei-/ viermal die Woche. | 11 % | 21% |
| ab und zu. | 1% | |
| nie | | |
| Wofür benutzt du/benutzen Sie am meisten einen Computer? | | 10% |
| Ich benutze ihn meistens für: | 50 % | 47% |
| Computerspiele: | 25 % | 20% |
| die Arbeit. | 19 % | 4% |
| das Programmieren. | 5% | 19% |
| Design | 1% | |
| Nichts. | | |
| Was wünscht du dir/wünschen Sie sich noch von Computern? | | 35 % |
| Ich wünsche mir: | 75% | 44% |
| billigere Computerspiele. | 12% | 15% |
| Training; | 5% | 6% |
| Hilfe beim Programmieren. | 8 % | |
| nichts | | |

**Vorschläge**

2/1. wir gründen einen Computerspielclub
2) wir geben Training - besonders für Erwachsene
3) wir programmieren - für Firmen in der Umgebung`
4) wir bieten einen mobilen Informationsdienst an
5) wir fangen sofort mit der Werbung usw. an

Bis bald!
Mich aela
P.S. Ich brauche Hilfe beim Tippen/!

**4** **Lies Michaelas Bericht. Schreib die Prozente auf.** a) 65%

a

b

c

d

e

**5** Yasemin und Felix diskutieren Michaelas Memo.
Hör zu. Was sagen sie?

Felix: 2e

1. Es freut mich, daß . . .
2. Es erstaunt mich, daß . . .
3. Es interessiert mich, daß . . .
4. Es überrascht mich, daß . . .

a) so wenige Schüler auf dem Computer Design machen.
b) so viele Erwachsene sich Training wünschen.
c) so viele Schüler Computerspiele machen.
d) viele Kinder einen Computer jeden Tag benutzen.
e) so viele Erwachsene nie einen Computer benutzen.

Lies Michaelas Memo. Sieh dir deine Notizen zu Übung 5 an und schreib Sätze auf.

Es erstaunt Felix, daß 21 Prozent der Erwachsenen nie einen Computer benutzen.

**6** Marktforschung! Stellt Michaelas Fragen (auf Seite 104). Fragt Mitschüler(innen) und Lehrer(innen), Kinder und Erwachsene. Was kannst du herausfinden?

Schreib einen Bericht über deine Resultate (wie auf Seite 104).

**7** Diskutiert eure Resultate. Sind sie gleich?

Es erstaunt mich, daß . . .
Es freut mich, daß . . .
Es interessiert mich, daß . . .
Es überrascht mich, daß . . .

# KULTURINFO

Was kostet die Welt?
Vorwahlnummern und Tarife.

Ruf doch mal an!

Telekom

Für 1 Minute zahlen Sie etwa DM:

| nach | 8 - 18 Uhr (Normaltarif) | 18 - 8 Uhr (Billigtarif)* | nach | 8 - 18 Uhr (Normaltarif) | 18 - 8 Uhr (Billigtarif)* |
|---|---|---|---|---|---|
| Belgien | 1,15 | 0,92 | Niederlande | 1,15 | 0,92 |
| CSFR | 1,15 | 0,92 | Norwegen | 1,38 | 1,38 |
| Dänemark | 1,15 | 0,92 | Österreich | 1,15 | 0,92 |
| Finnland | 1,38 | 1,38 | Polen | 1,15 | 0,92 |
| Frankreich | 1,15 | 0,92 | Portugal** | 1,15 | 0,92 |
| Griechenland** | 1,15 | 0,92 | Schweden | 1,38 | 1,38 |
| Großbritannien | 1,15 | 0,92 | Schweiz | 1,15 | 0,92 |
| Irland | 1,15 | 0,92 | Spanien** | 1,15 | 0,92 |
| Italien** | 1,15 | 0,92 | Türkei | 1,38 | 1,38 |
| Republiken des ehemaligen | | | USA | 2,07 | 2,07 |
| Jugoslawien | 1,38 | 1,38 | | | |
| Luxemburg | 1,15 | 0,92 | | | |

* Gilt an Wochenenden ganztägig
** Normaltarif 8 - 20 Uhr, Billigtarif 20 - 8 Uhr

Stand: August 1992. Änd. vorbeh., KN.: 641 210 210-1

Die Vorwahlnummern für Ihre Auslandsgespräche nach:

| | | | |
|---|---|---|---|
| Belgien | 00 32 | Luxemburg | 00 352 |
| CSFR | 00 42 | Niederlande | 00 31 |
| Dänemark | 00 45 | Norwegen | 00 47 |
| Finnland | 00 358 | Österreich | 00 43 |
| Frankreich | 00 33 | Polen | 00 48 |
| Griechenland | 00 30 | Portugal | 00 351 |
| Großbritannien | 00 44 | Schweden | 00 46 |
| Irland | 00 353 | Schweiz | 00 41 |
| Italien | 00 39 | Spanien | 00 34 |
| Republiken des ehemaligen | | Türkei | 00 90 |
| Jugoslawien | 00 38 | USA | 00 1 |

HALLO!

CIAO!

(74) NOCH EINMAL    (75) DENK MIT

PRIMA! (81)

**LERNZIELE**

In this part of the unit you will learn . . .
- how to write a letter and give details of your address
- how to buy stamps and send items at the post office
- how to write a fax.

< P > a > p > i > e > r > w > e > l > t >

*Papierwelt, Axel-Springer-Platz 7, 20355 Hamburg*
*Tel. 040/741-86 Fax 040/432895*

__ Andreas Körner
Herrenholz 45
23556 Lübeck

Ihre Referenzen
Unser Zeichen       631, Petra Meier
Durchwahl           (040) 741-72
Datum               29.06.94
Betrifft            Ihr Schreiben vom 21.06.94

Sehr geehrter Herr Körner,

gerne unterstützen wir Sie bei Ihrem Vorhaben. Wir
möchten Ihnen Schreibwaren schenken. Bitte suchen
Sie sich etwas aus unserer Broschüre aus. Dann rufen
Sie uns an, um es weiter zu diskutieren. Wir freuen uns
auf Ihren Anruf.

Mit freundlichen Grüßen
Im Auftrag

*Petra Meier*

Petra Meier
Anlage: Schreibwaren-Broschüre 210

b  Meine
   Telefonnummer
   ist . . .

d  Meine
   Faxnummer
   ist . . .

e  Mein
   Vorname
   ist . . .

**1** Lies den Brief oben.
Schreib die Sätze fertig.

a  Meine
   Postleitzahl ist . . .

**2** Lies den Brief nochmal
durch. Beantworte die
Fragen.

c  Mein Familienname
   ist . . .

f  Meine Adresse ist . . .

a) Was möchte Frau Meier Andreas schenken?
b) Was muß Andreas machen?
c) Worauf freut sich Frau Meier?
d) Was ist die Anlage?

**3** Jeder schreibt eine neue Identität und Adresse für sich auf. Dann habt ihr fünf Minuten, um die Adressen anderer herauszufinden. Wer kann die meisten Adressen aufschreiben?

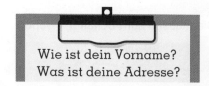

Wie ist dein Vorname?
Was ist deine Adresse?

Matthias Werbung
Poststr. 138
12864 Computerstadt
Tel: 084/1994
Fax: 084/2000

**4** Lies diese Schreibtips. Auf welche Briefe unten beziehen sie sich?

1e

**Schreibtips!**

1. Schreib Du/Dir/Dein und Ihr/Euch immer groß!
2. Den Brief mit einem kleinen Buchstaben beginnen!
3. Vergiß die Unterschrift nicht!
4. Schreib Ort und Datum auf der rechten Seite bei persönlichen Briefen!
5. Schreib am Anfang: „Liebe (Mädchenname)," oder „Lieber (Jungenname),"!
6. Bei einem Freund/einer Freundin schreib bloß „Hallo (Name)!"!
7. Schreib die Empfangsadresse oben auf der linken Seite bei Geschäftsbriefen!

a
Lieber Felix,

b
Hallo Claudia!

c
vielen Dank für Ihr Schreiben vom 12.3. Um Nachsicht darf ich Sie bitten, daß ich Ihnen erst jetzt antworte

d
Ich hoffe, daß wir uns bald wieder sehen werden, weil die Zeit so schnell vergeht. Schreib so bald wie möglich. Viele Küsse und Grüße
Sabine

e
Es freut mich, daß Du nächsten Monat zu uns zu Besuch kommen wirst. Hoffentlich wird das Wetter schön sein. Dann kannst Du mit uns schwimmen gehen!

f
Lübeck, 12. Juli

g
**HJD BERATUNGSSTELLE BERLIN**

Beratung * Hilfe
Beratungsstelle Berlin
Kochstraße 21
10969 Berlin
Tel. 030/5429-9
Fax 030/6103872

Sandra Bach
Bahnhofstraße 14
29221 Celle

Berlin, 10.07.95.

**5** A: Wähl einige Schreibtips aus Übung 4 aus. Mit Hilfe der Tips schreib kurz an B.
B: Lies A's Brief. Welche Schreibtips siehst du dort?

**6** Sieh dir die Bilder oben an. Hör zu. Wer spricht?

Hör nochmal zu. Schreib
die Details auf.

Wer?   Was?   Wieviel?   andere Details

**7** A: Du arbeitest bei der Post.
B: Wähl eine Person oben.
   Kauf Briefmarken bei A.
   Spiel mit Charakter!

Wie groß ist der Brief/das Paket?
Stellen Sie ihn/es bitte auf die
Waage.
Das macht . . . Mark . . . bitte.
Sie müssen zum Schalter . . .
gehen.

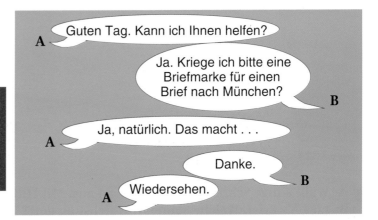

(76) PARTNERARBEIT

## Was ist ein Telebrief?

Ein Telebrief ist ein Telefax, das Sie auf einem Faxgerät der Post senden oder empfangen können. Oder beides.

## Alles, was sich fotokopieren läßt, können Sie als Telebrief durch die Welt faxen.

Briefe, Dokumente, Zeichnungen, Urkunden, Pläne, Verträge, Glückwünsche und alle anderen Vorlagen bis zum DIN-A4-Format steckt der freundliche Beamte Ihres Telebrief-Postamtes für Sie ins Faxgerät und telebrieft los. Als Fernkopie.

Wie das genau geht, steht auf den Seiten 4 u. 5.

**8** Lest die Broschüre oben und rechts. Jeder wählt sechs neue Wörter und schlägt sie im Wörterbuch nach. Habt ihr dieselbe Liste?

A  Wie heißt 'Zeichnungen' auf englisch?

Keine Ahnung. **B**

A  Es heißt 'drawings'.

Wie heißt . . . ? **B**

Finde diese Wörter aus dem Text oben. Wie heißt . . .

a) die Maschine, worauf man Telebriefe bekommen und senden kann?

b) es, wenn man eine Kopie von einer Unterlage macht?

c) es, wenn man eine bessere Stelle bekommt?

d) der Tag, wenn man ein Jahr älter wird?

e) der Mann, der bei der Post arbeitet?

**9** Schreib einen Telebrief. Kannst du ihn an deinen Austauschpartner/deine Austauschpartnerin faxen?

### Der Telebrief ins Ausland.

Den Telebrief kann man natürlich auch ins Ausland schicken. Dazu gibt es ein spezielles Formular, das Sie sich bei Ihrem Telebrief-Postamt besorgen können. Alles weitere zum internationalen Telebriefverkehr sagt Ihnen dann der Beamte am Schalter. Folgende Länder sind jetzt an den Telebriefdienst angeschlossen:

Ägypten, Andorra, Argentinien, Aruba, Australien, Bangladesch, Belgien, Belize, Brasilien, Chile, China, Dänemark, Fidschi, Finnland, Frankreich, Französisch-Polynesien, Grenada, Griechenland, Großbritannien, Hongkong, Indien, Indonesien, Island, Israel, Italien, Japan, Jugoslawien, Kanada, Katar, Korea, Kuwait, Liechtenstein, Luxemburg, Macau, Malaysia, Malta, Monaco, Neuseeland, Niederlande, Niederländische Antillen, Norwegen, Österreich, Peru, Portugal, Saudi-Arabien, Schweden, Schweiz, Seschellen, Simbabwe, Singapur, Spanien, Taiwan, Thailand, Türkei, USA, Vereinigte Arabische Emirate und Zypern.

## **K**ULTURINFO

*Im Juli 1993 bekam jede Adresse in Deutschland eine neue Postleitzahl. 26.400 neue Postleitzahlen wurden vergeben. Vorher gab es nur 5.420! Wenn du einen Brief nach Deutschland schickst, VERGISS die Postleitzahl NICHT!*

**LERNZIELE**

In this part of the unit you will learn . . .
- how to describe your reaction to adverts.

**1**   Welche Anzeige ist das?

a) Keyboard
b) Nachspeise
c) Balsam
d) Spiel
e) Süßigkeit

# Werbung

Was ist für Sie an einer Anzeige wichtig? Soll sie farbig oder schwarz/weiß sein? Soll sie illustriert sein? Soll sie lustig oder ernst sein? Soll sie realistisch oder unwirklich sein? Ganz gleich wie jede Anzeige aussieht, muß sie dieselbe Wirkung haben, um erfolgreich zu sein, und zwar muß sie die Leserschaft:

1. aufmerksam machen
2. interessieren
3. dazu bringen, das Produkt zu kaufen.

Wir haben einigen Leuten die Anzeigen auf Seite 110 gezeigt. Hier sind die Reaktionen darauf.

a — Diese Anzeige amüsiert mich, weil der Mann so **lustig** und **pfiffig** aussieht.

b

Mir gefällt diese Anzeige sehr gut. Das Bild ist sehr **auffällig** und **modern**. Man erkennt das Produkt sofort. Die Anzeige finde ich wirklich **ansprechend**.

c

d

e

Der Slogan ist ziemlich **clever**, aber diese Anzeige sieht eigentlich etwas **altmodisch** und **fad** aus.

Diese Anzeige ärgert mich, weil es nur Männer darauf gibt. Meinen sie wirklich, daß sich keine Frau für ein solches Instrument interessiert?

Diese Anzeige ist total **langweilig**. Sie ist nur schwarz/weiß und hat kein Bild. Gar nicht **interessant**.

**2** Lies den Artikel oben.
   a) Sind die Reaktionen a–e positiv oder negativ?
   b) Mach zwei Listen aus den fetten Wörtern oben.
   c) Sieh dir die Anzeigen auf Seite 110 an. Von welchen Anzeigen reden die Leute a–e?

| + | − |
|---|---|
| lustig | altmodisch |

a1

**3** Wie findest du die Anzeigen auf Seite 110? Schreib Sätze auf.

Nummer 1 finde ich lustig.
Nummer 2 interessiert mich nicht.

 Was ist für dich an einer Anzeige wichtig? Schreib es auf.

Sie soll . . . sein.

 **4** Anzeige-Umfrage. Vier Leute sprechen über die Anzeige oben. Hör zu. Was sagen sie dazu?

1. blöd, doof,

 **5** Diskutiert die Anzeigen auf Seite 110.
A: Wähl deine Lieblingsanzeige. Kannst du B überzeugen, daß deine Lieblingsanzeige sehr gut ist?
B: A's Lieblingsanzeige gefällt dir nicht.

Ich finde Nummer drei . . . , weil sie . . . ist. Nummer eins amüsiert mich/ärgert mich/gefällt mir, weil . . .

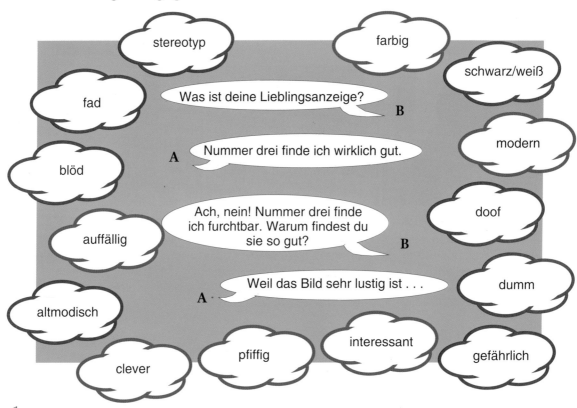

stereotyp

farbig

schwarz/weiß

fad

Was ist deine Lieblingsanzeige? **B**

modern

blöd

**A** Nummer drei finde ich wirklich gut.

doof

auffällig

Ach, nein! Nummer drei finde ich furchtbar. Warum findest du sie so gut? **B**

altmodisch

**A** Weil das Bild sehr lustig ist . . .

dumm

clever

pfiffig

interessant

gefährlich

 **6** Wählt ein Produkt rechts. Macht einen Radio-Werbespot dafür.

 Kannst du auch eine Zeitschriftenanzeige für das Produkt schreiben?

82 PRIMA!

**LERNZIELE**

In this part of the unit you will learn . . .
- how to order stationery items
- how to talk about communication media.

DS1810

DJ0604

HL2402

JM2807

CL2211

LG2605

Der BRUNNEN Block

ML1312

MH1708

AM1905

HC1202

SCHREIBWAREN

**1** Sieh dir die Broschüre oben an. Andreas ruft Frau Meier an. Hör zu und schreib seine Bestellung auf.

50 x DS1810 (rot)

**2** Was brauchst du? Schreib Sätze auf.

Ich brauche einen blauen Kugelschreiber.

Ich brauche . . .
einen blauen Umschlag/Kugelschreiber/Notizblock
eine rote Diskette/Büroklammer
ein grünes Gummiband

**3** Wer braucht das meiste?

SO GEHT'S **78**

A — Ich brauche einen gelben Umschlag. Was brauchst du?

B — Ich brauche einen gelben Umschlag und ein blaues Gummiband. Und du?

C — Ich . . .

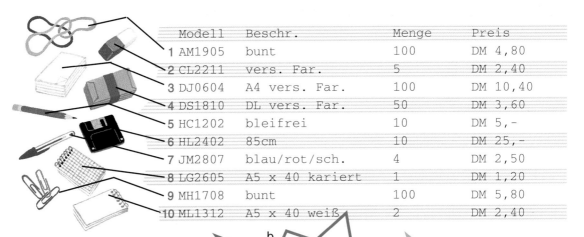

| Modell | Beschr. | Menge | Preis |
|--------|---------|-------|-------|
| 1 AM1905 | bunt | 100 | DM 4,80 |
| 2 CL2211 | vers. Far. | 5 | DM 2,40 |
| 3 DJ0604 | A4 vers. Far. | 100 | DM 10,40 |
| 4 DS1810 | DL vers. Far. | 50 | DM 3,60 |
| 5 HC1202 | bleifrei | 10 | DM 5,- |
| 6 HL2402 | 85cm | 10 | DM 25,- |
| 7 JM2807 | blau/rot/sch. | 4 | DM 2,50 |
| 8 LG2605 | A5 x 40 kariert | 1 | DM 1,20 |
| 9 MH1708 | bunt | 100 | DM 5,80 |
| 10 ML1312 | A5 x 40 weiß | 2 | DM 2,40 |

**4** **Sieh dir die Produktliste oben an. Wieviel kosten diese Bestellungen?**

b
Ich brauche fünfhundert Gummibänder, vierzig blaue Kugelschreiber und hundert bunte Büroklammern.

c
Kriege ich bitte sieben Päckchen A4 Schreibpapier und fünfundzwanzig braune Radiergummis?

a
Ich brauche zweihundert gelbe Umschläge, fünfzig Bleistifte, zwanzig Disketten und sechs karierte Notizblöcke, bitte.

**5** **A: Du arbeitest bei Papierwelt. Wähl sechs Produkte oben, die du zu verkaufen hast.**

**B: Du brauchst sechs Produkte von Papierwelt. Mach eine Liste. Ruf A an und versuch, die Produkte zu bestellen.**

**A: Wieviel kostet B's Bestellung?**

Leider haben wir keine . . .
Wir haben nur . . .
Leider sind sie ausverkauft.

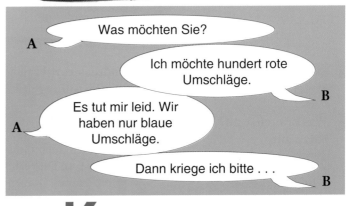

A  Was möchten Sie?

B  Ich möchte hundert rote Umschläge.

A  Es tut mir leid. Wir haben nur blaue Umschläge.

B  Dann kriege ich bitte . . .

Was hast du bestellt? Schreib es auf.

Ich habe 100 blaue Umschläge, . . . bestellt.

**K**ULTURINFO

Original Umweltschutzpapier
aus 100 % Altpapier
Hergestellt ohne Gewässerbelastung,
Bleichung oder Färbung

**6** Sieh dir die ABC-Telefonbestellung unten an. Kannst du auch eine schreiben?

**A**chtzig **B**riefmarken, **C**omputer –
**d**avon **e**lf, **f**ünfzig **G**ummibänder,
**h**undert **I**llustrierten, **J**oysticks –
**k**eine, **l**ieber **M**äuse, **n**eue
**O**rdner, **P**äckchen **Q**uark, **r**ote
**S**chulhefte, **t**eure **U**mschläge,
**v**iele **W**ecker, **x**-mal **Y**oghurts . . .

Z Z z
z z

**7** Wie viele Kommunikationsmittel siehst du hier?
Benutz ein Wörterbuch und schreib Stichwörter auf.

Buch, Computer,

Diskutiert eure Listen. Habt ihr dieselben Mittel gefunden?

arbeitet

**A** Was siehst du im Bild?

Der Mann dort spricht
am Telefon.

schickt

hört . . . an

**B**

liest

spricht

hat

verteilt

79 NOCH EINMAL    80 DENK MIT

PRIMA! 82

**LERNZIELE**

In this part of the unit you will learn . . .
- how to say what presents people are getting and why.

**Der Computer-Service ist ein großer Erfolg!**
**Viele Leute haben sich beim Service gemeldet.**

Also, wie sieht jetzt alles aus, Michaela?

Sehr gut. Bald bringen wir sicher genug Geld auf.

Hallo! Was macht ihr?

Wir gehen ins Café. Kommst du mit?

Wir wollen weitere Pläne für den Computer-Service machen.

Hey, Felix. Komm mit ins Café. Es gibt eine Besprechung!

Eine Besprechung? Im Café? Ja, ich komme sofort!

Schade, daß Yasemin nicht da ist.

Ja, aber sie hat eine Verabredung mit Axel, glaube ich.

Also, bitte sehr?

Trinkt ihr Cola?

Ja.

Also viermal Cola.

Yasemin! Was ist mit deiner Verabredung?

Hallo! Ja, ich sollte Axel hier treffen, aber ich sehe ihn nicht. Sein Pech! Ich sitze sowieso lieber bei euch.

**1** Lies die Geschichte auf Seite 116–17 nochmal durch.
Wem gehören die Terminkalender unten?

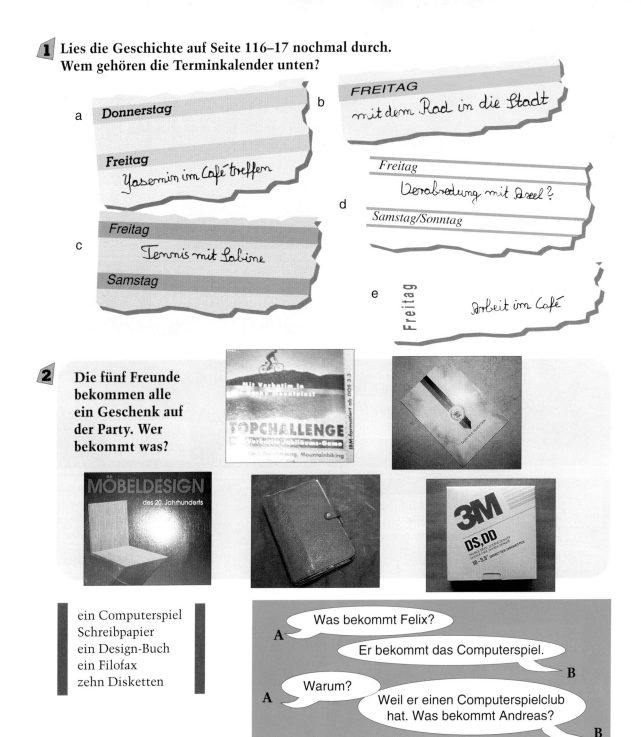

a
**Donnerstag**

**Freitag**
*Yasemin im Café treffen*

b
**FREITAG**
*mit dem Rad in die Stadt*

c
*Freitag*
*Tennis mit Sabine*
*Samstag*

d
*Freitag*
*Verabredung mit Axel?*
*Samstag/Sonntag*

e
Freitag
*Arbeit im Café*

**2** Die fünf Freunde
bekommen alle
ein Geschenk auf
der Party. Wer
bekommt was?

ein Computerspiel
Schreibpapier
ein Design-Buch
ein Filofax
zehn Disketten

A  Was bekommt Felix?

B  Er bekommt das Computerspiel.

A  Warum?

B  Weil er einen Computerspielclub
hat. Was bekommt Andreas?

**3** Ein Journalist von der Lokalzeitung interviewt
Michaela. Hör zu und mach Notizen.

Schreib einen Bericht für die Lokalzeitung über
das Interview mit Michaela.

**4** Arbeitet zu sechs. Jeder wählt eine Rolle: Reporter(in),
Michaela, Andreas, Felix, Carola und Yasemin. Macht
ein Fernsehinterview über den Computer-Service.

Wer hat die Idee gehabt?
Wer sonst?
Warum?
Wann?
Wie sieht es jetzt aus?
andere Details?

PRIMA! 82

## Aktion Schwimmbad-Retten

Wegen Finanzkürzungen muß das Schwimmbad in deiner Schule zumachen! Kannst du genug Geld aufbringen, um es zu retten?

*Zuerst eine gute Idee haben*

Wer kann dir dabei helfen? Briefe schreiben!

Einkaufen muß sein!

Marktforschung nicht vergessen!

Ohne Werbung geht es nicht!

Ein Anrufbeantworter ist sehr nützlich!

Alles schön auf dem Computer produzieren!

Ein Werbespot im Radio wäre prima!

Mach ein Interview!

Per Fax geht alles schneller!

Termine vereinbaren!

Ein Artikel in der Zeitung hilft viel!

# Wie gut kannst du reden?

**1** Deine beste Freundin/Dein bester Freund hat einen neuen Haarschnitt. Er ist total furchtbar. Was sagst du ihr/ihm?

a) Nanu, jetzt merkt man, wie schön deine Ohren sind.

b) Dein Haarschnitt sieht sehr pfiffig aus. Sicher war es sehr teuer.

c) Meine Güte! Was ist denn dir passiert?

**2** Deine Großeltern schicken dir eine altmodische grüne Wollmütze zum Geburtstag. Was sagst du ihnen?

a) Ah, wie schön. Nur ist es tragisch, daß ich gegen grüne Wolle allergisch bin.

b) Was soll denn das? So was Schreckliches ziehe ich nicht einmal im Bett an!

c) Jetzt freue ich mich schon auf den Winter. Schade, daß es jetzt erst August ist.

**3** Du hast deine Mathehausaufgabe nicht gemacht. Deine Lehrerin/Dein Lehrer ist sehr böse. Was sagst du ihr/ihm?

a) Gestern ist die Katze in meiner Schulmappe eingeschlafen. Leider hat sie Pipi direkt auf mein Matheheft gemacht . . .

b) Es tut mir leid, aber die Aufgabe war sehr schwierig. Könnten Sie es mir vielleicht nochmal in der Pause erklären?

c) Ach, ich hatte keine Zeit dafür. Ich war die ganze Nacht auf einer tollen Party.

**4** Deine Eltern wollen mit dir und deinem neuen Freund/deiner neuen Freundin ins Kino gehen. Was sagst du ihnen?

a) Super. Leider haben wir aber die Karten schon bestellt, und das waren die letzten.

b) Das ist unmöglich! Das wäre total peinlich für mich. Wenn ihr mitkommt, werde ich nie wieder mit euch sprechen.

c) Ach nein! Das Kino ist Erwachsenen verboten. Vielleicht könnten wir das nächste Mal irgendwohin zusammengehen.

**5** Du fährst schwarz (ohne Fahrkarte) im Bus. Der Kontrolleur kommt. Was sagst du ihm?

a) Ich habe keine Karte gekauft, weil ich mein Geld sparen will.

b) Bitte? I bist sehr sorry, aber I Deutsch nicht sprechen.

c) O weh, o weh! Ich kann es nicht glauben. Ich habe meine Fahrkarte verloren!

**6** Ein schreckliches Mädchen/Ein schrecklicher Junge lädt dich auf eine Party ein. Was sagst du ihr/ihm?

a) Es tut mir wirklich leid, aber zu der Zeit habe ich schon einen Termin.

b) Mit dir? Auf eine Party? Du spinnst wohl!!

c) Ich gehe nie auf Partys, weil ich zu schüchtern bin.

**7** Du ißt zu Abend bei deinem Freund/deiner Freundin. Das Essen schmeckt dir nicht. Was sagst du?

a) Igitt! Was ist denn das? Es schmeckt furchtbar. So was kann ich nicht essen.

b) Oie, ich habe Zahnschmerzen. So ein Mist. Jetzt kann ich nichts essen!

c) Ich habe keinen Appetit. Ich bin so nervös, weil ich nächste Woche eine Englischarbeit schreibe. Ich kann jetzt nichts essen.

---

**Legende**

**10–14 Punkte:** Du bist sehr taktvoll. Du willst keinem anderen weh tun, aber du mußt auch aufpassen, daß du manchmal die ganze Wahrheit sagst.

**5–9 Punkte:** Es ist prima, daß du so ehrlich bist. Nur sollst du vielleicht versuchen, ab und zu auch mit Takt zu reden.

**0–4 Punkte:** Du hast wohl viel Phantasie! Wenn du so weiter redest, wird dir niemand mehr glauben. Versuch, ab und zu etwas ehrlicher zu sein.

| | | |
|---|---|---|
| 1. a = 0 | b = 2 | c = 1 |
| 2. a = 1 | b = 0 | c = 2 |
| 3. a = 1 | b = 2 | c = 0 |
| 4. a = 2 | b = 0 | c = 1 |
| 5. a = 1 | b = 0 | c = 2 |
| 6. a = 2 | b = 1 | c = 0 |
| 7. a = 0 | b = 2 | c = 0 |

# Rund herum

In this unit you will learn about different countries and their people. You will learn how to make travel arrangements and how to talk about your travel experiences. You will also learn to talk about what you should and shouldn't do when in a foreign country.

## A — Weltinfo

**LERNZIELE**

In this part of the unit you will learn . . .

- how to talk about what you want to read
- how to ask questions and give facts about countries.

Nr.28   19.06.9

DM 3,50,3,50 Franken, 35 Schilllling, 450 Ptas, £1.50

**rund herum**

Mein Freund ist Ausländer – aktueller Bericht über deutsch-ausländische Beziehungen
Sommer-Checkliste – Alles Wichtige für den Urlaub
Hotels – wie sind sie wirklich?

Das Jugendmagazin mit Artikeln von **rund herum**

Lieber Leser/Liebe Leserin!
Unsere heutige Ausgabe hat wieder viele Artikel von **rund herum**!

Diesen Monat haben wir uns mit dem Thema Reiselust beschäftigt – Hast Du Reiselust?

Aus Deutschland haben wir einen aktuellen Bericht über Freundschaften und Ehen mit Ausländern. Wie stehst Du dazu?

Unsere regelmäßigen Features gibt es natürlich auch, also steig ein!

Viel Vergnügen beim Lesen wünscht Dir die

**rund herum** Redaktion

### Inhalt

**1** Welche Seite von *Rund herum* möchtest du dir zuerst ansehen? Und danach? Mit Hilfe eines Wörterbuches mach eine Liste.

**2** Diskutiert eure Listen zu Übung 1. Habt ihr dieselbe Liste?

**A** Zuerst möchte ich mir Seite 129 ansehen.

Ich nicht. Ich möchte zuerst die Zeichengeschichte auf Seite 138 lesen. **B**

**A** Dann möchte ich . . .

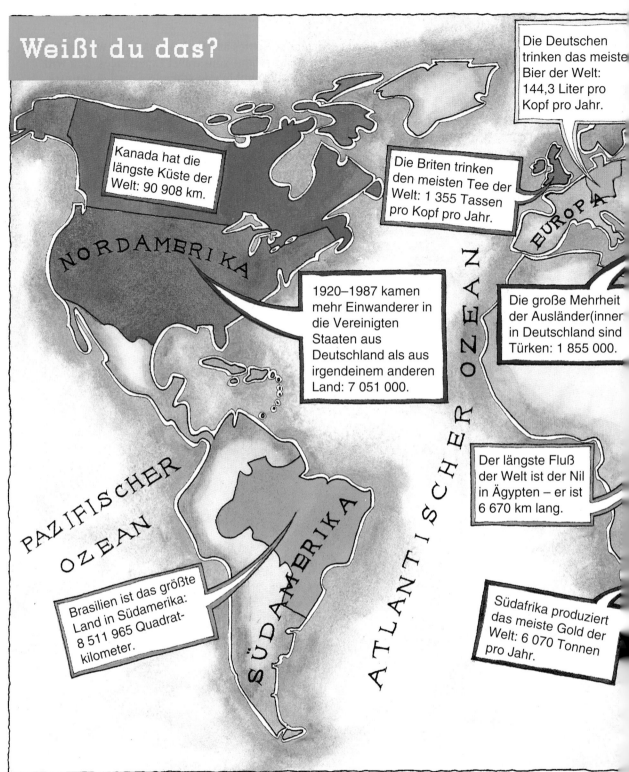

# Weißt du das?

Die Deutschen trinken das meiste Bier der Welt: 144,3 Liter pro Kopf pro Jahr.

Kanada hat die längste Küste der Welt: 90 908 km.

Die Briten trinken den meisten Tee der Welt: 1 355 Tassen pro Kopf pro Jahr.

1920–1987 kamen mehr Einwanderer in die Vereinigten Staaten aus Deutschland als aus irgendeinem anderen Land: 7 051 000.

Die große Mehrheit der Ausländer(inner in Deutschland sind Türken: 1 855 000.

Der längste Fluß der Welt ist der Nil in Ägypten – er ist 6 670 km lang.

Brasilien ist das größte Land in Südamerika: 8 511 965 Quadratkilometer.

Südafrika produziert das meiste Gold der Welt: 6 070 Tonnen pro Jahr.

NORDAMERIKA

SÜDAMERIKA

EUROPA

PAZIFISCHER OZEAN

ATLANTISCHER OZEAN

**3** **Hauptstadt-Quiz: Wer kennt die meisten Hauptstädte?**

**A** Wie heißt die Hauptstadt von Indien?

Ich glaube, das ist Neu Delhi. **B**

| | |
|---|---|
| Ankara | Neu Delhi |
| Berlin | Ottawa |
| Brasilia | Peking |
| Canberra | Pretoria |
| Kairo | Tokio |
| London | Washington |

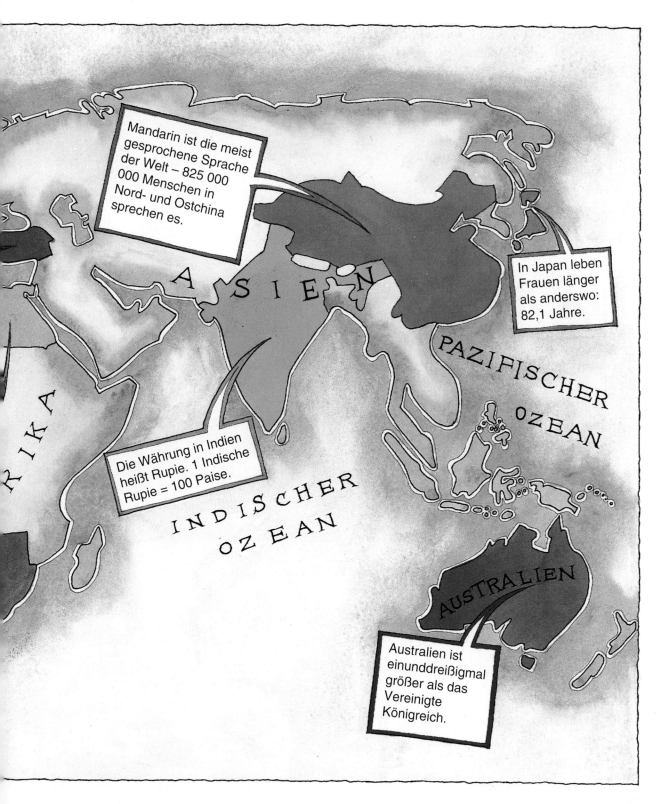

Mandarin ist die meist gesprochene Sprache der Welt – 825 000 000 Menschen in Nord- und Ostchina sprechen es.

In Japan leben Frauen länger als anderswo: 82,1 Jahre.

Die Währung in Indien heißt Rupie. 1 Indische Rupie = 100 Paise.

A S I E N

PAZIFISCHER OZEAN

INDISCHER OZEAN

AUSTRALIEN

Australien ist einunddreißigmal größer als das Vereinigte Königreich.

RIKA

 **Sieh dir die Karte an. Beantworte die Fragen.**

a) Wie viele Leute sprechen Mandarin?

b) Wie lang ist Kanadas Küste?

c) Wie lange leben Frauen in Japan?

d) Was trinken viele Briten?

e) Wie groß ist Australien?

f) In welchem Land heißt die Währung Rupie?

g) Welches Land produziert das meiste Gold?

h) Wo liegt Brasilien?

**5** Hör zu. Sieh dir die Karte auf Seite 122–3 an. In welchem Land wohnen diese jungen Deutschen?

**6** Macht einen Welt-Quiz. Wer die richtige Antwort gibt, stellt die nächste Frage. Die Fragen auf Seite 123 helfen euch.

A Wo liegt der längste Fluß der Welt?

D In Ägypten.

A Richtig.

Wo spricht man Mandarin?

D

**7** Sieh dir die Karte auf Seite 122–3 an. Welches Land ist das?

a) Dieses Land liegt in Afrika. Die Hauptstadt heißt Kairo. Das Land produziert viel Baumwolle. Die Bevölkerung liegt bei etwa 50 000 000, and ihre Religion ist der Islam.

b) Dieses Land liegt in Asien und hat eine Bevölkerung von etwa 1 130 065 000 Menschen. Der häufigste Nachname im Land ist Chang. Das Land ist 9 560 779 km² groß. Es produziert viel Tee, und die Hauptstadt heißt Peking.

Schreib Sätze auf.

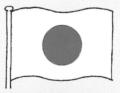

a) Großbritannien liegt in Europa.

a) Europa

b) 123 Millionen Menschen

c) Brasilia

Die Hauptstadt von . . . heißt . . .

. . . hat eine Bevölkerung von . . .

. . . ist 00 km² groß.

. . . produziert viel . . .

. . . liegt in . . .

d) 9 976 139 km²

e) Tee

**8** Bereite eine kleine Rede über dein Lieblingsland vor. Trag deine Rede der Gruppe vor. Erkennt die Gruppe das Land?

Schreib Sätze über das Land (wie in Übung 7).

**LERNZIELE**

In this part of the unit you will learn . . .

- how to talk about things you are taking with you on a journey
- how to ask for and describe hotel accommodation.

Sommer-Checkliste

Egal ob Frankfurt oder Tokio, Birmingham oder Florida, das Sommergepäck muß vollständig sein. Unten steht unsere Sommer-Reise-Checkliste. Hast du alles eingepackt?

1 Teebeutel
2 eine Landkarte
3 ausländische Währung
4 meinen Reisepaß
5 Sonnencreme
6 ein Adressenbuch
7 Versicherung
8 Schokoladenkekse
9 ein Taschenmesser
10 einen Adapter
11 meinen Teddybär
12 eine Erste-Hilfe-Ausrüstung
13 mein Tagebuch
14 Euroschecks
15 einen Fotoapparat
16 ein Wörterbuch
17 mein Kopfkissen
18 eine Sonnenbrille
19 einen Reiseführer
20 eine Flugkarte

**1** Was paßt zusammen?  a20

**2** Diese Leute sprechen über den Urlaub. Hör zu und mach Notizen.

EXTRA! Schreib Sätze auf.

Wohin?  Wann?  Braucht was?

Am 2. Januar fährt Claudia in die Schweiz. Sie braucht . . .

**3** Karl fliegt im Urlaub nach Kairo.
Was paßt zusammen?

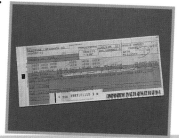

a) Ich nehme eine Flugkarte mit, . . .

b) Ich nehme ein Adressenbuch mit, . . .

c) Ich nehme Sonnencreme mit, . . .

d) Ich nehme einen Fotoapparat mit, . . .

e) Ich nehme Schokoladenkekse mit, . . .

1. . . . weil es dort sehr sonnig ist.

2. . . . weil ich fotografieren will.

3. . . . weil ich immer Hunger habe.

4. . . . weil ich mit dem Flugzeug nach Berlin fliege.

5. . . . weil ich Postkarten schicken will.

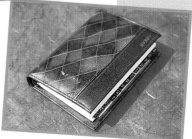

Was nimmst du nach Kairo mit? Schreib es auf (wie oben).

**4** Seht euch die Sachen auf Seite 125 an. Ihr fahrt in den Sommerurlaub,
aber ihr könnt nicht die gleichen Sachen mitnehmen.
Wer zuerst einen guten Grund geben kann, darf die Sache mitnehmen.
Übung 3 hilft euch dabei.

A — Was nimmst du mit?

B — Also, ich nehme einen Reisepaß mit.

A — Warum?

B — Weil ich nach Indien fliege. Da brauche ich
einen Reisepaß. Was nimmst du mit?

**5** Kannst du eine Winter-Reise-Checkliste
aufschreiben? Die Sommer-Reise-
Checkliste auf Seite 125 hilft dir dabei.

Egal ob . . ., das Wintergepäck
muß vollständig sein . . .

# Hotel-Alpentraum
## Zehn Beschwerden zum Thema Hotel

5. Frühstück ist von 6.00 bis 9.00 Uhr. Wer früh aufsteht, bekommt heißen Kaffee, frische Brötchen und vieles mehr. Für Spätaufsteher gibt's leider nichts.
6. Ein Schwimmbad gibt es hier (draußen im Garten).
7. Das Hotel hat einen Fahrstuhl. Bei vierzig Stockwerken ist das nötig.

1. Ich habe nur ein kleines Zimmer – es gibt nur Platz für ein Bett.
2. Wir haben ein Doppelzimmer. Das heißt ein Einzelzimmer mit zwei Betten und Bad.
3. Es gibt eine Dusche in meinem Zimmer. Heißes Wasser gibt es leider nicht.
4. Hier hat man Parkmöglichkeiten. Das Hotel liegt an der Hauptstraße. Ruhig gelegen ist es nicht.

8. Hunde sind hier willkommen. Leider sind sie im nächsten Zimmer. Ich kann nicht schlafen.
9. Vom Zimmer kann man bequem nach Hause telefonieren. Vergessen Sie die Rechnung nicht!
10. Es gibt einen Balkon im Hotel. Das stimmt, aber er ist nicht in meinem Zimmer.

**6** Lies den Artikel oben. Was paßt zusammen?

HÖR ZU

**7** Sieh dir die Symbole oben an. Hör zu. Was möchten diese zwei Gäste?

 Hör nochmal zu. Kannst du andere Details aufschreiben?

**8** As: Ihr seid Hotelbesitzer(innen). Jeder sieht sich die Symbole auf Seite 127 an. Dein Hotel hat fünf davon. Mach eine Liste.

Bs: Ihr sucht ein Hotel. Jeder schreibt fünf Sachen auf, die das Hotel haben muß. Kannst du ein passendes Hotel finden?

Haben Sie/Gibt es . . . ?
  einen Balkon
  einen Fahrstuhl
  ein Telefon
  ein Bad
  ein Schwimmbad
  eine Dusche
  Parkmöglichkeiten
Sind Hunde willkommen?
Um wieviel Uhr ist das Frühstück?

A1 — Kann ich Ihnen helfen?

B1 — Ich möchte ein Einzelzimmer reservieren.

A1 — Wir haben nur Doppelzimmer.

B1 — Ach schade. Das geht dann nicht.

B1 — Haben Sie ein Einzelzimmer frei?

A2 — Ja. Wir haben viele Einzelzimmer. . . .

**9** Schreib eine Broschüre für dein ideales Hotel. Was soll es haben?

Disco ab 8.00 Uhr!

Frühstück bis 12.00 Uhr!

Alle Zimmer mit Bar!

**K**ULTURINFO

■ Haus im Villenstil, direkt an der autofreien Uferpromenade zwischen Yachthafen und Spielcasino
■ A81 Stuttgart-Singen, Ausfahrt Markelfingen-Allensbach; Autofähre Konstanz/Staad-Meersburg; Flugplatz Zürich od. Friedrichshafen je ca. 1 Stunde
■ 2 variable Konferenzräume mit moderner Ausstattung für private und geschäftliche Veranstaltungen bis 60 Pers.
■ Café-Restaurant, Terrasse
■ Hauseigene Videothek; Whirlpool, Sauna, Solarium

REGA PARKHOTEL AM SEE

Seestraße 25a
78464 Konstanz
Telefon 0 75 31/ 5 10 77
Telefax 0 75 31/ 5 01 43

KONSTANZ

## C    Ist dein Zuhause deine Heimat?

**LERNZIELE**

In this part of the unit you will learn . . .

• how to talk about where you come from and where you live

• how to talk about people of different nationalities.

**Von London bis Singapur, San Francisco bis Neu Delhi** findet man deutschsprachige Schulen. Hier lernt man im fremden Land wie die Freunde und Freundinnen zu Hause. Ob in Nairobi oder Nürnberg, man lernt das gleiche! Unten stehen Interviews mit einigen deutschen Schüler(innen) im Ausland.

**Helena Scharl, 16:
Deutsche Schule,
London**

Ich komme aus Salzburg in Österreich. Seit drei Jahren wohne ich mit meiner Familie in Richmond, London, weil mein Vater bei der österreichischen Botschaft arbeitet. Mir gefällt das Leben hier sehr gut, aber ab und zu fehlt mir Salzburg – besonders meine Freundinnen dort.

**Lars Sommer, 15:
German-
American School,
San Francisco**

Ich bin in Frankfurt geboren. Seit fünf Jahren aber wohne ich in San Francisco. Ich wohne mit meiner Mutter und meinem Stiefvater. Mein Stiefvater war beim amerikanischen Militär am Rhein. Dort hat er meine Mutter kennengelernt. Nach seinem Dienst haben sie geheiratet. Wir sind dann alle sofort in die Vereinigten Staaten gezogen. Mir gefällt es hier nicht sehr.

**Lisa Müller, 17:
Goethe-Schule,
Buenos Aires**

Ich bin Deutsche, aber ich habe nie in Deutschland gewohnt. Ich bin hier in Buenos Aires geboren. Meine Großeltern stammen aus Deutschland. Im Zweiten Weltkrieg sind sie nach Argentinien ausgewandert. Mein Vater war nur zwei Jahre alt. Meine Mutter ist Argentinierin. Ich liebe Buenos Aires. Es ist eine sehr lebendige Stadt.

**1 Lies den Artikel oben. Such die folgenden Wörter im Wörterbuch.**

a) Botschaft      d) Weltkrieg

b) fehlen         e) auswandern

c) Dienst         f) lebendig

**3 Wer sagt das?**

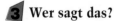
a) Helenas Mutter

a) Mein Mann arbeitet bei der Botschaft.

b) Meine Tochter ist nicht in Europa geboren.

c) Mein Stiefvater war beim Militär.

d) Unsere Tochter ist in Österreich geboren.

e) Mein Mann ist Amerikaner.

f) Meine Eltern stammen beide aus demselben Land.

**2 Kannst du ein Formular für Lars und Lisa ausfüllen?**

Name:           Helena Scharl

Ich bin in:     Salzburg           geboren

Wohnort:        London

Ich wohne mit:  meiner Familie

Ich wohne seit: 3 Jahren           hier

Warum?:         mein Vater arbeitet bei der österreichischen Botschaft

Meinung?:       London gefällt mir, Salzburg fehlt mir

**4** **Margit und Kai wohnen im Ausland. Hör zu und mach Notizen.**

Wer?   Wo?   Heimat   Mit wem?   Seit wann?   andere Details

**EXTRA!** Schreib einen Absatz für Kai oder Margit (wie auf Seite 129).

**5** **Wie gut kennst du deinen Partner/deine Partnerin? Mach Notizen über ihn/sie.**
**Stell Fragen, um herauszufinden, ob du recht hast!**

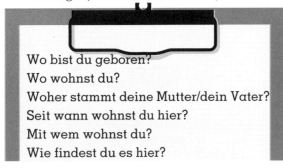

Wo bist du geboren?
Wo wohnst du?
Woher stammt deine Mutter/dein Vater?
Seit wann wohnst du hier?
Mit wem wohnst du?
Wie findest du es hier?

Ich bin in . . . geboren.
Ich wohne in . . .
Mein Vater/Meine Mutter stammt aus . . .
Ich wohne . . .
   mit meinem
   Großvater/Stiefvater/Freund/Onkel.
   mit meiner Mutter/Familie/ . . .
   mit meinen Eltern.
Seit . . . Jahren wohne ich hier.

 **6** **Hör zu. Was sind die fehlenden Zahlen?**

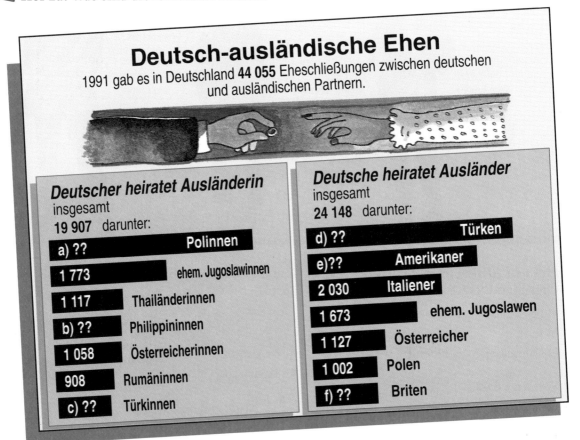

## Deutsch-ausländische Ehen
1991 gab es in Deutschland **44 055** Eheschließungen zwischen deutschen und ausländischen Partnern.

**Deutscher heiratet Ausländerin**
insgesamt
**19 907**   darunter:

| | |
|---|---|
| a) ?? | Polinnen |
| 1 773 | ehem. Jugoslawinnen |
| 1 117 | Thailänderinnen |
| b) ?? | Philippininnen |
| 1 058 | Österreicherinnen |
| 908 | Rumäninnen |
| c) ?? | Türkinnen |

**Deutsche heiratet Ausländer**
insgesamt
**24 148**   darunter:

| | |
|---|---|
| d) ?? | Türken |
| e) ?? | Amerikaner |
| 2 030 | Italiener |
| 1 673 | ehem. Jugoslawen |
| 1 127 | Österreicher |
| 1 002 | Polen |
| f) ?? | Briten |

 **7** **Wer kennt die meisten Nationalitäten?**

A   Ich habe einen Freund, der Amerikaner ist.

B   Ich habe einen Freund, der Amerikaner ist, und eine Freundin, die Türkin ist . . .

# Bei mir zählt nur der Mensch!

**G**abi und Gürsel sind zwei normale Jugendliche. Während der Woche geht Gabi ins Gymnasium, Gürsel geht in die Fachhochschule. Am Wochenende arbeiten sie beide im selben Café. Beide wollen Geld sparen: Gabi will ins Ausland fahren, Gürsel will sich ein Auto kaufen. Seit vier Monaten arbeiten sie zusammen. Sie reden oft miteinander, lachen zusammen, hören die gleiche Musik an und kommen gut miteinander aus. Gürsel will eine Verabredung mit Gabi machen, traut sich aber lange nicht. Er ist Türke. Bei seiner Familie heißt es, türkische Jungen gehen mit deutschen Mädchen nicht aus. Gabi ist Deutsche. Ihre Familie steht Ausländern mißtrauisch gegenüber. Seit zwei Monaten aber gehen Gabi und Gürsel miteinander.

Gabi: „Am Anfang war ich mir nicht so sicher. Ich wußte, daß wir viel Ärger bekommen würden. Aber Gürsel ist ein toller Junge, und wir sind sehr glücklich miteinander. Seine Farbe und Abstammung sind mir nicht wichtig." Welche Probleme gibt es denn? Gürsel: „Wenn wir zusammen sind, schauen die Leute uns oft an. Wenn wir ins Kino oder in die Disco gehen, sprechen die Leute dort eher mit Gabi als mit mir. Grund dafür: Ihr Freund ist kein Deutscher."

Die zwei machen jetzt schon Zukunftspläne. Gabi will noch ins Ausland fahren. Gabi: „In den Sommerferien fahren wir hoffentlich mit dem neuen Auto von Gürsel in sein Heimatland." Gabi und Gürsel wissen, daß sie noch Ärger bekommen werden, aber ihnen macht das jetzt wenig aus. Für Gabi und Gürsel zählt nur der Mensch, egal ob Japaner, Chinese, Brasilianer, Amerikaner oder Spanier. Durch ihr Verhältnis hoffen sie, daß mit der Zeit andere genauso denken werden.

**8** Lies den Artikel. Wer sagt das? Gabi oder Gürsel?

a) Ich gehe ins Gymnasium.

b) Ich spare für ein Auto.

c) Ich bin Türke.

d) Seine Farbe ist mir nicht wichtig.

e) Die Leute sprechen nicht so gern mit mir.

f) Ich will ins Ausland fahren.

**9** Lies den Artikel auf Seite 131 nochmal durch. Wie sagt man das im Artikel?

a) Während der Woche

a) von Montag bis Freitag

b) Gabi und Gürsel wollen ihr Geld nicht ausgeben.

c) Sie sprechen zusammen.

d) Seit langem ist er nervös.

e) Seit zwei Monaten ist Gabi Gürsels Freundin.

f) Seine Farbe und Nationalität sind mir egal.

g) Sie planen für die kommenden Jahren.

h) Das ist ihnen egal.

i) Nur der Mensch ist wichtig für sie.

j) wie sie sich benehmen

**10** Lies den Artikel und wähl das richtige Wort.

1. Gabi: „Meine Familie steht Ausländern (bzw. Türken) **a)** freundlich **b)** mißtrauisch gegenüber."

2. Gabi: „Ich stehe Ausländern **a)** freundlich **b)** mißtrauisch gegenüber."

3. Gabi: „Ausländische Freundschaften haben **a)** keine Chance **b)** einige Probleme."

4. Gabi: „Farbe ist mir **a)** unwichtig **b)** wichtig."

5. Gürsel: „Wichtiger ist **a)** der Mensch **b)** die Abstammung."

6. Der Artikel: „Nationalität ist **a)** egal **b)** höchst wichtig."

7. Gabi und Gürsel: „Alle sollen **a)** untolerant **b)** tolerant sein."

Und du? Was meinst du? Schreib deine Meinung zu den Sätzen in Übung 10 auf.

a) Meine Familie steht Ausländern . . .

**11** Schreibt einen Artikel oder macht ein Poster zum Thema 'Beziehungen mit Ausländern'.

Probleme

Statistiken

Interviews

Erfahrungen

Slogans

# KULTURINFO

*In Deutschland sind die Mehrzahl der Ausländer(innen) Türken, die ins Land kommen, um Arbeit zu finden. Stattdessen finden sie oft Aggression und Feindlichkeit. Das Gedicht unten wurde von einem jungen Türken geschrieben.*

## Mein Name Mehmet

Ich bin Türke, 14 Jahre alt
Schon 4 Jahre in Deutschland
Ich nix kann sprechen gut deutsch
Ich viel haben türkische Freund
Aber nix haben deutsche Freund
Ich möchte viel haben deutsche Freund
Aber Deutsche möchten nix
Sie sagen immer zu mir
Du Kameltreiber
Aber ich nix haben Kamel
Und auch sagen
Du Knoblauchfresser
Aber ich nix fressen Knoblauch
Und mir immer schimpfen
Du Stinker
Aber ich mich jeden Tag waschen
Aber warum sagen mir immer sowas
Ich verstehe nix
Ich schuld . . . ?
Ich weiß nix . . .

# Rückkehr nach Hause

In this part of the unit you will learn . . .
- how to give details of where you have travelled and what happened
- how to talk about where you would like to travel and why.

## Wie waren die Sommerferien?

a) Ich habe viele nette Leute kennengelernt.

b) Ich habe mein Gepäck verloren.

c) Das Wetter war wunderbar.

d) Ich habe einen Sonnenbrand bekommen.

e) Alles war so teuer.

f) Das Essen war sehr lecker.

g) Ich habe gar nichts verstanden.

So kommt man in die Heimat zurück – wieder ist ein Sommerurlaub im Ausland vorbei!

**1** Sind die Sätze oben positiv oder negativ?

**2** Hör zu. Sieh dir die Sprechblasen oben an. Was paßt zusammen?

1. e, g

**3** Was sagen die Leute unten? Schreib Sätze auf.

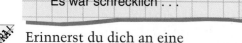
a) Im Juli bin ich nach Italien gefahren. Es war schrecklich . . .

**EXTRA!** Erinnerst du dich an eine Urlaubskatastrophe? Beschreib sie.

Im August bin ich nach Bonn gefahren. Es war schrecklich. Ich habe meine Brille verloren . . .

**PARTNERARBEIT P**

**4** Wer hat den schlimmsten Urlaub gehabt?

A — Diesen Sommer bin ich nach Kanada gefahren. Es war schrecklich. Ich habe einen Sonnenbrand bekommen. Wie war dein Urlaub?

B — Schrecklich. Diesen Sommer bin ich nach Ägypten gefahren. Ich habe einen Sonnenbrand bekommen, und alles war so teuer . . .

Juli/Italien

September/Ägypten

Mai/Indien

Liebe *rund herum*,

diesen Sommer bin ich mit meiner Klasse nach Frankreich gefahren. Es war toll. Wir sind mit dem Zug dorthin gefahren. Ich habe bei einer sehr freundlichen Familie gewohnt. Ich bin zwei Wochen dort geblieben und habe viele nette Leute kennengelernt. Leider ist das jetzt mein Problem. Ich habe mich in eine Französin verliebt. Sie war wirklich nett, aber jetzt bin ich wieder in Deutschland und sie ist in Frankreich. Was soll ich machen?

**Fritz, 16 Jahre**

Liebe *rund herum*,

mein Sommerurlaub war eine Katastrophe! Ich bin mit meiner Familie nach Spanien geflogen. Wir haben eine Woche in einer Jugendherberge gewohnt. Das Wetter war schrecklich – es war sehr kalt. Das Schlimmste aber war, daß ich den Fotoapparat am Flughafen verloren habe. Ich kann es meinen Eltern nicht sagen, weil alle unsere Urlaubsfotos darauf sind. Was soll ich machen?

**Kerstin, 14 Jahre**

Liebe *rund herum*,

vor zwei Wochen war ich in Afrika. Ich bin mit meiner Mutter mit dem Schiff dorthin gefahren. Wir haben drei Wochen im Zelt gewohnt. Das Wetter war wunderbar – jeden Tag sonnig. Jetzt mache ich mir aber Sorgen. In Afrika habe ich einen Sonnenbrand auf den Armen und Beinen bekommen. Gestern habe ich bemerkt, daß ich jetzt kleine Pickel auf der Haut habe. Ist das Hautkrebs?

**Monika, 16 Jahre**

**5** **Lies die Briefe oben. Mach drei Listen.**

| Fritz | Kerstin | Monika |
|---|---|---|
| a | | |

a) mit meiner Klasse
b) Fotoapparat verloren
c) bei einer Familie
d) mit dem Schiff
e) mit meiner Familie
f) zwei Wochen
g) mit meiner Mutter
h) in einer Jugendherberge
i) in eine Französin verliebt
j) im Zelt
k) mit dem Zug
l) eine Woche
m) mit dem Flugzeug
n) drei Wochen
o) Sonnenbrand bekommen

**6** **Lest die Briefe oben. Macht einen Quiz.**

A Wohin bist du gefahren?

Ich bin nach Afrika gefahren. B

A Du bist Monika.

HÖR ZU 94

Mit wem bist du gefahren?
Wie bist du dorthin gefahren?
Wie lange bist du geblieben?
Wo hast du gewohnt?
Wie war es?

PARTNERARBEIT 95

**7** Sieh dir die Urlaubsfotos unten an. Schreib einen Brief an *Rund herum*.

**8** In welchem Land möchtest du
eine Brieffreundschaft haben?
Sieh dir die Liste rechts an. Mach deine Liste von 1 bis 8.

**9** Lies die Briefe unten. Von
welcher Person spricht man?

a) HW 21

a) Sie wohnt in Afrika.

b) Sie sucht Hilfe beim Deutschlernen.

c) In seiner Heimat ist das Wetter nicht immer sehr schön.

d) Dieser Jugendliche hat eine große Reiselust.

e) Diese Französin wohnt an der Küste.

f) Dieser Europäer wohnt auf dem Land.

---

Man muß nicht reisen, um Kontakt mit Ausländern zu bekommen. Mit Brieffreundschaften kommt die Welt zu dir!

Wir haben 200 junge Deutsche gefragt: In welchem Land möchtest du am liebsten eine Brieffreundschaft haben?

| | | |
|---|---|---|
| 1. Australien | 59 |
| 2. Kanada | 43 |
| 3. Neuseeland | 32 |
| 4. Amerika | 30 |
| 5. Spanien | 13 |
| 6. Großbritannien | 10 |
| 7. Deutschland | 8 |
| 8. Italien | 5 |

---

## Brieffreundschaften-Service

Bist du ein Reisefan? Suchst du Freunde in aller Welt? Diese Woche beim Brieffreundschaften- Service geht es um internationale Freundschaften. Stell dir vor: Heute schreibst du einen Brief, und in den Ferien bist du bei einem neuen Freund oder einer neuen Freundin in Kanada oder Wales oder Kenya . . . Lies nur weiter und such dir was aus!

**17jähriger Schotte** sucht Brieffreunde im deutschsprachigen Raum. Wohnt im Westen auf dem Land. Klima ist nicht immer schön, aber es ist immer was los, und die Landschaft ist hervorragend! Schreib sofort! (PV 32)

Ich (Schülerin, 16) suche eine deutsche Brieffreundin. Ich gehe in Nairobi, Kenya, in die Schule. In den Ferien gehe ich öfters auf Safari. Die Tiere hier sind fantastisch. Hast du Lust, mit mir auf Safari zu gehen? Schreib deinen Brief sofort! (HW 21)

Bist du ein Wassersportfan? Wer möchte mir zwei Stunden am Tag beim Deutschlernen helfen, dafür sechs Stunden am Tag im Wasser spielen? Ich (Französin, 17) wohne in Corsika, an der Südwest-Küste, wo es fabelhaftes Surfen, Schwimmen und Tauchen gibt. Ich warte schon auf deinen Brief! Geschlecht und Alter egal! (FR 48)

Lustiger Fische-Junge (18) sucht Ferienfreunde in aller Welt. Möchte nächstes Jahr eine Weltreise unternehmen, brauche aber dafür Kontakte! Möchte alles besichtigen! Bleib ich bei dir, so bist du im folgenden Jahr bei mir in Brasilien herzlich willkommen. Interessiert? Hol deinen Kuli sofort! (GE 51)

**10** **Lies die Briefe auf Seite 135 nochmal.**

Wohin möchtest du fahren?
Warum?

Ich möchte nach . . . fahren.

Weil die Landschaft hervorragend ist.

Weil ich auf Safari gehen möchte.

Weil die Tiere fantastisch sind.

Weil es fabelhaftes Schwimmen gibt.

Weil es viel zu besichtigen gibt.

**EXTRA!** Schreib einen kurzen Text über dich wie auf Seite 135.

 # KULTURINFO

## Bunte Republik Deutschland

Egal, ob Du 'n Italdieser bist,
oder 'n Italjener.
Egal, ob Du 'n fescher Deutscher bist,
oder 'n Türke, 'n schöner.
Egal, ob Chinese, ob Irokese,
ob Grieche oder Torero.
Egal, ob japanischer Sumo-Spezi
oder Fachmann für Bolero.

Egal, ob Du 'n Africooler bist,
oder 'n Afrikaner.
Egal, ob Du 'n Indoneser bist,
oder 'n Indianer.
Ob Kapuziner, Argentiner,
Franziskaner oder Franzose,
und in seiner bodenlosen Lodenhose
hingen seine Hoden lose.

Bunte Republik Deutschland,
ganze Jumbos voller Eskimos,
wie in New York City
– richtig schwer was los.
Wir steh'n am Bahnsteig und begrüßen
  jeden Zug,
denn graue deutsche Mäuse,
die haben wir schon genug.

Bunte Republik Deutschland ...

O müsfik canavar
zihnimizin dibikara
kuyusunda uyuyor,

bizimle digeri
arasında telörgüden
görünmez bir çit örüyor.

Bunte Republik Deutschland ...

Bunte Republik Deutschland ...

 **11** **Rund um die Welt: Ein Spiel für zwei oder mehr Spieler(innen) (Seite 137).**

## Rund um die Welt

**ZIEL DES SPIELES:**
  Einen Urlaub machen!
**REGELN:** Man kann waagerecht, senkrecht, vorwärts und rückwärts um das Brett reisen.
A: Würfel mal. Stell die Spielmarke auf den gewählten Platz.
B: Stell A die richtige Frage (siehe rechts).
A: Beantworte die Frage. Wenn du eine richtige Antwort gibst, reist du nächstes Mal weiter. Wenn du eine falsche Antwort gibst, mußt du einmal aussetzen. Wer zuerst eine Antwort auf alle fünf Fragen gegeben hat, gewinnt.

 **EXTRA!** Halte eine Rede über deinen Urlaub.

Letzten Sommer bin ich mit dem Rad durch Brasilien gefahren. Ich habe im Zelt gewohnt. Ich habe Sonnencreme und eine Sonnenbrille mitgenommen. Das Wetter war wunderbar.

# Rund um die Welt

- Wohin bist du gefahren?
- Wie bist du dorthingekommen?
- Wo hast du gewohnt?
- Was hast du mitgenommen?
- Wie war es?

Abreise

**LERNZIELE**

In this part of the unit you will learn . . .

- how to talk about what you are and are not allowed to do
- how to give your opinion on foreign travel

## Der verbotene Planet

Dooby stammt von einem anderen Planet. Er ist zu Besuch in Deutschland . . .

Hey! Sie da! Da dürfen Sie nicht parken. Es ist verboten. Sehen Sie das Schild nicht?

Mensch sind die Leute hier freundlich!

Hey! Sie da! Das dürfen Sie nicht machen. Sie sollen den Motor abstellen. Können Sie nicht mal lesen?

Die fahren hier aber langsam. Worauf warten die da hinten?

Hey! Das dürfen Sie absolut nicht machen. Bei Rot darf man nicht gehen. Sie sollen den Kindern ein Beispiel sein.

Paß auf, Kleine. Das darfst du nie machen. Es ist so gefährlich.

Hey, du da! Das darfst du nicht machen. Kannst du das Schild nicht lesen?

Ha, ha. Ein lesender Hund? Das gibt's doch nicht!

Sind Sie verletzt? Soll ich die Polizei holen?

Ach, nein. Es geht schon. Dieser blöde Hund. Ich erwische die zwei noch.

Sie dürfen das Radio nicht so laut stellen. Sie stören uns alle.

Sieh mal. Da ist unser Freund schon wieder. Guten Tag!

Am folgenden Sonntag . . .

Hey! Sie da! Sie dürfen Ihr Auto am Sonntag nicht waschen. Das ist verboten. Hören Sie sofort auf!

Am Montag geht Dooby einkaufen . . .

Entschuldigen Sie. Aber Sie müssen das zuerst an der Kasse bezahlen.

Wirklich wahr? Aber ich habe jetzt einen Riesendurst. Ich kann ja nicht warten.

Hey! Hier dürfen Sie mit Helm nicht hereinkommen.

Aber ich wollte den Kerl da hinten erwischen. Er macht hier alles, was verboten ist.

Aber das machen Sie auch. Also, raus!

Möchten Sie sich hinsetzen?

O, danke sehr. Das ist sehr nett von dir. Die Leute hier sind wirklich sehr höflich.

Die Fahrkarten, bitte.

Einmal zum Stadtrand, bitte.

Aber Sie haben keine Karte? Sie müssen die Karten vor dem Einstieg kaufen.

O, das habe ich nicht gewußt.

Herr Kontrolleur. Dieser Mann hat mir den Platz weggenommen. Und jetzt hat er auch keine Karte. Das ist unerhört!

Beruhigen Sie sich. Ich mache schon was.

Nächster Halt: Stadtrand.

Ach, hier sind wir schon. Auf Wiedersehen.

Das Leben hier gefällt mir, aber es ist schon ganz anders als zu Hause.

**1** Lies die Geschichte auf Seite 138–9. Beantworte die Fragen.

a) Was soll Dooby mit dem Motor an der Ampel machen?

b) Warum darf man die Straße bei Rot nicht überqueren?

c) Was darf Dooby mit dem Radio nicht machen?

d) Wer darf am Sonntag das Auto waschen?

e) Was soll Dooby machen, bevor er die Milch trinkt?

f) Was darf man im Supermarkt nicht tragen?

g) Wohin fährt Dooby mit dem Bus?

h) Was hat Dooby nicht gekauft?

 **2** Die Bürgermeisterin von Hamburg begrüßt die Klasse 10 aus Manchester. Sie gibt einige Tips. Hör zu. Ordne die Bilder in die richtige Reihenfolge.

 **3** Seht euch die Bilder oben an. A stellt eine Frage. Wer die Frage richtig beantwortet, bekommt einen Punkt und stellt die nächste Frage.

A Was muß man an der Ampel machen?

Man muß den Motor abstellen. D

**4** Mach ein Poster oder eine Broschüre für Besucher(innen) in Deutschland. Wie soll man sich benehmen?

Man muß rechts fahren!

Man soll sich gut benehmen.

Man soll versuchen, deutsch zu sprechen.

 Schreib ein Zeichengeschichte mit Tips über dein Land für Besucher(innen).

# Reiselust

Mein Name ist Stefan, und ich komme aus Bremen. Ich bin 36 Jahre alt, und ich arbeite als LKW-Fahrer. Durch diese Arbeit bin ich natürlich dauernd unterwegs – oft fahre ich nach Süden in Richtung Italien oder Griechenland. Das gefällt mir immer gut, weil es meistens schön warm ist. Unterwegs lernt man oft nette Leute kennen – manchmal Tramper aber auch andere Fahrer(innen) an Autobahnraststätten. Obwohl die Arbeit ab und zu langweilig wird, ist es immer gut, in ein neues Land zu fahren.

Mein Name ist Jutta, und ich komme aus Dresden. Vor zwei Jahren bin ich nach Mannheim übersiedelt. Das war das erste Mal, daß ich aus meinem Heimatland gefahren bin. Jetzt arbeite ich hier im Westen, und es gefällt mir sehr gut. In den Ferien reise ich viel in Europa herum. Ich finde es wunderbar, daß ich jetzt so viele schöne Städte und historische Gebäude besichtigen kann.

Ich bin Marc, und ich komme aus Nürnberg. Ich bin 28 Jahre alt, und ich reise öfters ins Ausland. Ich arbeite bei einer internationalen Firma und muß oft auf Geschäftsreisen nach Amerika und Japan fliegen. Ich finde das immer sehr interessant, weil man immer was Neues erfährt. Es kann aber auch manchmal fad sein, weil ich nur in internationalen Hotels übernachte und dann tagsüber in Besprechungen sitzen muß.

Ich bin Christa und bin 24 Jahre alt. Ich habe das Studium fertiggemacht, kann aber jetzt keine Stelle finden. Im Moment versuche ich, Englisch zu lernen, weil ich unbedingt nach Amerika fliegen möchte. Ich glaube, daß es viel einfacher sein wird, wenn ich die Sprache beherrsche. Ich habe Englisch zwar in der Schule gelernt, aber man verlernt das so schnell wieder.

---

**5** **Richtig oder falsch?**

a) Stefan ist dauernd unterwegs, weil er Geschäftsmann ist.

b) Das Reisen ins Ausland gefällt Stefan gut.

c) Jutta ist von Mannheim nach Dresden übersiedelt.

d) In den Ferien fährt Jutta immer wieder zurück nach Hause.

e) Marc arbeitet bei einer internationalen Firma.

f) Marc findct internationale Hotels spitze.

g) Christa geht auf die Uni.

h) Christa hat Englisch in der Schule gelernt, aber sie hat es schnell verlernt.

 Schreib die falschen Sätze richtig auf.

**6** Sprechen diese Schüler(innen) positiv oder negativ übers Reisen ins Ausland? Hör zu.

 Hör nochmal zu. Schreib die Details auf.

Wer?    Wohin?    andere Details

**7** Wie findet ihr das Reisen ins Ausland? Diskutiert die Sätze unten.

> **A** Ich habe keine Lust, ins Ausland zu fahren, weil man oft nichts verstehen kann.

> Ja, du hast recht. Ich möchte aber ins Ausland fahren, weil man nette Leute kennenlernen kann. **B**

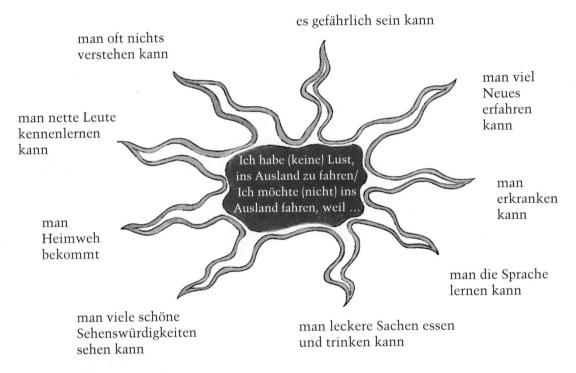

es gefährlich sein kann

man oft nichts verstehen kann

man viel Neues erfahren kann

man nette Leute kennenlernen kann

Ich habe (keine) Lust, ins Ausland zu fahren/ Ich möchte (nicht) ins Ausland fahren, weil ...

man erkranken kann

man Heimweh bekommt

man die Sprache lernen kann

man viele schöne Sehenswürdigkeiten sehen kann

man leckere Sachen essen und trinken kann

(98) **PARTNERARBEIT**

**8** Schreib weitere positive und negative Sätze zum Thema 'Reisen ins Ausland' auf.

> Es ist toll, ins Ausland zu fahren, weil das Wetter oft gut ist.
> Es macht mir Spaß, ins Ausland zu fahren, weil man Ski fahren kann.

(100) **PRIMA!**

**K**ULTURINFO

**EURO DOMINO**
Der Reisepaß für Europas Bahnen.

Nr.28

DM 3,50, 3,50 Franken, 35 Schilling, 450 Ptas, £1.50

**rund herum**

Mein Freund ist Ausländer – aktueller Bericht über deutsch-ausländische Beziehungen

Sommer-Checkliste – Alles Wichtige für den Urlaub

Hotels – wie sind sie wirklich?

Das Jugendmagazin mit Artikeln von **rund herum**

**Eure Leserschaft wartet schon auf die nächste Ausgabe von *Rund herum*. Ihr müßt es jetzt vorbereiten!**

Ihr braucht ein Redaktionsteam. Wer macht was?

Redaktion

Herstellung

Zeichnungen

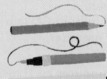

Fotografie

Marketing

## Was gibt's in der Ausgabe?

Reportagen

Geschichten

Neuigkeiten

Artikel

Gedichte

Musik

Informationen

Witze

Briefe

Tatsachen

Spiele

Interviews

Nachrichten

Service

Tips

# GRAMMAR

## Glossary of terms

| | | | |
|---|---|---|---|
| **verb** | *a 'doing' word*<br>**Die fünf Freunde gehen ins Jugendzentrum.** | **nominative case** | *used for the subject of a sentence*<br>**Andreas organisiert die Schreibwaren für den Club.** |
| **noun** | *a person, place or thing*<br>**Michaela schreibt eine Englischarbeit.** | **accusative case** | *used for the direct object and after certain prepositions*<br>**Andreas organisiert die Schreibwaren für den Club.** |
| **pronoun** | *a short word used instead of a noun*<br>**Sie schreibt die Arbeit auf dem Computer.** | **dative case** | *used after certain prepositions*<br>**Yasemin macht Werbung auf dem Computer.** |
| **adjective** | *describes a noun*<br>**Ihr Computer zu Hause ist kaputt.** | **singular** | *one of something*<br>**Der Computerspielclub ist ein großer Erfolg.** |
| **preposition** | *describes where something is, or will be*<br>**Carola bekommt gute Noten in der Schule.** | **plural** | *more than one of something*<br>**Die Freunde retten das Jugendhaus.** |
| **subject** | *person or thing that is doing something*<br>**Die Freunde gründen einen Computerspielclub.** | | |
| **direct object** | *person or thing having something done to it*<br>**Die Freunde gründen einen Computerspielclub.** | | |

## Section 1  Useful vocabulary and phrases

**1**
a) das Lineal
b) der Filzstift
c) der Radiergummi
d) das Heft
e) der Bleistift
f) das Buch
g) das Wörterbuch
h) das Papier
i) der Kugelschreiber
j) der Füller
k) die Mappe
l) das Etui

## 2 Talking to people

When you talk to or about people you use pronouns (I, you, he, she, etc.). The chart below shows you the German pronouns.

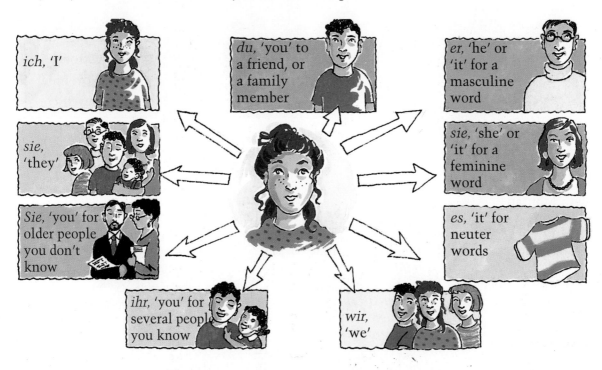

*ich*, 'I'

*du*, 'you' to a friend, or a family member

*er*, 'he' or 'it' for a masculine word

*sie*, 'they'

*sie*, 'she' or 'it' for a feminine word

*Sie*, 'you' for older people you don't know

*es*, 'it' for neuter words

*ihr*, 'you' for several people you know

*wir*, 'we'

The German word *sie* has three meanings. If it has a capital letter, *Sie*, it means 'you'; if it is written *sie* it means 'she'/'it' or 'they'.

## 3 Numbers

| | |
|---|---|
| 1 eins | 19 neunzehn |
| 2 zwei | 20 zwanzig |
| 3 drei | 21 einundzwanzig |
| 4 vier | 22 zweiundzwanzig |
| 5 fünf | 23 dreiundzwanzig |
| 6 sechs | 30 dreißig |
| 7 sieben | 40 vierzig |
| 8 acht | 50 fünfzig |
| 9 neun | 60 sechzig |
| 10 zehn | 70 siebzig |
| 11 elf | 80 achtzig |
| 12 zwölf | 90 neunzig |
| 13 dreizehn | 100 (ein)hundert |
| 14 vierzehn | 200 zweihundert |
| 15 fünfzehn | 1 000 (ein)tausend |
| 16 sechzehn | 310 dreihundertzehn |
| 17 siebzehn | 325 dreihundertfünfundzwanzig |
| 18 achtzehn | 3 300 dreitausenddreihundert |

## Dates

| | |
|---|---|
| 1. am ersten | 13. am dreizehnten |
| 2. am zweiten | 14. am vierzehnten |
| 3. am dritten | 15. am fünfzehnten |
| 4. am vierten | 16. am sechzehnten |
| 5. am fünften | 17. am siebzehnten |
| 6. am sechsten | 18. am achtzehnten |
| 7. am siebten | 19. am neunzehnten |
| 8. am achten | 20. am zwanzigsten |
| 9. am neunten | 21. am einundzwanzigsten |
| 10. am zehnten | 22. am zweiundzwanzigsten |
| 11. am elften | 23. am dreiundzwanzigsten |
| 12. am zwölften | 30. am dreißigsten |

## 4 Days of the week

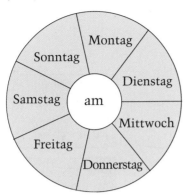

## 5 Months

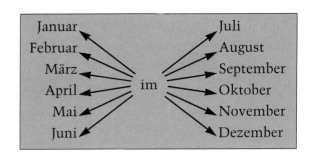

## 6 Time phrases

| | | | |
|---|---|---|---|
| am Montag | *on Monday* | ab und zu | *now and again* |
| im Juni | *in June* | jeden Tag | *every day* |
| am 12. Juni | *on the 12th of June* | jedes Wochenende | *every weekend* |
| Montag, den 12. Juni | *Monday 12th June (on letters)* | in den Sommerferien | *in the summer holidays* |
| vom 13. Oktober bis zum 12. November | *from the 13th of October till the 12th of November* | letzte Woche | *last week* |
| | | letztes Jahr | *last year* |
| | | zwei Tage | *(for) two days* |
| am Abend | *in the evening* | eine Woche | *(for) a week* |
| abends | *in the evenings* | gestern | *yesterday* |
| am Morgen | *in the morning* | gestern vormittag | *yesterday morning* |
| morgens | *in the mornings* | gestern nachmittag | *yesterday afternoon* |
| um sechs Uhr | *at six o'clock* | gestern abend | *yesterday evening* |
| von neun bis elf Uhr | *from nine to eleven o'clock* | morgen | *tomorrow* |
| | | nächste Woche | *next week* |
| zwischen einer und zwei Stunden | *between one and two hours* | nächstes Jahr | *next year* |
| | | nach den Sommerferien | *after the summer holidays* |
| drei Stunden pro Tag | *three hours a day* | | |
| zweimal pro Woche/ Monat | *twice a week/month* | | |

## 7 Times

| *12-hour clock* | *24-hour clock* |
|---|---|
| um sechs Uhr | um achtzehn Uhr |
| um fünf nach sechs | um achtzehn Uhr fünf |
| um zehn nach sechs | um achtzehn Uhr zehn |
| um Viertel nach sechs | um achtzehn Uhr fünfzehn |
| um zwanzig nach sechs | um achtzehn Uhr zwanzig |
| um fünfundzwanzig nach sechs | um achtzehn Uhr fünfundzwanzig |
| um halb sieben | um achtzehn Uhr dreißig |
| um fünfundzwanzig vor sieben | um achtzehn Uhr fünfunddreißig |
| um zwanzig vor sieben | um achtzehn Uhr vierzig |
| um Viertel vor sieben | um achtzehn Uhr fünfundvierzig |
| um zehn vor sieben | um achtzehn Uhr fünfzig |
| um fünf vor sieben | um achtzehn Uhr fünfundfünfzig |

**146**  hundertsechsundvierzig

## 8 Question words

**Wer?** *Who?* Wer bügelt bei dir zu Hause?

**Wo?** *Where?* Wo liegt dein Dorf?

**Wann?** *When?* Wann treffen wir uns?

**Was?** *What?* Was hast du gekauft?

**Was für?** *What?* Was für ein Computerspiel hast du?

**Wie?** *How?* Wie hilfst du zu Hause?

**Wie viele?** *How many?* Wie viele Einwohner gibt es?

**Wieviel?** *How much?* Wieviel wirfst du in der Woche weg?

**Wieviel Uhr ist es?** *What's the time?*

**Wie bitte?** *Pardon?*

**Warum?** *Why?* Warum gehst du gern in die Schule?

**Woher?** *From where?* Woher hast du das bekommen?

**Wohin?** *To where?* Wohin gehst du morgen?

**Welche(r/s)?** *Which?* Welche Hose möchtest du?

**Worüber?** *What about?* Worüber sprechen sie?

**Mit wem?** *With whom?* Mit wem wohnst du?

---

## Section 2

# Nouns

Nouns are easy to spot in German as they are always written with a capital letter. There are three groups of nouns in German: masculine (m), feminine (f) and neuter (n). Nouns often have a small marker word in front of them (a, the, my, your, his, etc.).

These marker words sometimes change according to whether you are using the nominative, accusative or dative case.

## 1 Nominative case

The chart below shows you which marker word you use with each group of nouns and with the plural in the nominative case.

|      | masculine | feminine | neuter | plural |
|------|-----------|----------|--------|--------|
| the  | der       | die      | das    | die    |
| a    | ein       | eine     | ein    | –      |
| no   | kein      | keine    | kein   | keine  |
| my   | mein      | meine    | mein   | meine  |
| your | dein      | deine    | dein   | deine  |
| his  | sein      | seine    | sein   | seine  |
| her  | ihr       | ihre     | ihr    | ihre   |

You use these marker words for nouns which are the subject of the sentence:

➤ Hund (m)        Der Hund ist schwarz.
➤ Schwester (f)   Meine Schwester ißt Chips.
➤ T-Shirt (n)     Ein T-Shirt kostet 30 Mark.
  Schuhe (pl)     Ihre Schuhe sind zu groß.

## 2 Accusative case

The marker words for masculine nouns change in the accusative case, but feminine, neuter and plural words stay the same.

|      | nominative | masculine | accusative |
|------|------------|-----------|------------|
| the  | der        | ⟶         | den        |
| a    | ein        | ⟶         | einen      |
| no   | kein       | ⟶         | keinen     |
| my   | mein       | ⟶         | meinen     |
| your | dein       | ⟶         | deinen     |
| his  | sein       | ⟶         | seinen     |
| her  | ihr        | ⟶         | ihren      |

You use these marker words for nouns which are the direct object of the sentence:

➤ Hund (m)         Ich sehe einen Hund.
➤ Uhr (f)          Ich suche deine Uhr.
➤ Fahrrad (n)      Sie hätte gern ein Fahrrad.
  Sportschuhe (pl) Sie hat keine Sportschuhe.

## 3 Prepositions

Prepositions are small words which tell us where things and people are going to or where they are.

| | | | | | |
|---|---|---|---|---|---|
| **an** | *on, at* | **hinter** | *behind* | **über** | *over, above, across* |
| **auf** | *on top of* | **in** | *in, into* | **um** | *around* |
| **aus** | *from, out of* | **mit** | *with* | **unter** | *under* |
| **bei** | *at the home of* | **nach** | *to* | **von** | *from, of* |
| **durch** | *through* | **neben** | *next to, beside* | **vor** | *before, in front of* |
| **für** | *for* | **ohne** | *without* | **zu** | *to* |
| **gegen** | *against* | **seit** | *since* | **zwischen** | *between* |
| **gegenüber von** | *opposite* | | | | |

Most prepositions are followed by the dative or the accusative case.

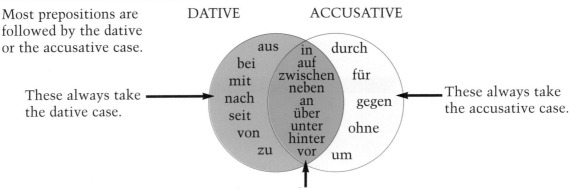

DATIVE    ACCUSATIVE

These always take the dative case. → aus, bei, mit, nach, seit, von, zu

in, auf, zwischen, neben, an, über, unter, hinter, vor

durch, für, gegen, ohne, um ← These always take the accusative case.

These take either the dative or the accusative case.

When you use a preposition in front of a noun you must remember to use the correct marker word.

If you use *aus, bei, mit, nach, seit, von* or *zu* you need to use the dative case. The chart below shows you how the marker words change in the dative case.

| | masculine | feminine | neuter | plural |
|---|---|---|---|---|
| the | **dem** | **der** | **dem** | **den** |
| a | **einem** | **einer** | **einem** | – |
| no | **keinem** | **keiner** | **keinem** | **keinen** |
| her | **ihrem** | **ihrer** | **ihrem** | **ihren** |

➤ **Freund (m)** Ich war bei meinem Freund.
➤ **Mutter (f)** Ich gehe zu meiner Mutter.
➤ **Haus (n)** Ich gehe aus dem Haus.
　**Eltern (pl)** Ich war bei meinen Eltern.

If you use *durch, für, gegen, ohne* or *um* you need to use the accusative case marker words.

➤ **Freund (m)** Jutta spielt Schach gegen ihren Freund.
➤ **Familie (f)** Er kocht das Mittagessen für seine Familie.
➤ **Haus (n)** Geh um das Haus.
　**Straßen (pl)** Ich gehe durch die Straßen.

If you use *an, auf, hinter, in, neben, über, unter, vor* or *zwischen* you have to choose either the dative or the accusative case. If movement from one place to another is involved, choose the accusative case. If there is no movement, or the movement is within an enclosed area, choose the dative case.

*Hey, Felix. Komm mit ins Café. Es gibt eine Besprechung!*

*Eine Besprechung? Im Café? Ja, ich komme sofort!*

*A*

*Wo kommen die Teller hin?*

*B*

*Dort in den Schrank, bitte.*

*C*

*Ein Wecker steht auf dem Regal.*

# Adjectives

If you want to describe something, you need to use an adjective.

**1** If the adjective comes after the noun, the sentence is straightforward.

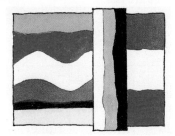

**Das Bild ist sehr modern.**

**Ich finde dieses Bild sehr altmodisch.**

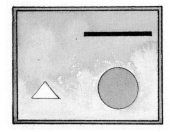

**Das Bild hier ist wirklich sehr langweilig.**

**2** If the adjective comes before the noun, you must add an ending to the adjective as follows:

|  | masculine | feminine | neuter | plural |
|---|---|---|---|---|
| nominative | **ein gelber Umschlag** | **eine rote Diskette** | **ein blaues Gummiband** | **bunte Bleistifte** |
| accusative | **einen gelben Umschlag** | **eine rote Diskette** | **ein blaues Gummiband** | **bunte Bleistifte** |
| dative | **einem gelben Umschlag** | **einer roten Diskette** | **einem blauen Gummiband** | **bunten Bleistiften** |

**3** If you want to compare two things, you add -er (and sometimes an umlaut) to most adjectives.

Hier ist es sonnig.

Hier ist es aber sonniger.

Hier ist es windig.

Hier ist es aber windiger.

Hier ist es sehr kalt.

Hier ist es aber kälter.

There are a few exceptions!

| | |
|---|---|
| **gern > lieber** | **Er wohnt gern in der Stadt, aber ich wohne lieber auf dem Land.** |
| **gut > besser** | **Sport ist gut, aber Deutsch ist besser als Sport.** |
| **hoch > höher** | **Ben Nevis ist hoch, aber Everest ist höher als Ben Nevis.** |

# Verbs

If you want to talk about what people are doing, you need to use verbs to describe their actions. Most German verbs end in -*en* in the infinitive. You will come across the infinitive if you look up a verb in the dictionary or word list. It means 'to' do something; *essen*, *spielen* and *haben* are all infinitives.

## 1 Present tense

The present tense in German can be used to express three different meanings:

- **Ich spiele Gitarre.**
  *I'm playing the guitar.*

- **Jeden Abend spiele ich Gitarre.**
  *I play the guitar every evening.*

- **Am Samstag spiele ich in einer Band.**
  *I'm going to play in a band on Saturday.*

The endings of verbs in the present tense change when you are talking about different people. The list below shows you how. Look how *wir*, *sie* (plural) and *Sie* all have the same ending.

| | spielen |
|---|---|
| ich | ich spiele Fußball |
| du | du spielst Gitarre |
| er/sie/es | sie spielt Hockey |
| wir | wir spielen Squash |
| ihr | ihr spielt Federball |
| sie | sie spielen Golf |
| Sie | Sie spielen Tennis |

Sometimes letters are put in, left out or changed to make the verbs easier to say in the *du* and *er/sie/es* forms.

- add an extra *e* in verbs ending in -*den* or -*ten*:

| | ich | du | er/sie/es |
|---|---|---|---|
| arbeiten | arbeite | arbeitest | arbeitet |
| finden | finde | findest | findet |

- change the *e* to *i(e)* in the following verbs:

| | ich | du | er/sie/es |
|---|---|---|---|
| essen | esse | ißt | ißt |
| geben | gebe | gibst | gibt |
| lesen | lese | liest | liest |
| nehmen | nehme | nimmst | nimmt |
| sehen | sehe | siehst | sieht |
| sprechen | spreche | sprichst | spricht |

- add an umlaut in the following verbs:

| | ich | du | er/sie/es |
|---|---|---|---|
| fahren | fahre | fährst | fährt |
| fallen | falle | fällst | fällt |
| fangen | fange | fängst | fängt |
| lassen | lasse | läßt | läßt |
| laufen | laufe | läufst | läuft |
| tragen | trage | trägst | trägt |

- change *ss* to *ß* in *essen* and *lassen*:

essen ⟶ du ißt/er ißt
lassen ⟶ du läßt/er läßt

## 2 'To have' and 'to be'

*Haben* (to have) and *sein* (to be) don't follow the pattern of other verbs like *spielen*. The lists below show you how they go.

| haben | sein |
|---|---|
| ich habe | ich bin |
| du hast | du bist |
| er/sie/es hat | er/sie/es ist |
| wir haben | wir sind |
| ihr habt | ihr seid |
| sie haben | sie sind |
| Sie haben | Sie sind |

## 3 Modal verbs

*Dürfen, können, müssen, sollen* and *wollen* are all modal verbs. They add meaning to another verb. When you use modal verbs remember to put the other verb at the end of the sentence in its infinitive form.

*Hey! Sie da! Das dürfen Sie nicht machen. Sie sollen den Motor abstellen. Können Sie nicht mal lesen?*

| | dürfen | können | müssen | sollen | wollen |
|---|---|---|---|---|---|
| ich | darf | kann | muß | soll | will |
| du | darfst | kannst | mußt | sollst | willst |
| er/sie/es | darf | kann | muß | soll | will |
| wir | dürfen | können | müssen | sollen | wollen |
| ihr | dürft | könnt | müßt | sollt | wollt |
| sie | dürfen | können | müssen | sollen | wollen |
| Sie | dürfen | können | müssen | sollen | wollen |

## 4 Future tense

To talk about things that will happen in the future you can use the present tense of *werden* plus the infinitive.

| werden |
|---|
| ich werde |
| du wirst |
| er/sie/es wird |
| wir werden |
| ihr werdet |
| sie werden |
| Sie werden |

Ich werde mich um die Werbung kümmern . . .

Ich werde Briefe schreiben . . .

Ich werde die Flugblätter verteilen . . .

Vielleicht werde ich Yasemin helfen . . .

Ich werde Marktforschung machen . . .

Carola — Michaela — Andreas — Yasemin — Felix

Remember, you can often use the present tense in German to talk about things you are going to do.

## 5 Imperfect tense

The imperfect tense of *sein* is used to say 'was' and 'were'.

**ich war**
**du warst**
**er/sie/es war**
**wir waren**
**ihr wart**
**sie waren**
**Sie waren**

## 6 Perfect tense

There are two parts to forming the perfect tense: the present tense of *haben* or *sein* + the past participle

**Thomas hat eine Verabredung mit Petra gemacht.**

**Petra und Thomas sind ins Eiscafé gegangen.**

**Sie haben Freunde in der Rollschuhdisco getroffen.**

**Thomas ist beim Rollschuhlaufen gefallen.**

- The past participles of regular (weak) verbs are easy to form. Take the infinitive of the verb, for example: *spielen*. Then remove the *-en*, add *ge-* to the front and *-t* to the end: *gespielt*.

- Verbs beginning with *be-, emp-, ent-, er-, miß-, ver-, vor-, zer-* and verbs ending in *–ieren* do not add a *ge-*: *besuchen – besucht, verlieren – verloren, vorbereiten – vorbereitet, telefonieren – telefoniert.*

- The past participles of irregular (strong and mixed) verbs need to be learned.

- Most verbs form the perfect tense with *haben*. Some verbs form the perfect tense with *sein*. These verbs are marked with an \* in the table.

- The past participle nearly always comes at the end of the sentence.

| verb | past participle | English |
|---|---|---|
| beginnen | begonnen | *to begin* |
| bleiben | geblieben\* | *to stay* |
| brechen | gebrochen | *to break* |
| bringen | gebracht | *to bring* |
| empfehlen | empfohlen | *to recommend* |
| essen | gegessen | *to eat* |
| fahren | gefahren\* | *to travel* |
| fallen | gefallen\* | *to fall* |
| finden | gefunden | *to find* |
| fliegen | geflogen\* | *to fly* |
| geben | gegeben | *to give* |
| gehen | gegangen\* | *to go* |
| gewinnen | gewonnen | *to win* |
| helfen | geholfen | *to help* |
| kommen | gekommen\* | *to come* |
| laufen | gelaufen\* | *to run* |
| leihen | geliehen | *to hire* |
| lesen | gelesen | *to read* |
| liegen | gelegen | *to lie* |
| nehmen | genommen | *to take* |
| rufen | gerufen | *to call* |
| schlafen | geschlafen | *to sleep* |
| schließen | geschlossen | *to shut* |
| schreiben | geschrieben | *to write* |
| schwimmen | geschwommen\* | *to swim* |
| sehen | gesehen | *to see* |
| sein | gewesen\* | *to be* |
| sprechen | gesprochen | *to speak* |
| stehen | gestanden | *to stand* |
| steigen | gestiegen\* | *to climb* |
| tragen | getragen | *to wear* |
| treffen | getroffen | *to meet* |
| treiben | getrieben | *to do, make* |
| trinken | getrunken | *to drink* |
| tun | getan | *to do* |
| vergessen | vergessen | *to forget* |
| verlieren | verloren | *to lose* |
| werfen | geworfen | *to throw* |
| ziehen | gezogen | *to pull/move* |

## 7 Separable verbs

In German you will come across some verbs which split into two parts. One part, the basic verb, stays as the second idea in the sentence, and the small second part goes to the end of the sentence.

**vorbereiten**
**Ich bereite das Essen vor.**

**abwaschen**
**Jeden Tag wasche ich ab.**

**einkaufen**
**Ich kaufe immer bei Aldi ein.**

If you use a separable verb with a modal verb, the separable verb stays together at the end of the sentence.

**zumachen**
**Du sollst dein Buch zumachen.**

**eintragen**
**Ich muß diese Liste ins Heft eintragen.**

**ausfüllen**
**Kannst du die Tabelle ausfüllen?**

If you use a separable verb in the perfect tense, the past participle is formed as follows:

**abwaschen = ab + ge + waschen**
**Jeden Tag habe ich abgewaschen.**

**einkaufen = ein + ge + kauft**
**Gestern habe ich bei Aldi eingekauft.**

**vorbereiten = vor + bereitet**
**Letzte Woche habe ich das Essen vorbereitet.**

## 8 Commands

If you want to tell someone or several people to do something you will need to use a command:

- for *Sie*
  use the infinitive of the verb and put it at the beginning of the sentence:
  **Gehen Sie nach rechts!**
  **Lesen Sie den Text!**

- for *ihr*
  use the present tense ending for *ihr*, put it at the beginning of the sentence and leave out the word *ihr*:
  **Hört gut zu!**
  **Arbeitet zu viert!**

- for *du*
  use the present tense ending for *er/sie/es* and leave the *t* off the end, put the verb at the beginning of the sentence and leave out the word *du*:
  **Mach eine Liste!**
  **Trag diese Tabelle ins Heft ein!**

If the verb has had an umlaut change in the present tense, do not put an umlaut in the command: *er schläft* ⟶ *schlaf gut!*

*Sein* is an exception, see below:

|  | du | ihr | Sie |
|---|---|---|---|
| lesen | Lies! | Lest! | Lesen Sie! |
| machen | Mach! | Macht! | Machen Sie! |
| gehen | Geh! | Geht! | Gehen Sie! |
| schlafen | Schlaf! | Schlaft! | Schlafen Sie! |
| sein | Sei ruhig! | Seid ruhig! | Seien Sie ruhig! |

*Am folgenden Sonntag . . .*

Hey! Sie da! Sie dürfen Ihr Auto am Sonntag nicht waschen. Das ist verboten. Hören Sie sofort auf!

## 9 Word order

The word order in German depends on whether you are saying a statement, asking a question or giving a command.

- the usual order for a statement is:

  subject – verb – object

  **Du – hast – einen Computer.**

  **Sie – trinken – Cola.**

- the verb always comes second in a statement, but the subject may not come first; the usual order of the other parts of the sentence is Time, Manner, Place:

  time – verb + subject – manner – place

  **Jeden Tag – gehe ich – mit meinem Bruder – zur Schule.**

  **Nächste Woche – fahre ich – mit dem Zug – nach Paris.**

- the order for a question is:

  verb – subject – object

  **Hast – du – einen Computer?**

  **Trinken – sie – Cola?**

- if you are using a question word like *wo?* or *was?* the word order is:

  question word – verb – subject – object

  **Wann – gehst – du – in die Stadt?**

- the order for a command is:

  (subject) – verb – object

  **(Peter), – sieh dir – Seite 55 – an.**
  **Paß auf!**

- *wenn, weil* or *daß* sends the verb to the end of the clause:

  *Wenn* – subject – object – verb, verb – subject – object

  **Wenn – es – schneit, laufe – ich – Ski.**

  subject – verb – object, *weil* – subject – object – verb

  **Ich finde die Schule gut, weil das Essen in der Kantine lecker ist.**

  **Die Verabredung war eine Katastrophe, weil Thomas die Theaterkarten vergessen hat.**

  subject – verb – object, *daß* – subject – object – verb

  **Es erstaunt mich, daß so viele Erwachsene keinen Computer haben.**

  **Es freut mich, daß der Computerspielclub ein Erfolg ist.**

Remember to put a comma before *wenn, weil* and *daß*.

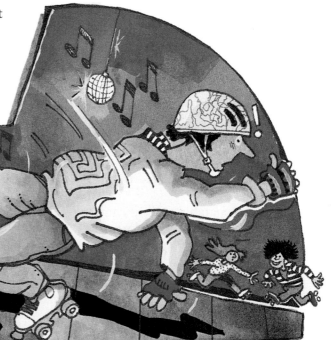

**Thomas ist oft hingefallen, weil er schlecht Rollschuh läuft.**

# ALPHABETICAL WORD LIST

All key vocabulary from stage 3 of *Gute Reise!* is listed below. Plurals and adjective forms are given in brackets.

## A

| | |
|---|---|
| ab | from |
| der Abend(e) | evening |
| das Abendessen(-) | evening meal |
| abends | in the evenings |
| die Abendzeitung(en) | evening paper |
| das Abenteuer(-) | adventure |
| das Abenteuerspiel(e) | adventure game |
| aber | but |
| der Abfall(¨e) | rubbish |
| das Abfalltagebuch(¨er) | rubbish diary |
| die Abfallverminderung | waste reduction |
| das Abgas(e) | exhaust |
| abhängig | dependent |
| das Abitur | *equivalent to A Levels* |
| abnehmen | to lose weight |
| die Abreise(n) | departure |
| der Absatz(¨e) | paragraph |
| der Absender(-) | sender |
| absetzen | to put down |
| absolut | absolute(ly) |
| die Abstammung(en) | descent |
| abstellen | to put down |
| die Abtei(en) | abbey |
| abtrocknen | to dry up |
| abwaschen | to wash up |
| ach | oh |
| acht | eight |
| achthundert | eight hundred |
| Achtung! | watch out! |
| achtzehn | eighteen |
| achtzig | eighty |
| der ADAC (Allgemeiner Deutscher Automobilclub) | *equivalent to AA/RAC* |
| der Adapter(-) | adapter |
| die Adresse(n) | address |
| das Adressenbuch(¨er) | address book |
| Afrika | Africa |
| die Aggression | aggression |
| aggressiv | aggressive |
| Ägypten | Egypt |
| ägyptisch | Egyptian |
| ähnlich | similar |
| die Ahnung(en) | clue, idea |
| akademisch | academic |
| der Akrobat(en) | acrobat *(male)* |
| die Akrobatin(nen) | acrobat *(female)* |
| die Aktion(en) | action |
| die Aktionsgruppe(n) | action group |
| aktiv | active |
| die Aktivität(en) | activity |
| aktuell | current |
| der Alarm | alarm |
| das Album (Alben) | album |
| der Alkohol | alcohol |
| alle(r, s) | all |
| allein | alone |
| allerdings | anyway |
| allergisch | allergic |
| allerlei | all kinds of |
| alles | everything |
| die Alltagsroutine(n) | everyday routine |
| die Alpen *(pl)* | the Alps |

| | |
|---|---|
| der Alpentraum(¨e) | dream of the Alps; nightmare |
| als | as |
| also | therefore, so |
| alt | old |
| das Alter | age |
| der Altersbereich(e) | age range |
| das Altersheim(e) | old people's home |
| die Altersklasse(n) | age group |
| altmodisch | old-fashioned |
| die Altstadt(¨e) | old town |
| am | at the |
| Amerika | America |
| der Amerikaner(-) | American *(male)* |
| die Amerikanerin(nen) | American *(female)* |
| amerikanisch | American |
| die Ampel(n) | traffic light |
| amüsieren | to entertain |
| an | at |
| der Analyst(en) | analyst *(male)* |
| die Analystin(nen) | analyst *(female)* |
| anbieten | to offer |
| das Andenken(-) | souvenir |
| andere(r, s) | other |
| anders | different |
| anderswo | somewhere else |
| ändern | to change |
| anerkannt | recognised |
| der Anfang(¨e) | start |
| am Anfang | at the start |
| anfangen | to start |
| der Anfänger(-) | beginner *(male)* |
| die Anfängerin(nen) | beginner *(female)* |
| angeblich | supposedly |
| die Angelegenheit(en) | opportunity |
| angeln | to go fishing |
| die Angst(¨e) | worry, fear |
| angucken | to look at |
| anhören | to belong |
| sich anhören | to listen to |
| ankommen | to arrive |
| die Anlage(n) | enclosure |
| annehmen | to take on, to suppose, to accept |
| anonym | anonymous |
| sich anpassen | to fit in |
| anprobieren | to try on |
| die Anrede(n) | form of address |
| der Anruf(e) | phone call |
| der Anrufbeantworter(-) | answering machine |
| anrufen | to phone |
| der Anrufer(-) | caller *(male)* |
| die Anruferin(nen) | caller *(female)* |
| anschauen | to look at |
| die Anschrift(en) | address |
| ansehen | to look at |
| ansprechend | appealing |
| anstrengend | tiring |
| die Antwort(en) | answer |
| antworten (auf) | to answer |
| die Anweisung(en) | direction |
| die Anzeige(n) | advert (in paper) |
| anziehen | to put on |
| der Apfel(¨) | apple |
| der Apfelkuchen(-) | apple cake |
| der Apfelsaft(¨e) | apple juice |
| der Apfelstrudel | apple strudel |
| die Apfeltorte(n) | apple pie |
| die Apotheke(n) | chemist |
| der Apparat(e) | appliance |
| der Appetit | appetite |
| guten Appetit! | enjoy your meal! |

|  |  |
|---|---|
| die Arbeit(en) | work |
| arbeiten | to work |
| der Arbeiter(-) | worker *(male)* |
| die Arbeiterin(nen) | worker *(female)* |
| das Arbeitsamt(¨er) | job centre |
| die Arbeitserfahrung(en) | work experience |
| arbeitslos | unemployed |
| der/die Arbeitslose(n) | |
| (ein Arbeitsloser) | unemployed person |
| der Arbeitsplatz(¨e) | work place |
| der Arbeitsraum(¨e) | work space |
| die Arbeitsstunden *(pl)* | working hours |
| der Arbeitstag(e) | working day |
| der Architekt(en) | architect *(male)* |
| die Architektin(nen) | architect *(female)* |
| Argentinien | Argentina |
| der Argentinier(-) | Argentinian *(male)* |
| die Argentinierin(nen) | Argentinian *(female)* |
| der Ärger | annoyance |
| ärgern | to annoy |
| arm | poor |
| der Arm(e) | arm |
| arrogant | arrogant |
| die Art(en) | kind, type |
| der Artikel(-) | article |
| der Arzt(¨e) | doctor *(male)* |
| die Ärztin(nen) | doctor *(female)* |
| Asien | Asia |
| Aspirin | aspirin |
| der Assistent(en) | assistant *(male)* |
| die Assistentin(nen) | assistant *(female)* |
| der Atlantik | Atlantic |
| atmen | to breathe |
| auch | also |
| auf | on |
| aufbringen | to bring up |
| der Aufenthalt(e) | stay |
| auffällig | striking |
| auffüllen | to fill up |
| die Aufgabe(n) | task |
| aufhängen | to hang up |
| die Auflockerung(en) | brightening up |
| die Auflösung(en) | clearing up |
| aufmerksam | attentive |
| aufnehmen | to take up |
| aufpassen (auf) | to look after |
| aufräumen | to tidy up |
| aufs | on the |
| aufschreiben | to write up |
| aufstehen | to stand up |
| die Aufstiegschance(n) | chance of promotion |
| der Auftrag(¨e) | order |
| aufwachen | to wake up |
| das Auge(n) | eye |
| der Augenblick(e) | moment |
| August | August |
| die Aula (Aulen) | hall |
| das Aupair | au pair |
| aus | from |
| die Ausbildung(en) | apprenticeship |
| die Ausbildungsabteilung(en) | apprenticeship department |
| der Ausbildungsberuf(e) | job as an apprentice |
| die Ausbildungsdauer | length of apprenticeship |
| das Ausbildungsjahr(e) | apprenticeship year |
| der Ausbildungsplatz(¨e) | training place |
| der Ausdruck(¨e) | expression |
| außerdem | besides |
| äußere(r, s) | outer |
| außerhalb | outside |
| (sich) äußern | to express (oneself) |
| der Ausflug(¨e) | trip |
| ausfüllen | to fill out |
| die Ausgabe(n) | edition |
| ausgeben | to spend |
| ausgehen | to go out |
| ausgestattet | equipped |
| ausgezeichnet | excellent |
| die Auskunft(¨e) | information |
| das Ausland | abroad |
| der Ausländer(-) | foreigner *(male)* |
| die Ausländerin(nen) | foreigner *(female)* |
| ausländisch | foreign |
| die Ausnahme(n) | exception |
| die Ausrede(n) | excuse |
| ausrichten | to pass on |
| die Ausrüstung(en) | equipment |
| aussehen | to look |
| sich aussetzen *(+ dat)* | to expose oneself (to) |
| die Aussicht(en) | view, prospect |
| aussterben | to die out |
| der Austausch | exchange |
| die Austauschfamilie(n) | exchange family |
| der Austauschpartner(-) | exchange partner *(male)* |
| die Austauschpartnerin(nen) | exchange partner *(female)* |
| austragen | to deliver |
| Australien | Australia |
| ausverkauft | sold out |
| die Auswahl | choice |
| auswandern | to emigrate |
| der/die Auszubildende(n) | |
| (ein Auszubildender) | apprentice, trainee |
| der Auszug(¨e) | extract |
| ausgehen | to go out |
| das Auto(s) | car |
| Auto fahren | to drive |
| mit dem Auto | by car |
| die Autobahn(en) | motorway |
| die Autobahnauffahrt(en) | motorway slip road |
| die Autobahnraststätte(n) | motorway services |
| der Autofahrer(-) | driver *(male)* |
| die Autofahrerin(nen) | driver *(female)* |
| der Automat(en) | (ticket) machine |
| der Azubi(s) = der/die Auszubildende | |

# B

|  |  |
|---|---|
| das Baby(s) | baby |
| der Babysitter(-) | babysitter *(male)* |
| die Babysitterin(nen) | babysitter *(female)* |
| das Babysitting | babysitting |
| die Bäckerei(en) | bakery |
| das Bad(¨er) | bath |
| die Badekappe(n) | bath cap |
| die Badewanne(n) | bath tub |
| das Badezimmer(-) | bathroom |
| das Badminton | badminton |
| die Bahn(en) | path, railway |
| der Bahnhof(¨e) | station |
| die BahnCard(s) | rail card |
| bald | soon |
| baldig | quick, speedy |
| der Balkon(s) | balcony |
| der Ball(¨e) | ball |
| der Balsam(e) | balsam |
| die Banane(n) | banana |
| die Band(s) | group, band |
| bar | cash |
| die Barockzeit | baroque era |
| die Baseballmütze(n) | baseball cap |
| der Basketball | basketball |
| der Bauarbeiter(-) | builder *(male)* |
| die Bauarbeiterin(nen) | builder *(female)* |
| der Bauer(-) | farmer *(male)* |
| die Bäuerin(nen) | farmer *(female)* |
| der Bauernhof(¨e) | farm |
| der Baum (Bäume) | tree |
| die Baumwolle | cotton |
| Bayern | Bavaria |

| | |
|---|---|
| der **Beamte**(n) (ein **Beamter**) | official *(male)* |
| die **Beamtin**(nen) | official *(female)* |
| **beantworten** | to answer |
| **bedanken** | to thank |
| **bedeuten** | to mean |
| **bedienen** | to serve |
| die **Bedingung**(en) | condition |
| sich **befinden** | to be situated |
| **befragt** | asked |
| **begabt** | gifted |
| **begeistert** | enthusiastic |
| **beginnen** | to start |
| **begründen** | to give reason |
| die **Begründung**(en) | reason |
| **begrüßen** | to greet |
| **behalten** | to keep |
| **behandeln** | to treat |
| **beherrschen** | to control |
| **behilflich** | helpful |
| **behindert** | disabled |
| die **Behörde**(n) | authority |
| **bei** | at |
| **beide** | both |
| **beim** | at the |
| das **Bein**(e) | leg |
| das **Beispiel**(e) | example |
| zum **Beispiel** | for example |
| der **Beitrag**(¨e) | contribution |
| **beitragen** | to contribute |
| **bekannt** | known |
| **bekleidet** | dressed |
| die **Bekleidung**(en) | costume, clothing |
| **bekommen** | to receive |
| das **Beleuchtungsgerät** | lighting equipment |
| **beliebt** | popular |
| **bemerken** | to notice |
| sich **benehmen** | to behave |
| **beneiden** | to envy |
| **benutzen** | to use |
| die **Benzinkosten** *(pl)* | petrol costs |
| **bequem** | comfortable |
| die **Bequemlichkeit** | comfort |
| die **Beratung**(en) | advice |
| die **Beratungsstelle**(n) | advice bureau |
| der **Bereich**(e) | area |
| **bereit** | prepared |
| **bereiten** | to prepare |
| der **Berg**(e) | hill, mountain |
| **bergig** | hilly, mountainous |
| der **Bericht**(e) | report |
| **berichten** | to report |
| der **Beruf**(e) | job |
| der **Berufsberater**(-) | careers adviser *(male)* |
| die **Berufsberaterin**(nen) | careers adviser *(female)* |
| die **Berufsberatung** | careers advice |
| die **Berufsinfo**(s) | job profile |
| das **Berufsinterview**(s) | job interview |
| die **Berufsschule**(n) | vocational school |
| der **Berufswunsch**(¨e) | job wish |
| **beruhigen** | to calm |
| **berühmt** | famous |
| **berühren** | to touch |
| **beschäftigt** | busy |
| **beschreiben** | to describe |
| die **Beschreibung**(en) | description |
| **beschriften** | to label |
| sich **beschwerden** | to complain |
| **besetzt** | engaged |
| **besichtigen** | to visit |
| **besondere**(r, s) | special |
| **besonders** | particularly |
| sich **besorgen** | to get |
| **besprechen** | to discuss |
| die **Besprechung**(en) | discussion |
| **besser** | better |
| **bestätigen** | to confirm |
| das **Bestattungsunternehmen**(-) | undertaker's |
| **beste**(r, s) | best |
| am **besten** | best of all |
| das **Besteck**(e) | cutlery |
| **bestellen** | to order |
| die **Bestellnummer**(n) | order number |
| die **Bestellung**(en) | order |
| **bestimmt** | certain(ly) |
| der **Besuch**(e) | visit |
| **besuchen** | to visit |
| der **Besucher**(-) | visitor *(male)* |
| die **Besucherin**(nen) | visitor *(female)* |
| der **Betreff**(e) | subject, reference |
| der **Betreuer**(-) | man in charge |
| die **Betreuerin**(nen) | woman in charge |
| der **Betrieb**(e) | business |
| das **Betriebspraktikum** | work experience |
| **betrifft** | concerns |
| **betrunken** | drunk |
| das **Bett**(en) | bed |
| die **Bevölkerung**(en) | population |
| **bevor** | before |
| **bevorzugen** | to prefer |
| **bewahren** | to keep |
| sich **bewerben** | to apply |
| der **Bewerbungsbrief**(e) | letter of application |
| **bewölkt** | cloudy |
| **bezahlen** | to pay |
| **beziehen** | to move into |
| die **Beziehung**(en) | relationship |
| **beziehungsweise** | or |
| die **Bibliothek**(en) | library |
| das **Bier**(e) | beer |
| der **Bierdeckel**(-) | beer mat |
| **bieten** | to offer |
| das **Bild**(er) | picture |
| der **Bildschirm**(e) | screen |
| das **Billard** | billiards |
| **billig** | cheap |
| **bin** | am |
| **biographisch** | biographical |
| die **Biologie** | biology |
| die **Biotonne**(n) | dustbin for compostable waste |
| **bis** | till |
| ein **bißchen** | a little |
| **bist** | are |
| das **Bistro**(s) | bistro |
| **bitte** | please |
| **bitten** (um) | to ask (for) |
| **blaß** | pale |
| das **Blatt**(¨er) | piece of paper |
| **blau** | blue |
| **bleiben** | to stay |
| **bleifrei** | lead free |
| der **Bleistift**(e) | pencil |
| **blöd** | stupid |
| **blond** | blond |
| **bloß** | just |
| die **Blume**(n) | flower |
| der **Blumenkohl** | cauliflower |
| das **Blumenpflücken** | picking flowers |
| die **Bluse**(n) | blouse |
| der **Bodensee** | Lake Constance |
| das **Bogenschießen** | archery |
| die **Bohne**(n) | bean |
| das **Bonbon**(s) | sweet |
| **böse** | angry |
| die **Botschaft**(en) | embassy |
| die **Boutique**(n) | boutique |
| der **Brasilianer**(-) | Brazilian *(male)* |
| die **Brasilianerin**(nen) | Brazilian *(female)* |
| **Brasilien** | Brazil |

| | |
|---|---|
| brauchen | to need, to use |
| braun | brown |
| die Brausetablette(n) | soluble tablet |
| bravo! | well done! |
| brechen | to break |
| breit | broad, flared |
| die Breite(n) | breadth |
| das Brett(er) | board |
| der Brief(e) | letter |
| der Brieffreund(e) | penfriend *(male)* |
| die Brieffreundin(nen) | penfriend *(female)* |
| die Brieffreundschaft(en) | correspondence with penfriend |
| die Briefmarke(n) | stamp |
| der Briefträger(-) | postman |
| die Briefträgerin(nen) | postwoman |
| die Brille(n) | glasses |
| bringen | to bring |
| der Brite(n) | British man |
| die Britin(nen) | British woman |
| britisch | British |
| die Broschüre | brochure |
| das Brot(e) | bread |
| das Brötchen(-) | bread roll |
| die Brücke(n) | bridge |
| der Bruder(¨) | brother |
| brutal | brutal |
| die Brutalität(en) | brutality |
| das Buch(¨er) | book |
| die Buchabteilung(en) | book department |
| die Buchhaltung | accounts |
| der Buchstabe(n) | letter |
| buchstabieren | to spell |
| das Bügeleisen(-) | iron |
| bügeln | to iron |
| das Bundesland(¨er) | federal state |
| das Bundesministerium des Innern | *equivalent of the home office* |
| die Bundesrepublik | Federal Republic |
| bunt | colourful |
| der Bürger(-) | citizen *(male)* |
| die Bürgerin(nen) | citizen *(female)* |
| der Bürgermeister(-) | mayor *(male)* |
| die Bürgermeisterin(nen) | mayor *(female)* |
| das Büro(s) | office |
| die Büroklammer(n) | paper clip |
| die Bürostunden *(pl)* | office hours |
| bürsten | to brush |
| der Bus(se) | bus |
| der Busfahrschein(e) | bus ticket |
| die Bushaltestelle(n) | bus stop |
| die Butter | butter |
| bzw. (beziehungsweise) | or |

# C

| | |
|---|---|
| ca. (circa) | approximately |
| das Café(s) | café |
| der Campingplatz(¨e) | campsite |
| das Casino(s) | casino |
| die CD(s) | CD |
| die Champignonsoße(n) | mushroom sauce |
| der Charakter(e) | character |
| die Charaktereigenschaft(en) | personality trait |
| die Checkliste(n) | checklist |
| die Chemie | chemistry |
| chic | chic |
| China | China |
| die Clique(n) | group, set |
| das Clubturnier(e) | club tournament |
| das Coffein | caffeine |
| die Cola(s) | cola |
| der Computer(-) | computer |
| der Computerclub(s) | computer club |
| der Computerfan(s) | computer fan |

| | |
|---|---|
| der Computerfehler(-) | computer error |
| computergebildet | computer literate |
| der Computerkurs(e) | computer course |
| das Computerproblem(e) | computer problem |
| das Computerspiel(e) | computer game |
| die Computerwelt | computer world |
| der Container(-) | recycling bin |
| die Currywurst(¨e) | curried sausage |

# D

| | |
|---|---|
| da | there |
| dabei | there(by) |
| das Dach(¨er) | roof |
| dafür | for that; in exchange |
| dagegen | against |
| daher | therefore |
| dahin | (to) there |
| damals | then |
| die Dame(n) | lady |
| die Damenabteilung(en) | ladies department |
| damit | so that |
| danach | after that |
| Dänemark | Denmark |
| dank | thanks to |
| danke | thank you |
| danken | to thank |
| dann | then |
| daran | on that |
| darauf | on that |
| darüber | over that |
| darum | therefore |
| darunter | under that |
| das | the, that |
| daß | that |
| die Datenerfassung | data capture |
| die Datenverarbeitung | data processing |
| das Datum (Daten) | date |
| dauern | to last |
| dauernd | lasting |
| der Daumen(-) | thumb |
| davon | from there |
| davor | in front of that, before that |
| dazu | there, with it |
| decken | to cover, to lay |
| dein | your |
| denen | to whom, to which |
| denken | to think |
| das Denkspiel(e) | mind game |
| denn | because |
| deprimierend | depressing |
| deprimiert | depressed |
| der | the |
| derselbe | the same |
| deshalb | therefore |
| deswegen | therefore |
| detailliert | detailed |
| das Detail(s) | detail |
| deutsch | German |
| der/die Deutsche(n) (ein Deutscher) | German (person) |
| Deutschland | Germany |
| der Deutschlehrer(-) | German teacher *(male)* |
| die Deutschlehrerin(nen) | German teacher *(female)* |
| deutschsprachig | German-speaking |
| der Dialog(e) | dialogue |
| dich | you |
| die Dickmilch | sour milk |
| die | the |
| der Dienst(e) | service |
| Dienstag | Tuesday |
| dienstags | on Tuesdays |
| der Dienstagvormittag(e) | Tuesday morning |
| diese(r, s) | this |

| | | | |
|---|---|---|---|
| dieselbe | the same | einige | several |
| diesmal | this time | einkaufen | to buy |
| dir | to you | der Einkaufsbummel | shopping spree |
| direkt | direct | die Einkaufstasche(n) | shopping bag |
| die Disco(s) | disco | der Einkaufszentrum(-zentren) | shopping centre |
| die Diskette(n) | disk, diskette | einladen | to invite |
| diskutieren | to discuss | die Einladung(en) | invitation |
| doch | *used for emphasis* | die Einleitung(en) | introduction |
| der Dokumentarfilm(e) | documentary film | einmal | once |
| das Dokument(e) | document | einpacken | to pack |
| der Dom(e) | cathedral | einrichten | to arrange |
| die Donau | Danube | einsam | lonely |
| Donnerstag | Thursday | einschlafen | to go to sleep |
| doof | silly | die Einstellung(en) | employment |
| das Doppelzimmer(-) | double room | der Einstieg | getting on |
| das Dorf(-er) | village | der Eintopf(-e) | stew |
| dort | there | einverstanden | agreed |
| dorthin | to there | der Einwanderer(-) | immigrant |
| die Dose(n) | can, tin | der Einwohner(-) | inhabitant |
| dran sein | to have your turn | der Einzelfahrschein(e) | single ticket |
| draußen | outside | das Einzelkind(er) | only child |
| der Drehstuhl(-e) | swivel-chair | das Einzelzimmer(-) | single room |
| drei | three | einzige(r, s) | only |
| dreimal | three times | das Eis(e) | ice-cream |
| dreißig | thirty | der Eisbecher(-) | ice-cream tub |
| dreizehn | thirteen | das Eiscafé(s) | ice-cream parlour |
| dringend | urgent(ly) | die Eishalle(n) | ice rink |
| drinnen | inside | das Eishockey | ice hockey |
| dritte(r, s) | third | ekelhaft | disgusting |
| die Droge(n) | drug | elegant | elegant |
| der Drogenboß | drug dealer | der Elektriker(-) | electrician *(male)* |
| drüben | over there | die Elektrikerin(nen) | electrician *(female)* |
| du | you | die Elektrizität | electricity |
| das Duale System | *rubbish collection system* | die Elektromusik | electronic music |
| dumm | stupid | elektronisch | electronic |
| dunkel | dark | das Element(e) | element |
| dunkelblau | dark blue | elf | eleven |
| dunkelhaarig | dark haired | die Eltern *(pl)* | parents |
| durch | through | emanzipiert | emancipated |
| der Durchfall | diarrhea | der Empfang(-e) | reception |
| die Durchschnittsnote(n) | average grade | die Empfangsadresse(n) | destination address |
| die Durchwahl | direct dialling | der Empfangschef(s) | head receptionist *(male)* |
| dürfen | to be allowed to | die Empfangschefin(nen) | head receptionist *(female)* |
| der Durst | thirst | empfehlen | to recommend |
| die Dusche(n) | shower | empfehlenswert | recommended |
| sich duschen | to have a shower | das Ende(n) | end |
| die Dynamik | dynamics | endlich | at last |
| | | die Energie | energy |
| | | eng | narrow |
| **E** | | England | England |
| | | englisch | English |
| die Ebene(n) | level | der Englischlehrer(-) | English teacher *(male)* |
| ebenfalls | equally | die Englischlehrerin(nen) | English teacher *(female)* |
| echt | genuine(ly) | der Enkel(-) | grandson |
| die Ecke(n) | corner | die Enkelin(nen) | granddaughter |
| der Effekt(e) | effect | der Entbindungshelfer(-) | obstetric nurse, midwife *(male)* |
| egal | regardless | die Entbindungshelferin(nen) | obstetric nurse, midwife *(female)* |
|   das ist mir egal | I don't care | entdecken | to discover |
| ehem. (ehemalig) | former | entfernt | away |
| eher | rather | enthalten | to contain |
| die Eheschließung(en) | marriage | entscheiden | to decide |
| ehrlich | honest | entschuldigen | to excuse |
| die Eigenschaft(en) | characteristic | Entschuldigung | excuse me |
| eigene(r, s) | own | sich entspannen | to relax |
| eigentlich | actually | entspannend | relaxing |
| eilig | quick, hasty | die Entspannung(en) | relaxation |
| ein | a | enttäuscht | disappointed |
| einander | each other | entweder . . . oder . . . | either . . . or . . . |
| der Eindruck(-e) | impression | entwerfen | to sketch, to design |
| eineinhalb | one and a half | entwerten | to cancel |
| einfach | simple | entwickeln | to develop |
| die Eingangstür(en) | entrance door | er | he |
| einhalten | to keep | die Erbse(n) | pea |
| einheimisch | native | das Erdbeereis(e) | strawberry ice-cream |
| die Einheitsschule(n) | comprehensive school | | |

| | |
|---|---|
| die Erdbeere(n) | strawberry |
| das Erdgeschoß | ground floor |
| die Erdkunde | geography |
| erfahren | to experience |
| die Erfahrung(en) | experience |
| erfinden | to discover |
| der Erfinder(-) | inventor *(male)* |
| die Erfinderin(nen) | inventor *(female)* |
| die Erfindung(en) | invention |
| der Erfolg(e) | success |
| erfolgreich | successful |
| ergänzen | to complete |
| das Ergebnis(se) | result |
| erhältlich | available |
| erholsam | restful |
| sich erinnern an | to remember |
| die Erkältung(en) | cold |
| erkennen | to recognise |
| erklären | to explain |
| die Erklärung(en) | explanation |
| erkranken | to become ill |
| sich erkundigen | to enquire |
| erleben | to experience |
| erledigen | to take care of |
| die Ermäßigung(en) | reduction |
| die Ernährung | nutrition |
| der Ernährungsexperte(n) | nutrition expert *(male)* |
| die Ernährungsexpertin(nen) | nutrition expert *(female)* |
| ernst | serious(ly) |
| erraten | to guess |
| erreichen | to reach |
| erschöpft | exhausted |
| erst | first(ly) |
| erstaunt | amazed |
| erstens | first of all |
| erstklassig | first class |
| der/die Erwachsene(n) | |
| (ein Erwachsener) | adult |
| erwarten | to expect |
| erwischen | to catch |
| erzählen | to tell |
| es | it |
| die Eßgewohnheit(en) | eating habit |
| das Essen | food |
| essen | to eat |
| etwa | about |
| etwas | some, something |
| euch | you |
| euer | your |
| Europa | Europe |
| der Europäer(-) | European *(male)* |
| die Europäerin(nen) | European *(female)* |
| der Euroscheck(s) | Eurocheque |
| exakt | exact(ly) |
| exotisch | exotic |
| extrem | extreme(ly) |

## F

| | |
|---|---|
| fabelhaft | magnificent |
| das Fach(-er) | subject |
| die Fachhochschule(n) | vocational college |
| fad | boring |
| fahren | to travel |
| der Fahrer(-) | driver *(male)* |
| die Fahrerin(nen) | driver *(female)* |
| die Fahrgemeinschaft(en) | car sharing group |
| die Fahrkarte(n) | ticket |
| der Fahrplan(-e) | timetable |
| der Fahrschein(e) | ticket |
| der Fahrstuhl(-e) | lift |
| die Fahrt(en) | journey |
| fair | fair |
| das Faktum (Fakten) | fact |

| | |
|---|---|
| fallen | to fall |
| falsch | wrong |
| die Familie(n) | family |
| der Familienname(n) | surname |
| der Fan(s) | fan |
| fangen | to catch |
| fantastisch | fantastic |
| die Farbe(n) | colour |
| farbig | coloured |
| fast | almost |
| faul | lazy |
| faulenzen | to laze |
| der Faulpelz(e) | lazybones |
| das Fax(e) | fax |
| faxen | to fax |
| die Faxnummer(n) | fax number |
| der FCKW | |
| (Fluorchlorkohlenwasserstoff) | CFC |
| Februar | February |
| das Fechten | fencing |
| fehlen | to be missing |
| fehlend | missing |
| der Fehler(-) | mistake |
| feiern | to celebrate |
| feig | cowardly |
| der Feigling(e) | coward |
| die Feindlichkeit | animosity |
| das Feld(er) | field |
| das Fenster(-) | window |
| die Ferien *(pl)* | holidays |
| der Ferienfreund(e) | holiday friend *(male)* |
| die Ferienfreundin(nen) | holiday friend *(female)* |
| fern | distant |
| fernsehen | to watch television |
| der Fernseher(-) | television set |
| das Fernsehinterview(s) | television interview |
| das Fernsehprogramm(e) | television programme |
| der Fernsehturm | television tower |
| der Fernverkehr | long-distance traffic |
| fertig | ready |
| fertiggemacht | ready-made |
| fertigmachen | to finish |
| fertigschreiben | to finish writing |
| fest | solid |
| die Festung(en) | fort |
| festlegen | to fix |
| fett | fatty |
| die Fictiongeschichte(n) | fictional story |
| das Fieber(-) | temperature |
| der Film(e) | film |
| der Filmfan(s) | film fan |
| die Filmhochschule(n) | film academy |
| das Filofax(e) | filofax |
| finanzieren | to finance |
| die Finanzkürzung(en) | financial cutback |
| finden | to find |
| der Finger(-) | finger |
| die Firma (Firmen) | firm |
| der Fisch(e) | fish |
| fit | fit |
| die Fitneß | physical fitness |
| die Flasche(n) | bottle |
| das Fleisch | meat |
| fleißig | diligent |
| flexibel | flexible |
| fliegen | to fly |
| fliegend | flying |
| fließen | to flow |
| der Flohmarkt(-e) | fleamarket |
| der Flug(-e) | flight |
| das Flugblatt(-er) | leaflet |
| der Flughafen(-) | airport |
| die Flugkarte(n) | flight ticket |
| die Flugzeit(en) | flight time |

|  |  |
|---|---|
| das **Flugzeug**(e) | plane |
| der **Fluß** (**Flüsse**) | river |
| **folgende**(r, s) | following |
| **folkig** | folk (music) |
| der **Fön**(e) | hair-dryer |
| die **Forelle**(n) | trout |
| die **Form**(en) | form |
| das **Formular**(e) | form |
| die **Forschungsarbeit**(en) | research work |
| der **Fortschritt**(e) | progress |
| das **Foto**(s) | photo |
| der **Fotoapparat**(e) | camera |
| die **Fotografie** | photography |
| **fotografieren** | to photograph |
| **fotokopieren** | to photocopy |
| der **Fotoroman**(e) | photo story |
| die **Frage**(n) | question |
| **fragen** | to ask |
| der **Franken** | Swiss franc |
| **Frankreich** | France |
| der **Franzose**(n) | Frenchman |
| die **Französin**(nen) | Frenchwoman |
| **französisch** | French |
| die **Frau**(en) | woman |
| die **Frauenarbeit** | women's work |
| **frei** | free, vacant |
| die **Freiheit**(en) | freedom |
| **Freitag** | Friday |
| der **Freitagabend**(e) | Friday evening |
| **freitagabends** | on Friday evenings |
| **freiwillig** | voluntarily |
| die **Freizeit** | free time |
| die **Freizeitaktivität**(en) | leisure activity |
| die **Freizeitbeschäftigung**(en) | leisure pursuit |
| das **Freizeitinteresse**(n) | leisure interest |
| der/die **Fremde**(n) (ein **Fremder**) | foreigner |
| die **Fremdsprache**(n) | foreign language |
| der **Fremdsprachensekretär**(e) | bilingual secretary *(male)* |
| die **Fremdsprachensekretärin** (nen) | bilingual secretary *(female)* |
| **fressen** | to feed, to eat |
| sich **freuen** | to be happy, pleased |
| der **Freund**(e) | friend *(male)*, boyfriend |
| die **Freundin**(nen) | friend *(female)*, girlfriend |
| **freundlich** | friendly |
| mit freundlichen Grüßen | with best wishes, yours sincerely |
| die **Freundschaft**(en) | friendship |
| der **Freundschaftskreis**(-) | circle of friends |
| der **Frieden** | peace |
| **frieren** | to freeze |
| die **Frikadelle**(n) | rissole, meatball |
| **frisch** | fresh |
| das **Frischkornmüsli** | muesli |
| der **Friseur**(e) | hairdresser *(male)* |
| die **Friseuse**(n) | hairdresser *(female)* |
| **froh** | happy |
| **früh** | early |
| **frühmorgens** | early in the morning |
| das **Frühstück**(e) | breakfast |
| das **Frühstückszimmer**(-) | breakfast room |
| **frühstücken** | to have breakfast |
| **fühlen** | to feel |
| der **Führerschein**(e) | driving licence |
| **füllen** | to fill |
| **fünf** | five |
| zu **fünft** | in groups of five |
| **fünfzehn** | fifteen |
| **fünfzehnjährig** | fifteen-year-old |
| **fünfzig** | fifty |
| **funktionieren** | to work |
| **für** | for |
| **furchtbar** | dreadful |
| der **Fuß**(¨e) | foot |
| der **Fußball** | football |
| der **Fußballprofi**(s) | football pro |
| das **Fußballspiel**(e) | football match |
| das **Fußballtraining** | football training |
| das **Fußballturnier** | football tournament |

# G

|  |  |
|---|---|
| die **Gabel**(n) | fork |
| **ganze**(r, s) | whole, entire |
| **gar nicht** | not at all |
| die **Garage**(n) | garage |
| der **Garten**(¨) | garden |
| die **Gartenarbeit**(en) | work in the garden |
| der **Gärtner**(-) | gardener *(male)* |
| die **Gärtnerin**(nen) | gardener *(female)* |
| die **Gasse**(n) | lane |
| der **Gast**(¨e) | guest |
| das **Gebäude**(-) | building |
| **geben** | to give |
| das **Gebiet**(e) | area |
| **geboren** | born |
| der **Geburtstag**(e) | birthday |
| das **Geburtstagsgeschenk**(e) | birthday present |
| der **Gedächtnisquiz** | memory quiz |
| der **Gedanke**(n) | thought |
| das **Gedicht**(e) | poem |
| **gedulden** | to be patient |
| **geduldig** | patient |
| **geehrt** | |
| sehr geehrter Herr . . ./ | |
| sehr geehrte Frau . . . | Dear Mr/Mrs . . . |
| **geeignet** | suitable |
| die **Gefahr**(en) | danger |
| **gefährlich** | dangerous |
| **gefallen** | to please |
| das **Gefühl**(e) | feeling |
| **gegen** | against |
| die **Gegend**(en) | area |
| das **Gegenteil**(e) | opposite |
| **gegenüber** | opposite |
| **gehen** | to go |
| das **Geheimnis**(se) | secret |
| **gehören** | to belong |
| **gel?** | eh?, right? |
| **gelaunt** | |
| gut/schlecht gelaunt | in a good/bad mood |
| **gelb** | yellow |
| das **Geld**(er) | money |
| **gelegen** | situated |
| die **Gelegenheit**(en) | opportunity |
| **gelegentlich** | occasional(ly) |
| **gemein** | nasty, horrible |
| **gemischt** | mixed |
| das **Gemüse**(-) | vegetable |
| **gemütlich** | cosy |
| **genau** | exactly |
| **genauso** | just as |
| **genießen** | to enjoy |
| **genug** | enough |
| das **Gepäck** | luggage |
| **gerade** | straight |
| **geradeaus** | straight ahead |
| das **Gericht**(e) | meal, dish |
| **gern** | with pleasure, gladly |
| die **Gesamtlänge** | overall length |
| die **Gesamtschule**(n) | comprehensive school |
| das **Geschäft**(e) | shop |
| der **Geschäftsbrief**(e) | business letter |
| der **Geschäftsleiter**(-) | manager *(male)* |
| die **Geschäftsleiterin**(nen) | manager *(female)* |
| der **Geschäftsmann**(¨er) | businessman |
| die **Geschäftsfrau**(en) | businesswoman |
| die **Geschäftsreise**(n) | business trip |
| die **Geschäftszeiten** *(pl)* | shop hours |

|  |  |
|---|---|
| das **Geschenk(e)** | present |
| die **Geschichte(n)** | story |
| **geschickt** | skilled |
| das **Geschirr** | crockery |
| das **Geschlecht(er)** | gender |
| der **Geschmack(¨e)** | taste |
| **geschmeckt** | |
| hat's geschmeckt? | did you like it? |
| die **Geschwister** *(pl)* | brothers and sisters |
| **gesellig** | sociable |
| das **Gesetz(e)** | law |
| **gestern** | yesterday |
| **gestreift** | striped |
| **gesund** | healthy |
| die **Gesundheit** | health |
| das **Getränk(e)** | drink |
| das **Gewichtheben** | weight lifting |
| **gewinnen** | to win |
| **gewisse(r, s)** | certain |
| die **Gewohnheit(en)** | habit |
| das **gilt** | that's valid |
| das **Glas(¨er)** | glass |
| das **Glattleder** | smooth leather |
| **glauben** | to believe |
| **gleich** | same |
| **gleichzeitig** | simultaneously |
| das **Glück** | luck |
| **glücklich** | happy |
| **glücklicherweise** | happily, fortunately |
| das **Gold** | gold |
| **golden** | golden |
| der **Goldfisch(e)** | goldfish |
| der **Gott(¨er)** | god |
| der **Grad(e)** | degree |
| die **Grammatik** | grammar |
| die **Graphiken** *(pl)* | graphics |
| **grau** | grey |
| **grenzen** (an) | to border (on) |
| **Griechenland** | Greece |
| **griechisch** | Greek |
| die **Grippe(n)** | flu |
| **grob** | rough |
| **groß** | big |
| **Großbritannien** | Great Britain |
| die **Größe(n)** | size |
| die **Großeltern** *(pl)* | grandparents |
| die **Großmutter(¨)** | grandmother |
| die **Großstadt(¨e)** | big city |
| der **Großvater(¨)** | grandfather |
| **grün** | green |
| das **Grünband** | green belt |
| der **Grund(¨e)** | reason |
| **gründen** | to found |
| die **Grundschule(n)** | primary school |
| die **Grünfläche(n)** | green space |
| **grüngefärbt** | green-coloured |
| die **Gruppe(n)** | group |
| der **Gruß(¨e)** | greeting |
| **gruselig** | gruesome |
| **grüßen** | to greet |
| die **Grußformel(n)** | form of greeting |
| **gucken** | to look |
| die **Gulaschsuppe(n)** | goulash soup |
| das **Gummiband(¨er)** | rubber band |
| **gut** | good |
| die **Güte** | goodness |
| das **Gymnasium(-ien)** | grammar school |

# H

|  |  |
|---|---|
| das **Haar(e)** | hair |
| der **Haarschnitt(e)** | hair cut |
| **haben** | to have |
| der **Hafen (Häfen)** | harbour |
| der **Hafenarbeiter(-)** | dock worker *(male)* |
| die **Hafenarbeiterin(nen)** | dock worker *(female)* |
| die **Haferflocken** *(pl)* | oats |
| **halb** | half |
| das **Halbjahr** | school term |
| die **Hälfte(n)** | half |
| der **Hallenplatz(¨e)** | indoor court |
| **hallo** | hello |
| das **Halsbonbon(s)** | cough sweet |
| die **Halskette(n)** | necklace |
| die **Halsschmerzen** *(pl)* | sore throat |
| **halt!** | stop! |
| der **Halt(e)** | (bus/tram) stop |
| **haltbar bis . . .** | use by . . . |
| **halten** | to keep |
| der **Hamburger(-)** | hamburger |
| die **Hand(¨e)** | hand |
| die **Handballmannschaft(en)** | handball team |
| **handgemacht** | home-made |
| das **Handtuch(¨er)** | towel |
| **hart** | hard |
| **häßlich** | ugly |
| **hassen** | to hate |
| **häufig** | often |
| **Haupt-** | main |
| der **Hauptbahnhof(¨e)** | main station |
| das **Hauptgericht(e)** | main course |
| **hauptsächlich** | mainly |
| die **Hauptschule(n)** | *type of secondary school* |
| die **Hauptstadt(¨e)** | capital city |
| das **Haus(¨er)** | house |
| zu Hause | at home |
| die **Hausarbeit** | housework |
| die **Hausaufgaben** *(pl)* | homework |
| der **Haushalt(e)** | household |
| der **Hausmeister(-)** | caretaker *(male)* |
| die **Hausmeisterin(nen)** | caretaker *(female)* |
| das **Haustier(e)** | pet |
| die **Haut (Häute)** | skin |
| der **Hautkrebs** | skin cancer |
| das **Heft(e)** | exercise book |
| die **Heimat(en)** | home |
| das **Heimatland(¨er)** | native country |
| der **Heimcomputer(-)** | home computer |
| **Heimweh haben** | to be homesick |
| **heiraten** | to get married |
| **heiß** | hot |
| **heißen** | to be called |
| **heiter** | cheerful, bright |
| der **Hektar(e)** | hectare |
| **hektisch** | hectic |
| **helfen** | to help |
| **hell** | light |
| **hellblau** | light blue |
| der **Helm(e)** | helmet |
| das **Hemd(en)** | shirt |
| **her** | here |
| **heraus** | out of |
| **herausfinden** | to find out |
| der **Herbst(e)** | autumn |
| das **Herd(e)** | oven |
| **hereinkommen** | to come in |
| der **Herr(en)** | Mr, man |
| die **Herrenabteilung(en)** | men's department |
| **herrlich** | wonderful |
| die **Herstellung** | production |
| **herüberkommen** | to come over |
| **herum** | around |
| **herumfahren** | to drive around |
| **herumhängen** | to hang around |
| **herumspielen** | to play around |
| **hervorragend** | magnificent |
| **herzlich** | warm(ly) |
| herzlich willkommen | welcome |

| | |
|---|---|
| heute | today |
| heutige(r, s) | today's |
| heutzutage | nowadays |
| hier | here |
| die Hilfe(n) | help |
| hilfreich | helpful |
| hilfsbereit | helpful |
| hin | away |
| hin- und herrennen | to run about |
| hinauf | up |
| hinfahren | to drive (to) |
| hinfallen | to fall down |
| hinfügen | to add |
| hingehen | to go (to) |
| hinkommen | to come (to) |
| hinsetzen | to put down |
| sich hinsetzen | to sit down |
| hinten | behind, at the back |
| hinter | behind |
| hinunter | down(wards) |
| der Hinweis(e) | clue, instruction |
| der Hippie(s) | hippy |
| historisch | historic |
| die Hitliste(n) | hit list |
| hitzefrei haben | to have the day off school due to the heat |
| das Hobby(s) | hobby |
| hoch | high |
| das Hochhaus(¨er) | high-rise block |
| höchst | highly |
| der Hochzeitstag(e) | wedding day |
| das Hockey | hockey |
| hoffen | to hope |
| hoffentlich | hopefully |
| höflich | polite(ly) |
| holen | to fetch |
| das Holz(¨er) | wood |
| der Honig | honey |
| hören | to hear |
| die Hörersendung(en) | phone-in programme |
| das Horoskop(e) | horoscope |
| der Horrorfilm(e) | horror film |
| die Horrorgeschichte(n) | horror story |
| die Hose(n) | trousers |
| das Hotel(s) | hotel |
| der Hotelbesitzer(-) | hotel owner *(male)* |
| die Hotelbesitzerin(nen) | hotel owner *(female)* |
| die Hotelbroschüre(n) | hotel brochure |
| die Hotelliste(n) | hotel list |
| hügelig | hilly |
| der Humor | humour |
| humorvoll | humorous |
| der Hund(e) | dog |
| das Hundehotel(s) | kennels |
| hundert | hundred |
| Hunger haben | to be hungry |
| hungrig | hungry |
| husten | to cough |
| der Hustensaft | cough syrup |

# I

| | |
|---|---|
| ich | I |
| ideal | ideal |
| die Idee(n) | idea |
| die Identität(en) | identity |
| igitt | yuk |
| ihm | to him |
| ihn | him |
| ihnen | to them |
| ihr | her, to her; their |
| illegal | illegal |
| illustriert | illustrated |
| die Illustrierte(n) | magazine |

| | |
|---|---|
| im | in the |
| immer | always |
| der Importeur(e) | importer *(male)* |
| die Importeurin(nen) | importer *(female)* |
| in | in, into |
| Indien | India |
| indisch | Indian |
| die Industrie(n) | industry |
| das Industriegebiet(e) | industrial area |
| industriell | industrial |
| die Informatik | computer studies |
| die Information(en) | information |
| das Informationsblatt(¨er) | information leaflet |
| der Informationsdienst(e) | information service |
| der Informationstisch(e) | information desk |
| informieren | to inform |
| der Ingenieur(e) | engineer *(male)* |
| die Ingenieurin(nen) | engineer *(female)* |
| der Inhalt(e) | content |
| ins | into the |
| der Insektenstich(e) | insect bite |
| insgesamt | altogether |
| das Instrument(e) | instrument |
| intelligent | intelligent |
| interessant | interesting |
| sich interessieren für | to be interested in |
| das Internat(e) | boarding school |
| international | international |
| interpretieren | to interpret |
| das Interview(s) | interview |
| der Interviewer(-) | interviewer *(male)* |
| die Interviewerin(nen) | interviewer *(female)* |
| inzwischen | meanwhile |
| irgendein | any |
| irgendwann | any time, sometime |
| irgendwelche(r, s) | any |
| irgendwer | anyone |
| irgendwo | anywhere |
| irrsinnig | terribly |
| der Islam | Islam |
| Italien | Italy |
| der Italiener(-) | Italian *(male)* |
| die Italienerin(nen) | Italian *(female)* |
| italienisch | Italian |

# J

| | |
|---|---|
| ja | yes |
| die Jacke(n) | jacket |
| die Jägersoße(n) | huntsman's sauce |
| das Jahr(e) | year |
| der Jahresurlaub(e) | annual holiday |
| der Jahrgang(¨e) | (school) year |
| im Jahrgang 9 | in year 9 |
| das Jahrhundert(e) | century |
| jährlich | annually |
| Januar | January |
| Japan | Japan |
| der Japaner(-) | Japanese *(male)* |
| die Japanerin(nen) | Japanese *(female)* |
| der Jazz | jazz |
| die Jazzmusik | jazz music |
| je | per |
| die Jeans | jeans |
| der Jeansminirock(¨e) | denim miniskirt |
| jede(r, s) | each |
| jemand | someone |
| jetzt | now |
| der Job(s) | job |
| die Jobanzeige(n) | job advert |
| jobben | to work |
| das Jogging | jogging |
| der Jogginganzug(¨e) | tracksuit |
| der Joghurt | yoghurt |

|  |  |
|---|---|
| der **Journalist**(en) | journalist *(male)* |
| die **Journalistin**(nen) | journalist *(female)* |
| das **Jubiläumsfest**(e) | anniversary party |
| das **Judo** | judo |
| der **Judokurs**(e) | judo course |
| die **Jugend** | youth |
| der **Jugendclub**(s) | youth club |
| die **Jugendherberge**(n) | youth hostel |
| die **Jugendhilfe** | youth assistance |
| der/die **Jugendliche**(n) | |
| (ein **Jugendlicher**) | young person |
| das **Jugendmagazin**(e) | youth magazine programme |
| die **Jugendmannschaft**(en) | youth team |
| die **Jugendzeitschrift**(en) | youth magazine |
| das **Jugendzentrum**(-tren) | youth centre |
| **Jugoslawien** | Yugoslavia |
| der **Jugoslawe**(n) | Yugoslav *(male)* |
| die **Jugoslawin**(nen) | Yugoslav *(female)* |
| **Juli** | July |
| **jung** | young |
| der **Junge**(n) | boy |
| der **Jungenname**(n) | boy's name |
| **Juni** | June |

# K

|  |  |
|---|---|
| die **Kabine**(n) | changing room |
| der **Kaffee**(s) | coffee |
| das **Kaffeehaus**(¨-er) | coffee house |
| die **Kaffeepause**(n) | coffee break |
| die **Kaffeestube**(n) | coffee bar |
| der **Kaffeetisch**(e) | coffee table |
| **Kairo** | Cairo |
| die **Kalorie**(n) | calorie |
| **kalt** | cold |
| das **Kamel**(e) | camel |
| der **Kameltreiber**(-) | camel driver *(male)* |
| die **Kameltreiberin**(nen) | camel driver *(female)* |
| der **Kampf**(¨-e) | fight |
| **kämpfen** | to fight |
| das **Kampfspiel**(e) | warrior game |
| der **Kampfsport** | martial arts |
| **Kanada** | Canada |
| die **Kantine**(n) | canteen |
| das **Kanu**(s) | canoe |
| der **Kanukurs**(e) | canoe course |
| das **Kanupolo** | canoe polo |
| das **Kanuspiel**(e) | canoe game |
| der **Kanute**(n) | canoeist |
| **kaputt** | broken |
| das **Karate** | karate |
| die **Karibik** | the Caribbean |
| **kariert** | checked |
| **Kärnten** | Carinthia *(part of Austria)* |
| die **Karotte**(n) | carrot |
| die **Karte**(n) | card; map; ticket |
| die **Kartoffel**(n) | potato |
| der **Karton**(s) | carton, cardboard box |
| der **Käse**(-) | cheese |
| die **Kasse**(n) | cashdesk |
| die **Kassette**(n) | cassette |
| der **Kassettenbrief**(e) | cassette letter |
| der **Katalog**(e) | catalogue |
| der **Katalysator** | catalytic converter |
| die **Katastrophe**(n) | catastrophe |
| **katastrophal** | catastrophic |
| die **Katze**(n) | cat |
| **kaufen** | to buy |
| die **Kauffrau**(en) | business woman |
| das **Kaufhaus**(¨-er) | department store |
| der **Kaufmann**(¨-er) | business man |
| **kaufmännisch** | commercial |
| der **Kaugummi** | chewing gum |
| das **Kaugummipapier**(e) | chewing gum wrapper |

|  |  |
|---|---|
| **kaum** | hardly |
| die **Kautablette**(n) | chewing tablet |
| **kegeln** | to go bowling |
| **kehren** | to sweep |
| **kein** | no |
| der **Keller**(-) | cellar |
| der **Kellner**(-) | waiter |
| die **Kellnerin**(nen) | waitress |
| **kennen** | to know |
| **kennenlernen** | to get to know |
| der **Kerl**(e) | guy |
| der **Ketchup**(s) | ketchup |
| die **Kette**(n) | chain |
| das **Keyboard** | keyboard |
| der **Kilometer**(-) | kilometre |
| das **Kind**(er) | child |
| der **Kindergarten**(¨) | play school |
| die **Kinderkrippe**(n) | creche |
| der **Kinderpfleger**(-) | children's nurse *(male)* |
| die **Kinderpflegerin**(nen) | children's nurse *(female)* |
| das **Kino**(s) | cinema |
| der **Kiosk**(e) | kiosk |
| die **Kirche**(n) | church |
| die **Kirschtorte**(n) | cherry cake |
| das **Kissen**(-) | cushion |
| die **Kiste**(n) | crate, box |
| die **Klamotten** *(pl)* | clothes |
| **klar** | clear; of course |
| die **Klasse**(n) | class |
| die **Klassenfahrt**(en) | class trip |
| das **Klassentreffen**(-) | class reunion |
| die **Klassenumfrage**(n) | class survey |
| der **Klassiker**(-) | classic |
| **klassisch** | classical |
| **klauen** | to nick |
| das **Klavier**(e) | piano |
| **kleben** | to stick |
| das **Kleid**(er) | dress |
| die **Kleider** *(pl)* | clothes |
| die **Kleidung** | clothing, clothes |
| der **Kleidungsartikel**(-) | item of clothing |
| die **Kleidungsgröße**(n) | clothes size |
| **klein** | small |
| **klettern** | to climb |
| das **Klima** (**Klimen**) | climate |
| **klingeln** | to ring |
| die **Klinik**(en) | clinic |
| die **Kneipe**(n) | bar |
| das **Knie**(-) | knee |
| der **Knieverband**(¨-e) | knee bandage |
| der **Knoblauch** | garlic |
| der **Knoblauchfresser**(-) | garlic eater |
| der **Koch**(¨-e) | cook, chef *(male)* |
| **kochen** | to cook |
| der **Kochexperte**(n) | cooking expert *(male)* |
| die **Kochexpertin**(nen) | cooking expert *(female)* |
| die **Köchin**(nen) | cook, chef *(female)* |
| die **Kochplatte**(n) | hotplate |
| der **Kollege**(n) | colleague *(male)* |
| die **Kollegin**(nen) | colleague *(female)* |
| **komisch** | funny |
| **kommen** | to come |
| **kommende**(r, s) | coming |
| der **Kommentar**(e) | commentary |
| das **Kommunikationsmittel**(-) | means of communication |
| die **Komödie**(n) | comedy |
| **komponieren** | to compose |
| der **Komponist**(en) | composer *(male)* |
| die **Komponistin**(nen) | composer *(female)* |
| der **Komposthaufen**(-) | compost heap |
| das **Königreich** | kingdom |
| das **Vereinigte Königreich** | the United Kingdom |
| **können** | to be able |
| **Fremdsprachen können** | to be able to speak foreign languages |

| | |
|---|---|
| das **Konsumverhalten** | consumer habits |
| der **Kontakt(e)** | contact |
| der **Kontrolleur(e)** | inspector |
| das **Konzert(e)** | concert |
| der **Kopf(¨e)** | head |
| das **Kopfkissen(-)** | pillow |
| die **Kopfschmerzen** *(pl)* | headache |
| die **Kopie(n)** | copy |
| der **Korb(¨e)** | basket |
| die **Körperpflege** | personal hygiene |
| die **Kosmetik** | cosmetics |
| **kosmopolitisch** | cosmopolitan |
| **kosten** | to cost; to taste |
| **kostenlos** | free (of charge) |
| das **Kostüm(e)** | costume |
| der **Kraftfahrer(-)** | lorry driver *(male)* |
| die **Kraftfahrerin(nen)** | lorry driver *(female)* |
| der **Kragen(-)** | collar |
| **krank** | ill |
| das **Krankenhaus(¨er)** | hospital |
| der **Krankenpfleger(-)** | nurse *(male)* |
| die **Krankenschwester(n)** | nurse *(female)* |
| der **Kräutertee(s)** | herbal tea |
| die **Krawatte(n)** | tie |
| **kreativ** | creative |
| der **Krieg(e)** | war |
| **kriegen** | to get |
| der **Krimi(s)** | thriller |
| die **Kritik(en)** | criticism, review |
| der **Krug(¨e)** | jug, pitcher |
| die **Küche(n)** | kitchen |
| der **Kuchen(-)** | cake |
| der **Kugelschreiber(-)** | biro |
| der **Kuli(s)** | biro |
| der **Kult(e)** | cult |
| das **Kultobjekt(e)** | cult object |
| das **Kulturinfo** | cultural information |
| sich **kümmern** um | to worry about |
| der **Kunde(n)** | customer *(male)* |
| die **Kundin(nen)** | customer *(female)* |
| die **Kunst(¨e)** | art |
| **künstlerisch** | artistic |
| der **Kunstspringkurs(e)** | high diving course |
| der **Kurs(e)** | course |
| **kurz** | short |
| der **Kuß (Küsse)** | kiss |
| **küssen** | to kiss |
| die **Küste(n)** | coast |

# L

| | |
|---|---|
| das **Labor(s)** | laboritory |
| **lächeln** | to smile |
| **lachen** | to laugh |
| **laden** | to load |
| die **Lage(n)** | situation |
| die **Lagerhalle(n)** | depot |
| das **Lagerhaus(¨er)** | warehouse |
| die **Lampe(n)** | lamp |
| das **Land(¨er)** | country; state |
| auf dem Land | in the country |
| die **Landkarte(n)** | map |
| die **Landschaft(en)** | landscape |
| **landwirtschaftlich** | agricultural |
| **lang** | long |
| das **Langarmshirt** | long-sleeved shirt |
| die **Langlaufpiste(n)** | cross-country skiing course |
| **langsam** | slowly |
| **langweilig** | boring |
| die **Lasagne** | lasagne |
| **lassen** | to leave |
| das **Latein** | Latin |
| **laufen** | to run |

| | |
|---|---|
| die **Laune(n)** | mood |
| **laut** | loud(ly) |
| das **Leben(-)** | life |
| **lebendig** | lively |
| das **Lebenslaufformular(e)** | curriculum vitae |
| **lecker** | tasty |
| die **Lederhose(n)** | leather trousers |
| die **Lederjacke(n)** | leather jacket |
| **legal** | legal |
| **legen** | to lay down, to put down |
| die **Legende(n)** | legend |
| **lehnen** | to lean |
| der **Lehrbeginn** | start of apprenticeship |
| die **Lehre(n)** | apprenticeship |
| der **Lehrer(-)** | teacher *(male)* |
| die **Lehrerin(nen)** | teacher *(female)* |
| der **Lehrling(e)** | apprentice |
| **leicht** | easy |
| die **Leichtathletik** | athletics |
| **leid** | |
| es tut mir leid | I'm sorry |
| **leider** | unfortunately |
| **leihen** | to lend, to borrow, to hire |
| die **Leihgebühr(en)** | hire charge |
| sich **leisten** | to afford |
| die **Leistung(en)** | achievement |
| die **Leitung** | management |
| **lernen** | to learn |
| das **Lernspiel(e)** | educational game |
| das **Lernziel(e)** | learning objective |
| die **Leseliste(n)** | reading list |
| **lesen** | to read |
| der **Leser(-)** | reader *(male)* |
| die **Leserin(nen)** | reader *(female)* |
| die **Leseratte(n)** | bookworm |
| der **Leserbrief(e)** | reader's letter |
| die **Leserschaft(en)** | readership |
| der **Leseskandal(e)** | reading scandal |
| **letzte(r, s)** | last |
| die **Leute** *(pl)* | people |
| das **Licht(er)** | light |
| das **Liebchen(-)** | darling |
| **lieb** | dear |
| der **Liebesfilm(e)** | romantic film |
| die **Liebesgeschichte(n)** | love story |
| **Lieblings-** | favourite |
| **liebste(r, s)** | dearest |
| am liebsten | best of all |
| das **Lied(er)** | song |
| die **Lieferung(en)** | delivery |
| **liegen** | to lie |
| die **Limonade** | lemonade |
| die **Linie(n)** | line |
| **linke(r, s)** | left |
| **links** | on the left |
| die **Linse(n)** | lentil |
| die **Liste(n)** | list |
| der/das **Liter(-)** | litre |
| die **Literatur** | literature |
| die **Lizenz(en)** | licence |
| der **Lkw (Lastkraftwagen)** | heavy goods vehicle |
| das **Loch(¨er)** | hole |
| der **Löffel(-)** | spoon |
| der **Lohn(¨e)** | salary |
| **lokal** | local |
| die **Lokalzeitung(en)** | local paper |
| **los** | |
| was ist los? | what's wrong? |
| **lösen** | to solve |
| die **Lösung(en)** | solution |
| die **Luft** | air |
| die **Luftverschmutzung** | air pollution |
| **Lust haben** | to want to |
| **lustig** | funny |

# M

| | |
|---|---|
| machen | to make |
| das **Mädchen(-)** | girl |
| der **Mädchenname(n)** | girl's name |
| die **Magenschmerzen** *(pl)* | stomach ache |
| die **Mahlzeit(en)** | meal |
| **Mai** | May |
| der **Mais** | corn |
| das **Mal(e)** | time |
| der **Manager(-)** | manager *(male)* |
| die **Managerin(nen)** | manager *(female)* |
| **manche(r, s)** | some |
| **manchmal** | sometimes |
| der **Mandarin(e)** | mandarin |
| der **Mann(-̈er)** | man |
| die **Männerarbeit** | men's work |
| die **Männersportart(en)** | male sport |
| **männlich** | masculine |
| die **Mannschaft(en)** | team |
| die **Mark** | German mark |
| das **Marketing** | marketing |
| der **Markt(-̈e)** | market |
| die **Marktforschung** | market research |
| die **Marmelade(n)** | jam |
| **März** | March |
| die **Maschine(n)** | machine |
| das **Material(ien)** | material |
| die **Mathe** | maths |
| die **Mathearbeit(en)** | maths test |
| die **Mathehausaufgabe(n)** | maths homework |
| das **Matheheft(e)** | maths exercise book |
| das **Maus(-̈e)** | mouse |
| der **Mechaniker(-)** | mechanic *(male)* |
| die **Mechanikerin(nen)** | mechanic *(female)* |
| das **Meer(e)** | sea |
| die **Meeresverschmutzung** | sea pollution |
| **mehr** | more |
| **mehrere** | several |
| die **Mehrheit(en)** | majority |
| die **Mehrwegflasche(n)** | returnable bottle |
| die **Mehrzahl(en)** | majority |
| **mein** | my |
| **meinen** | to believe, to think |
| die **Meinung(en)** | opinion |
| **meist** | most |
| sich **melden** | to sign up |
| die **Melodie(n)** | tune |
| das **Memo(s)** | memo |
| die **Menge(n)** | crowd; quantity |
| die **Mensa (Mensen)** | canteen |
| der **Mensch(en)** | person |
| das **Menü(s)** | set menu |
| **merken** | to notice |
| das **Messer(-)** | knife |
| der/das **Meter(-)** | metre |
| **mexikanisch** | Mexican |
| **mich** | me |
| **mieten** | to rent |
| die **Milch** | milk |
| der **Milchkarton(s)** | milk carton |
| **mild** | mild |
| das **Militär** | military |
| die **Milliarde(n)** | billion |
| die **Million(en)** | million |
| **mindestens** | at least |
| das **Mineralwasser** | mineral water |
| das **Minigolf** | minigolf |
| der **Minirock(-̈e)** | miniskirt |
| die **Minute(n)** | minute |
| **mir** | to me |
| der **Mißerfolg(e)** | failure |
| so ein **Mist!** | what a pain! |
| **mißtrauisch** | distrustful |

| | |
|---|---|
| **mit** | with |
| die **Mitarbeit** | cooperation |
| der **Mitarbeiter(-)** | co-worker *(male)* |
| die **Mitarbeiterin(nen)** | co-worker *(female)* |
| **mitbringen** | to bring along |
| **miteinander** | together |
| **mitfahren** | to go along with |
| die **Mitfahrgelegenheit(en)** | chance of a lift |
| das **Mitglied(er)** | member |
| **mithelfen** | to help with |
| **mitkommen** | to come with |
| **mitmachen** | to join in |
| **mitnehmen** | to take with |
| der **Mitschüler(-)** | fellow pupil *(male)* |
| die **Mitschülerin(nen)** | fellow pupil *(female)* |
| der **Mittag(e)** | midday |
| das **Mittagessen(-)** | lunch |
| die **Mitte(n)** | middle |
| **mitteilen** | to tell |
| das **Mittel(-)** | means |
| **mittelgroß** | medium-sized |
| **mitten in** | in the middle of |
| die **Mitternacht(-̈e)** | midnight |
| **Mittwoch** | Wednesday |
| das **Möbel(-)** | piece of furniture |
| **möblieren** | to furnish |
| die **Mode(n)** | fashion |
| die **Modeboutique(n)** | fashion boutique |
| das **Modell(e)** | model |
| der **Modellbewerbungsbrief(e)** | model letter of application |
| **modern** | modern |
| der **Modeschuh(e)** | fashion shoe |
| **modisch** | fashionable |
| das **Mofa(s)** | moped |
| **mögen** | to want to |
| **möglich** | possible |
| die **Möglichkeit(en)** | possibility |
| der **Moment(e)** | moment |
| der **Monat(e)** | month |
| der **Mond(e)** | moon |
| **Montag** | Monday |
| der **Morgen(-)** | morning |
| **morgen** | tomorrow |
| **morgens** | in the mornings |
| **Moskau** | Moscow |
| der **Motor(en)** | engine |
| **müde** | tired |
| die **Mühe(n)** | trouble |
| gebt euch keine Mühe | don't trouble yourselves |
| der **Müll** | rubbish |
| die **Mülltonne(n)** | dustbin |
| das **Multifunktionszimmer(-)** | multi-purpose room |
| **München** | Munich |
| **munter** | cheerful |
| die **Musik(en)** | music |
| die **Musikzeitschrift(en)** | music magazine |
| das **Müsli(s)** | muesli |
| **müssen** | to have to |
| das **Musterprogramm(e)** | model programme |
| **mutig** | brave |
| die **Mutter(-̈)** | mother |
| **Mutti** | mum(my) |

# N

| | |
|---|---|
| **na** | well |
| **nach** | after, to |
| der **Nachbar(n)** | neighbour *(male)* |
| die **Nachbarin(nen)** | neighbour *(female)* |
| **nachdem** | after |
| die **Nachfüllpackung(en)** | refillable packaging |
| der **Nachmittag(e)** | afternoon |
| **nachmittags** | in the afternoons |
| das **Nachmittagsschläfchen(-)** | afternoon nap |

| | |
|---|---|
| der Nachname(n) | surname |
| die Nachrichten *(pl)* | news |
| nachschlagen | to look up |
| das Nachschlagewerk(e) | reference book |
| die Nachsicht | leniency |
| die Nachspeise(n) | dessert, pudding |
| nächste(r, s) | next |
| die Nacht(¨e) | night |
| der Nachtisch(e) | dessert, pudding |
| das Nachtleben(-) | nightlife |
| das Nachtlokal(e) | night spot |
| nachts | at night |
| der Nachttisch(e) | bedside table |
| nah | near |
| die Nähe | neighbourhood |
| in der Nähe | close by |
| der Name(n) | name |
| nanu | now then |
| naß | wet |
| die Nase(n) | nose |
| die Nationalität(en) | nationality |
| die Natur | nature |
| natürlich | naturally, of course |
| das Nebelgebiet(e) | foggy area |
| neben | next to |
| nebenbei | as well as |
| neblig | foggy |
| nee | no *(dialect)* |
| negativ | negative |
| nehmen | to take |
| neidisch | envious |
| nein | no |
| nennen | to name |
| nervös | nervous |
| nett | nice |
| neu | new |
| neugierig | nosey |
| die Neuigkeit(en) | novelty, news |
| neulich | recently |
| neun | nine |
| neunzehn | nineteen |
| neunzig | ninety |
| Neuseeland | New Zealand |
| nicht | not |
| nichts | nothing |
| nie | never |
| noch nie | never before |
| Niederösterreich | Lower Austria |
| niemand | nobody |
| nil | nil |
| nix | nothing *(dialect)* |
| Nizza | Nice |
| noch | still |
| nochmal | again |
| der Norden | North |
| nördlich | north, northern |
| der Nordosten | north-east |
| die Nordsee | North Sea |
| normal | normal |
| normalerweise | usually |
| die Not | need |
| die Note(n) | grade |
| notieren | to note down |
| nötig | necessary |
| der Notizblock(¨e) | notepad |
| die Notiz(en) | note |
| notwendig | necessary |
| November | November |
| die Nummer(n) | number |
| nur | only |
| die Nuß-Nougat-Creme | chocolate nut spread |
| nützlich | useful |

# O

| | |
|---|---|
| ob | whether |
| der/die Obdachlose(n) | |
| (ein Obdachloser) | homeless person |
| die Obdachlosigkeit | homelessness |
| oben | above, over, at the top |
| der Ober(-) | waiter |
| Oberösterreich | Upper Austria |
| die Oberstufe(n) | sixth form |
| das Obst | fruit |
| obwohl | although |
| oder | or |
| öffentlich | public |
| die Öffnungszeiten *(pl)* | opening hours |
| oft | often |
| öfters | often |
| ohne | without |
| das Ohr(en) | ear |
| die Ohrenschmerzen *(pl)* | earache |
| der Ohrring(e) | earring |
| oie | oh dear |
| öko- | eco- |
| Oktober | October |
| das Oktoberfest | *Munich beer festival* |
| der Onkel(-) | uncle |
| der Orangensaft(¨e) | orange juice |
| die Orchesterprobe(n) | orchestra rehearsal |
| ordentlich | proper; tidy |
| keinen ordentlichen Wohnsitz haben | to be of no fixed abode |
| ordnen | to put in order |
| der Ordner(-) | file |
| die Ordnung(en) | order; rule |
| die Organisation(en) | organisation |
| das Organisationskomitee | organising committee |
| organisieren | to organise |
| der Ort(e) | place |
| örtlich | local |
| Ostchina | East China |
| der Osten | East |
| die Osterferien *(pl)* | Easter holidays |
| Österreich | Austria |
| der Österreicher(-) | Austrian *(male)* |
| die Österreicherin(nen) | Austrian *(female)* |
| österreichisch | Austrian |
| das Ozonloch | hole in the ozone layer |

# P

| | |
|---|---|
| das Päckchen(-) | small package, pack |
| die Packung(en) | pack, packaging |
| das Paket(e) | packet |
| das Papier(e) | paper |
| der Papierkorb(¨e) | wastepaper bin |
| das Papierschnitzel(-) | scrap of paper |
| der Paprika(s) | pepper, paprika |
| die Parade(n) | parade; charts |
| die Paralympics | Paralympics |
| der Park(s) | park |
| parken | to park |
| die Parkgarage(n) | multi-storey carpark |
| die Parkmöglichkeit(en) | availability of parking |
| der Partner(-) | partner *(male)* |
| die Partnerin(nen) | partner *(female)* |
| die Partnerarbeit(en) | pairwork |
| die Partnerschule(n) | partner school |
| die Party(s) | party |
| der Paß (Pässe) | passport |
| passen | to suit |
| passend | matching |
| passieren | to happen |
| patentieren | to patent |
| die Pause(n) | break |
| das Pausenbrot(e) | sandwich for break |

|  |  |
|---|---|
| das Pech | bad luck |
| peinlich | embarrassing |
| die Person(en) | person |
| Personal- | personnel, staff |
| persönlich | personal(ly) |
| der Pfeffer | pepper |
| der Pfennig(e) | pfennig |
| pfiffig | smart, lively |
| die Pflanze(n) | plant |
| die Pflanzenart(en) | plant species |
| die Pflanzensorte(n) | type of plant |
| die Pflichtschulzeit | compulsory schooling |
| pflücken | to pick |
| pfui! | phew! |
| die Phantasie | imagination |
| phantasielos | unimaginative |
| phantasievoll | imaginative |
| der Philippine(n) | Filipino *(male)* |
| die Philippinin(nen) | Filipino *(female)* |
| die Phrase(n) | phrase |
| die Physik | physics |
| der Pickel(-) | spot, pimple |
| pikant | sharp, spicy |
| der Pilot(en) | pilot *(male)* |
| die Pilotin(nen) | pilot *(female)* |
| der Pilz(e) | mushroom |
| das Pipi | wee-wee |
| die Pizza(s) | pizza |
| die Pizzeria(s) | pizzeria |
| der Plan(¨e) | plan |
| planen | to plan |
| der Planet(en) | planet |
| die Plastiktüte(n) | plastic bag |
| der Platz(¨e) | place |
| der Pole(n) | Pole *(male)* |
| die Polin(nen) | Pole *(female)* |
| die Politik | politics |
| die Polizei | police |
| der Polizist(en) | policeman |
| die Polizistin(nen) | policewoman |
| das Polo | polo |
| die Pommes Frites *(pl)* | chips |
| der Pop | pop |
| das Popcorn | popcorn |
| das Popkonzert(e) | pop concert |
| die Popmusik | pop music |
| der Popper | preppie |
| populär | popular |
| die Portion(en) | portion |
| portugiesisch | Portuguese |
| positiv | positive |
| die Post(en) | post (office), mail |
| das Postamt(¨er) | post office |
| das Poster(-/s) | poster |
| das Postfach(¨er) | P.O. box |
| die Postkarte(n) | postcard |
| die Postleitzahl(en) | postcode |
| prachtvoll | splendid |
| das Praktikum (Praktika) | practical, work experience |
| die Praktikumsstelle(n) | work experience placement |
| praktisch | practical |
| der Preis(e) | price, reward |
| preiswert | good value |
| das Pressedossier | press report |
| prima | excellent |
| der Prinz(en) | prince |
| die Prinzessin(nen) | princess |
| privat | private |
| das Privatzimmer(-) | private room |
| pro | for, per |
| probieren | to try |
| das Problem(e) | problem |
| problemlos | problem-free |
| das Produkt(e) | product |
| die Produktion(en) | production |
| die Produktliste(n) | product list |
| produzieren | to produce |
| professionell | professional |
| das Profil(e) | profile |
| das Programm(e) | program(me) |
| programmieren | to program |
| die Programminformation(en) | programme news |
| die Projektseite(n) | project page |
| die Projektwoche(n) | project week |
| der Prospekt(e) | prospectus |
| das Protokoll(e) | minutes |
| das Prozent(e) | percentage |
| der Pullover(-) | jumper |
| der Punk(s) | punk |
| der Punkt(e) | point, spot |
| pünktlich | punctually |
| putzen | to clean |

## Q

|  |  |
|---|---|
| der/das Quadratkilometer(-) | square kilometre |
| die Qualität | quality |
| der Quark | quark |
| der Quiz(-) | quiz |
| die Quizsendung(en) | quiz programme |

## R

|  |  |
|---|---|
| der Rabatt(e) | discount |
| das Rad(¨er) | bike; wheel |
| radfahren | to cycle |
| der Radfahrer(-) | cyclist *(male)* |
| die Radfahrerin(nen) | cyclist *(female)* |
| der Radiergummi(s) | rubber |
| das Radio(s) | radio |
| der Radiobericht(e) | radio report |
| der Radio-Werbespot(s) | radio advert |
| der Radweg(e) | cycle path |
| der Rand(¨er) | edge |
| die Rappmusik | rap music |
| der Rassismus | racism |
| raten | to advise |
| der Ratschlag(¨e) | piece of advice |
| rauchen | to smoke |
| der Räucherlachs | smoked salmon |
| der Raum (Räume) | room, space |
| raus | out |
| rausgehen | to go out |
| die Reaktion(en) | reaction |
| realistisch | realistic |
| die Realität | reality |
| der Realschulabschluß | *qualification at end of Realschule* |
| die Realschule(n) | *type of secondary school* |
| rechnen | to reckon, calculate |
| die Rechnung(en) | bill |
| rechte(r, s) | right |
| rechts | on the right |
| rechtzeitig | in time |
| recycelbar | recyclable |
| recycelt | recycled |
| das Recyclingpapier(e) | recycled paper |
| das Recyclingtaschentuch(¨er) | recycled tissue |
| die Redaktion(en) | editorial office |
| die Rede(n) | speech |
| reden | to talk |
| die Redewendung(en) | idiom |
| die Referenz(en) | reference |
| das Regal(e) | shelf |
| die Regel(n) | rule |
| regelmäßig | regular(ly) |
| der Regen | rain |
| der Regenmantel | raincoat |
| der Regenschirm(e) | umbrella |

|  |  |
|---|---|
| regnerisch | rainy |
| reich | rich |
| reichen | to pass; to be enough |
|   das reicht | that's enough |
| die Reihenfolge(n) | order |
| rein | into; pure |
| reinigen | to clean |
| die Reise(n) | trip |
|   gute Reise! | have a good trip! |
| das Reisebüro(s) | travel agency |
| der Reisefan(s) | travel fan |
| der Reiseführer(-) | guide book |
| die Reisegruppe(n) | tour group |
| die Reiselust | desire to travel |
| reisen | to travel |
| der Reisepaß(-pässe) | passport |
| die Reiseroute(n) | route |
| das Reisezentrum(-tren) | travel centre |
| die Reklame(n) | advert |
| die Religion | religion |
| der Rentner(-) | pensioner (male) |
| die Rentnerin(nen) | pensioner (female) |
| reparieren | to repair |
| die Reportage(n) | report |
| der Reporter(-) | reporter (male) |
| die Reporterin(nen) | reporter (female) |
| die Republik(en) | republic |
| reservieren | to reserve |
| die Reservierung(en) | reservation |
| respektlos | disrespectful |
| respektvoll | respectful |
| das Restaurant(s) | restaurant |
| der Restmüll | non-recyclable rubbish |
| das Resultat(e) | result |
| retten | to rescue |
| das Rezept(e) | recipe |
| die Rezeption(en) | reception |
| der Rhein | the Rhine |
| der Rhythmus (Rhythmen) | rhythm |
| richten | to direct |
| richtig | correct |
| die Richtung(en) | direction |
| der Riesendurst | great thirst |
| das Risiko(s/-ken) | risk |
| der Roboter(-) | robot |
| der Rock(¨-e) | skirt |
| die Rockgitarre(n) | rock guitar |
| rockig | rock (music) |
| das Rockkonzert(e) | rock concert |
| die Rockmusik | rock music |
| der Rockmusikkurs(e) | rock music course |
| die Rolle(n) | role |
| der Rollschuh(e) | roller-skate |
| die Rollschuhdisco(s) | roller-disco |
| der Rollschuhverleih | roller-skate hire |
| die Rolltreppe(n) | escalator |
| der Roman(e) | story, novel |
| romantisch | romantic |
| romantisieren | to romanticise |
| rosa | pink |
| rot | red |
| der Rotwein(e) | red wine |
| die Route(n) | route |
| die Routine(n) | routine |
| die Routinearbeit | routine work |
| der Rücken(-) | back |
| die Rückenschmerzen (pl) | backache |
| die Rückfahrt(en) | return journey |
| die Rückgabe(n) | change, refund |
| die Rückkehr(en) | return |
| die Rückreise(n) | return journey |
| der Rucksack(¨-e) | rucksack |
| rückwärts | backwards |
| rudern | to row |
| der Ruf(e) | call |
| rufen | to call |
| ruhig | quiet |
| der Rumäne(n) | Romanian (male) |
| die Rumänin(nen) | Romanian (female) |
| rund | round; about |
| die Rupie(n) | rupee |

## S

|  |  |
|---|---|
| das Sachbuch(¨-er) | non-fiction book |
| die Sache(n) | thing |
| die Safari(s) | safari |
| der Saft(¨-e) | juice |
| sagen | to say |
| die Sahne | cream |
| der Salatteller(-) | side salad |
| die Salbe(n) | ointment |
| das Salz(e) | salt |
| salzig | salty |
| sammeln | to collect |
| die Sammlung(en) | collection |
| Samstag | Saturday |
| samstags | on Saturdays |
| sanft | soft |
| satt | full |
| der Satz(¨-e) | sentence |
| sauber | clean |
| saubermachen | to clean |
| die Sauna(s) | sauna |
| das Schach | chess |
| die Schachtel(n) | box |
| schade | what a pity |
| schaden | to damage |
| schaffen | to manage; to create |
| die Schallplatte(n) | record |
| schalten | to switch |
| der Schalter(-) | counter |
| scharf | sharp, spicy |
| schätzen | to estimate |
| schauen | to look |
| der Schauspieler(-) | actor |
| die Schauspielerin(nen) | actress |
| die Scheibe(n) | slice |
| scheinen | to seem |
| schenken | to give; to pour |
| die Schichtarbeit(en) | shift work |
| der Schichtdienst | shift work |
| schick | chic |
| schicken | to send |
| das Schiff(e) | ship |
| das Schild(er) | sign |
| der Schilling(e) | (Austrian) schilling |
| schimpfen | to get angry, to moan |
| der Schinken(-) | ham |
| schlachten | to slaughter |
| schlafen | to sleep |
| das Schlafzimmer(-) | bedroom |
| der Schlag(¨-e) | hit |
| schlagen | to hit |
| der Schläger(-) | racket |
| die Schlagzeile(n) | headline |
| die Schlange(n) | snake |
| schlank | slim |
| schlecht | bad |
| schließlich | finally |
| schlimm | bad |
| der Schlips(e) | tie |
| der Schlittschuh(e) | ice-skate |
| Schlittschuh laufen | to ice-skate |
| der Schlüssel(-) | key |
| schmecken | to taste |
|   hat es geschmeckt? | did you like it? |
| schmerzen | to hurt |

| | | | |
|---|---|---|---|
| schmerzhaft | painful | sehr | very |
| schmutzig | dirty | die Seide | silk |
| der Schnee | snow | die Seifenoper(n) | soap opera |
| die Schneefallgrenze(n) | snow line | sein | to be; his |
| das Schneewittchen | Snow White | seit | since |
| schnell | quick | seitdem | since then |
| das Schnitzel(-) | schnitzel | die Seite(n) | side; page |
| der Schnupfen(-) | cold | der Sekretär(e) | secretary (male) |
| der Schnürsenkel(-) | shoelace | die Sekretärin(nen) | secretary (female) |
| schockierend | shocking | die Sekunde(n) | second |
| die Schokolade(n) | chocolate | selbe(r, s) | same |
| das Schokoladeneis(e) | chocolate ice-cream | derselbe | the same |
| der Schokoladenkeks(e) | chocolate biscuit | selbst | even; self |
| der Schokoladenkuchen(-) | chocolate cake | selbständig | independent; self-employed |
| die Schokoladensoße | chocolate sauce | selbstverständlich | of course |
| schon | already | selten | rare(ly) |
| schön | lovely | das Semester(-) | university term |
| schonen | to protect | senden | to send |
| der Schotte(n) | Scot (male) | die Sendung(en) | programme |
| die Schottin(nen) | Scot (female) | senkrecht | vertical(ly) |
| der Schrank(¨e) | cupboard | September | September |
| schrecklich | dreadful | die Serie(n) | series |
| schreiben | to write | der Service | service |
| das Schreibpapier(e) | writing paper | servieren | to serve |
| der Schreibtisch(e) | desk | die Serviette(n) | serviette |
| die Schreibwaren (pl) | stationery | der Sessel(-) | chair |
| der Schriftzug(¨e) | signature | setzen | to set down, to put down |
| der Schritt(e) | step | der Sex | sex |
| die Schublade(n) | drawer | das Shampoo(s) | shampoo |
| schüchtern | shy | sich | him/her/yourself |
| der Schuh(e) | shoe | sicher | certain(ly); safe |
| die Schuhgröße(n) | shoe size | die Sicherheitsnadel(n) | safety pin |
| der Schuhproduzent(en) | shoe manufacturer | sie | she; they |
| die Schularbeit(en) | school work, exam | Sie | you |
| die Schulbibliothek(en) | school library | sieben | seven |
| die Schuld | guilt | siebzehn | seventeen |
| schuld haben an | to be guilty of | siebzig | seventy |
| die Schule(n) | school | das Simulationsspiel(e) | simulation game |
| der Schüler(-) | pupil (male) | Singapur | Singapore |
| die Schülerin(nen) | pupil (female) | die Situation(en) | situation |
| die Schulferien (pl) | school holidays | sitzen | to sit |
| das Schulgebäude(-) | school building | Ski fahren | to go skiing |
| das Schulgelände | school grounds | der Skikurs(e) | ski course |
| der Schulhof | playground | die Skipiste(n) | ski piste |
| die Schulkleidung | school clothes | die Skisachen (pl) | ski things |
| die Schulmappe(n) | school bag | das Skiunfall(¨e) | skiing accident |
| das Schulorchester(-) | school orchestra | der Sklave(n) | slave (male) |
| der Schulschluß | end of school | die Sklavin(nen) | slave (female) |
| das Schulzeugnis(se) | school report | die Sklavenarbeit | slavery |
| die Schüssel(n) | bowl | der Slogan(s) | slogan |
| der Schutz | protection | die Slowakei | Slovakia |
| schwach | weak | Slowenien | Slovenia |
| schwänzen | to skive, bunk off | der Smog | smog |
| schwarz | black | so | so |
| schwarzfahren | to travel without a ticket | sobald | as soon |
| der Schwarzwald | the Black Forest | die Socke(n) | sock |
| das Schweinefleisch | pork | sofort | straight away |
| das Schweineschnitzel | pork chop | sogar | even |
| die Schweiz | Switzerland | die Sohle(n) | sole |
| schwer | heavy; difficult | das Solarium(-ien) | solarium |
| die Schwester(n) | sister | solche(r, s) | such |
| schwierig | difficult | sollen | ought to |
| das Schwimmbad(¨er) | swimming pool | der Sommer | summer |
| schwimmen | to swim | die Sommerferien (pl) | summer holidays |
| die Schwimmhalle(n) | indoor swimming pool | das Sommergepäck | summer luggage |
| der Schwung(¨e) | swing | der Sommerurlaub(e) | summer holiday |
| sechs | six | das Sonderangebot(e) | special offer |
| die Sechserkarte(n) | ticket for 6 visits/rides | sondern | but |
| sechzehn | sixteen | die Sonne(n) | sun |
| sechzig | sixty | der Sonnenbrand | sunburn |
| die See(n) | sea | die Sonnenbrille(n) | sun glasses |
| segeln | to sail | die Sonnencreme | suncream |
| sehen | to see | sonnig | sunny |
| die Sehenswürdigkeiten (pl) | sights | Sonntag | Sunday |

| | |
|---|---|
| sonntags | on Sundays |
| sonst | otherwise |
| sonstiges | other things |
| die Sorge(n) | worry |
| die Sorte(n) | type |
| sortieren | to sort |
| sowas | such a thing |
| sowieso | anyway |
| die Spaghetti | spaghetti |
| Spanien | Spain |
| der Spanier(-) | Spaniard (male) |
| die Spanierin(nen) | Spaniard (female) |
| spannend | exciting |
| die Spannung | tension |
| sparen | to save |
| der Sparpreis(e) | economy price |
| der Spaß | fun |
| es macht mir Spaß | it's fun |
| spät | late |
| der Spätaufsteher(-) | late riser (male) |
| die Spätaufsteherin(nen) | late riser (female) |
| spazierengehen | to go for a walk |
| die Speisekarte(n) | menu |
| der Speiserest(e) | leftover food |
| die Spezialeffekte (pl) | special effects |
| die Spezialität(en) | speciality |
| speziell | special(ly) |
| das Spiel(e) | game |
| die Spielart(en) | type of game |
| spielen | to play |
| der Spieler(-) | player (male) |
| die Spielerin(nen) | player (female) |
| das Spielfeld(er) | playing area, pitch |
| die Spielmarke(n) | counter |
| die Spielzeugabteilung(en) | toy department |
| spinnen | to spin; to be crazy |
| spitze | great |
| spitzig | pointed |
| der Spitzname(n) | nickname |
| spontan | spontaneous |
| der Sport | sport |
| die Sportart(en) | type of sport |
| der Sportclub(s) | sports club |
| der Sportfan(s) | sports fan |
| die Sportgeräte (pl) | sports equipment |
| die Sporthalle(n) | sports hall |
| der Sportler(-) | sportsman |
| die Sportlerin(nen) | sportswoman |
| sportlich | sporty |
| die Sportmöglichkeiten (pl) | sporting opportunities |
| die Sportseite(n) | sports page |
| das Sportspiel(e) | sports game |
| die Sportstunde(n) | sports lesson |
| der Sportverein(e) | sports club |
| das Sportzentrum(-tren) | sports centre |
| die Sprache(n) | language |
| die Sprachkenntnisse (pl) | knowledge of languages |
| die Sprechblase(n) | speech bubble |
| sprechen | to speak |
| spülen | to wash up |
| der Squash | squash |
| der Squashschläger(-) | squash racket |
| der Staat(en) | state |
| staatlich | state-run |
| die Stadt(¨e) | town |
| das Stadtleben | town life |
| die Stadtmitte(n) | town centre |
| der Stadtrand(¨er) | outskirts of town |
| die Stadttour(en) | city tour |
| das Stadtzentrum(-tren) | town centre |
| stammen aus | to come from |
| der Standardbrief(e) | standard letter |
| der Star(s) | star |
| stark | strong |

| | |
|---|---|
| die Statistik(en) | statistic |
| stattdessen | instead of that |
| staubsaugen | to vacuum |
| der Stau(s) | traffic jam |
| das Steak | steak |
| der Steckbrief(e) | personal profile |
| der Stecker(-) | plug |
| stehen | to stand |
| steif | stiff |
| steigen | to climb |
| stellen | to put down |
| der Stengel(-) | stem |
| sterben | to die |
| die Stereoanlage(n) | hi-fi |
| stereotyp | stereotypical |
| der Steward(s) | steward |
| die Stewardeß(-essen) | stewardess |
| das Stichwort(-e) | key word |
| der Stiefbruder(¨) | step-brother |
| der Stiefel(-) | boot |
| die Stiefmutter(¨) | step-mother |
| die Stiefschwester(n) | step-sister |
| der Stiefvater(¨) | step-father |
| der Stift(e) | pencil, crayon, biro |
| der Stil(e) | style |
| still | quiet |
| stimmen | to be right |
| das stimmt (nicht) | that's (not) right |
| stinken | to stink |
| der Stock(¨e) | stick; storey |
| im ersten Stock | on the first floor |
| das Stockwerk(e) | storey |
| stolz | proud |
| stören | to disturb |
| der Strand(¨e) | beach |
| am Strand | on the beach |
| die Straße(n) | street |
| der Straßenplan(¨e) | street plan |
| die Strecke(n) | distance |
| der Streifen(-) | stripe; stretch |
| streiten | to argue |
| streng | strict |
| stricken | to knit |
| das Stück(e) | piece, item |
| der Student(en) | student (male) |
| die Studentin(nen) | student (female) |
| studieren | to study |
| das Studium(-ien) | study, course |
| die Stunde(n) | hour |
| stundenlang | for hours on end |
| der Stundenlohn(¨e) | hourly pay |
| die Suche(n) | search |
| suchen | to look for |
| Südafrika | South Africa |
| Südamerika | South America |
| der Süden | South |
| der Südwesten | southwest |
| super | super |
| der Supermarkt(¨e) | supermarket |
| das Surfbrett(er) | surfboard |
| surfen | to surf |
| süß | sweet |
| die Süßigkeiten (pl) | sweets |
| das Symbol(e) | symbol |
| sympathisch | kind, nice |
| das Symptom(e) | symptom |
| das System(e) | system |
| die Szene(n) | scene |

## T

| | |
|---|---|
| die Tabelle(n) | table |
| die Tablette(n) | tablet |
| der Tag(e) | day |

|  |  |
|---|---|
| das **Tagebuch**(-er) | diary |
| der **Tagesausflug**(-e) | day trip |
| die **Tageshöchsttemperatur**(en) | day's top temperature |
| **täglich** | daily |
| **tagsüber** | during the day |
| der **Takt**(e) | tact |
| **taktvoll** | tactful |
| die **Tante**(n) | aunt |
| **tanzen** | to dance |
| der **Tanzkurs**(e) | dance course |
| die **Tanzmusik** | dance music |
| die **Tasche**(n) | bag |
| das **Taschengeld** | pocket money |
| das **Taschenmesser**(-) | penknife |
| das **Taschentuch**(-er) | tissue, handkerchief |
| die **Tasse**(n) | cup |
| die **Tatsache**(n) | fact |
| **taub** | deaf |
| der **Tauchanzug**(-e) | diving suit |
| **tauchen** | to dive |
| **tauschen** | to exchange |
| **tausend** | thousand |
| das **Taxi**(s) | taxi |
| der **Taxifahrer**(-) | taxi driver *(male)* |
| die **Taxifahrerin**(nen) | taxi driver *(female)* |
| **technisch** | technical |
| der **Teddybär**(en) | teddy bear |
| der **Tee**(s) | tea |
| der **Teebeutel**(-) | teabag |
| der **Teenager**(-/s) | teenager |
| das **Teenagerleben**(-) | teenage life |
| das **Teenagerproblem**(e) | teenage problem |
| das **Teil**(e) | part |
| **teilen** | to divide, to share |
| **teilnehmen** (an) | to take part (in) |
| der **Teilnehmer**(-) | participant *(male)* |
| die **Teilnehmerin**(nen) | participant *(female)* |
| **teilzeit** | part-time |
| die **Teilzeitbeschäftigung**(en) | part-time employment |
| der **Telebrief**(e) | telemessage |
| das **Telefon**(e) | phone |
| der **Telefonanruf**(e) | phone call |
| die **Telefonbestellung**(en) | phone order |
| der **Telefondienst**(e) | phone service |
| **telefonieren** | to phone |
| **telefonisch** | by phone |
| die **Telefonnummer**(n) | phone number |
| die **Telefonzelle**(n) | phone box |
| der **Teller**(-) | plate |
| die **Temperatur**(en) | temperature |
| das **Tennis** | tennis |
| der **Tenniskurs**(e) | tennis course |
| der **Tennisplatz**(-e) | tennis court |
| der **Tennisschläger**(-) | tennis racquet |
| der **Tennisspieler**(-) | tennis player *(male)* |
| die **Tennisspielerin**(nen) | tennis player *(female)* |
| der **Teppich**(e) | carpet |
| der **Termin**(e) | appointment |
| der **Terminkalender**(-) | appointment diary |
| **testen** | to test |
| **teuer** | expensive |
| der **Text**(e) | text |
| die **Textilarbeit**(en) | textiles |
| der **Thailänder**(-) | Thai *(male)* |
| die **Thailänderin**(nen) | Thai *(female)* |
| das **Theater**(-) | theatre |
| die **Theatergruppe**(n) | theatre group |
| das **Theaterstück**(e) | play |
| das **Thema** (Themen) | topic |
| das **Tier**(e) | animal |
| der **Tierarzt**(-e) | vet *(male)* |
| die **Tierärztin**(nen) | vet *(female)* |
| der **Tierhandel** | animal trade |
| der **Tiertransport**(e) | animal transport |
| die **Tierwelt** | animal world |
| **tippen** | to type |
| der **Tip**(s) | tip |
| der **Tisch**(e) | table |
| der **Tischler**(-) | carpenter *(male)* |
| die **Tischlerin**(nen) | carpenter *(female)* |
| das **Tischtennis** | table tennis |
| der **Tischtenniskurs**(e) | table tennis course |
| der **Titel**(-) | title |
| **tja** | well |
| der **Toast**(e/s) | toast |
| die **Tochter**(-) | daughter |
| **todlangweilig** | deadly dull |
| die **Toilette**(n) | toilet |
| **Tokio** | Tokyo |
| **tolerant** | tolerant |
| **tolerieren** | to tolerate |
| **toll** | lovely |
| die **Tomatensuppe**(n) | tomato soup |
| der **Ton**(-e) | sound |
| die **Tonne**(n) | bin; tonne |
| der **Topf**(-e) | saucepan |
| das **Tor**(e) | goal; gate |
| der **Torwart**(-er) | goalkeeper |
| **total** | total |
| der **Tourist**(en) | tourist *(male)* |
| die **Touristin**(nen) | tourist *(female)* |
| die **Touristenbroschüre**(n) | tourist brochure |
| die **Touristikindustrie** | tourist industry |
| **touristisch** | touristic |
| **traditionell** | traditional |
| **tragen** | to wear |
| **tragisch** | tragic |
| **trainieren** | to train |
| das **Training**(s) | training (session) |
| das **Trainingsprogramm**(e) | training programme |
| **trampen** | to hitchhike |
| der **Tramper**(-) | hitchhiker *(male)* |
| die **Tramperin**(nen) | hitchhiker *(female)* |
| das **Trampolin**(e) | trampoline |
| der **Traum** (Träume) | dream |
| **trauen** *(+dat)* | to trust |
| **treffen** | to meet; to hit |
| der **Treffpunkt**(e) | meeting point |
| **treiben** | |
|    Sport treiben | to do sport |
| das **Treibgas**(e) | propellant |
| **trennen** | to separate |
| die **Treppe**(n) | stair |
| **trinken** | to drink |
| das **Trinkgeld**(er) | tip |
| **trocken** | dry |
| die **Trompete**(n) | trumpet |
| der **Tropenwald**(-er) | tropical forest |
| **tropfen** | to drip |
| **trotzdem** | in spite of that |
| **trüb** | dull |
| **tschechisch** | Czech |
| die **Tschechische Republik** | Czech Republic |
| **tschüs** | bye |
| **tun** | to do |
| die **Tür**(en) | door |
| der **Türke**(n) | Turk *(male)* |
| die **Türkin**(nen) | Turk *(female)* |
| **türkisch** | Turkish |
| die **Turnhalle**(n) | gym |
| der **Turnschuh**(e) | gym shoe, trainer |
| die **Tüte**(n) | bag |
| der **Typ**(en) | type; bloke |
| **typisch** | typical |

# U

|  |  |
|---|---|
| **üben** | to practise |

| | | | |
|---|---|---|---|
| über | over | unwichtig | unimportant |
| überall | everywhere | unwirklich | unrealistic |
| die Überfahrt(en) | crossing | der Urlaub(e) | holiday |
| überhaupt | in general, anyway | das Urlaubsfoto(s) | holiday photo |
| übernachten | to stay overnight | die Urlaubskatastrophe(n) | holiday disaster |
| die Übernachtung(en) | overnight stay | das Urlaubsproblem(e) | holiday problem |
| überprüfen | to check | usw. (und so weiter) | etc. |
| überqueren | to cross | | |
| überrascht | surprised | | |
| überreden | to persuade | | |

# V

| | | | |
|---|---|---|---|
| übersiedeln | to move | das Vanilleeis(e) | vanilla ice-cream |
| die Überstunden (pl) | overtime | variierbar | variable |
| überzeugen | to convince | der Vater(-) | father |
| die Übung(en) | activity | der Vati | dad(dy) |
| die Uhr(en) | hour | vegetarisch | vegetarian |
| um | round | die Verabredung(en) | date, meeting |
| um sechs Uhr | at six o'clock | verändern | to alter |
| die Umfrage(n) | survey | verantwortlich | responsible |
| die Umfrageresultate (pl) | survey results | die Verantwortung(en) | responsibility |
| die Umgebung(en) | surroundings | verantwortungsvoll | responsible |
| umgehen | to go round | der Verband(-e) | bandage |
| der Umschlag(-e) | envelope | verbessern | to improve |
| umsteigen | to change (trains) | verbieten | to ban |
| die Umtauschmöglichkeit(en) | exchange facility (mail order) | verbinden | to connect |
| die Umwelt | environment | verboten | forbidden |
| umweltfreundlich | environmentally friendly | verbringen | to spend |
| das Umweltproblem(e) | environmental problem | verdienen | to earn |
| der Umweltschutz | environmental protection | verderben | to ruin |
| umziehen | to change (clothes), move house | vereinbaren | to agree |
| unbedingt | absolutely, really | vereinigt | united |
| unbequem | uncomfortable | das Vereinigte Königreich | the United Kingdom |
| und | and | vereinzelt | occasional |
| unehrlich | dishonest | zur Verfügung stehen | be at your disposal |
| unerhört | incredible | vergeben | to forgive |
| unerträglich | unbearable | vergehen | to pass |
| unfair | unfair | vergessen | to forget |
| der Unfall(-e) | accident | der Vergleich(e) | comparison |
| unfallfrei | accident-free | vergleichen | to compare |
| unfreundlich | unfriendly | das Vergnügen(-) | pleasure |
| Ungarn | Hungary | die Vergünstigung(en) | privilege, perk |
| ungeduldig | impatient | verhaften | to arrest |
| ungefähr | about, approx. | das Verhältnis(se) | relationship |
| ungesund | unhealthy | verkaufen | to sell |
| ungewöhnlich | unusual | der Verkäufer(-) | salesman |
| unglücklich | unhappy | die Verkäuferin(nen) | saleswoman |
| unhygienisch | unhygienic | das Verkehrsamt(-er) | tourist office |
| die Uni(s) | uni(versity) | das Verkehrsmittel(-) | means of transport |
| die Uniform(en) | uniform | verlangen | to demand |
| die Universität(en) | university | verlassen | to leave |
| der Universitätsplatz(-e) | university place | verlernen | to forget |
| unkonzentriert | lacking in concentration | verletzt | injured |
| unmöglich | impossible | sich verlieben (in) | to fall in love (with) |
| unnötig | unnecessary | verloren | lost |
| unpünktlich | unpunctual | die Verpackung(en) | packaging |
| uns | us, to us | verpassen | to miss |
| unser | our | verrühren | to stir |
| der Unsinn | nonsense | der Vers(e) | verse |
| unten | at the bottom | der Versand | distribution, mail order |
| unter | under | verschieden | different |
| untereinander | among each other | verschmutzt | polluted |
| unterhalten | to entertain | verschreiben | to prescribe |
| sich unterhalten | to chat | verschwinden | to disappear |
| die Unterhaltung(en) | entertainment | die Versicherung(en) | insurance |
| die Unterkunft(-e) | accommodation | verständnisvoll | understanding |
| die Unterlage(n) | paper, document | die Verstärkung(en) | strengthening |
| unternehmen | to undertake | verstecken | to hide |
| unternehmungslustig | active | verstehen | to understand |
| der Unterricht | lessons | der Versuch(e) | attempt |
| unterrichten | to teach | versuchen | to attempt |
| der Unterschied(e) | difference | verteilen | to share out |
| die Unterschrift(en) | signature | vertrauenswürdig | trustworthy |
| unterstützen | to support | vertraulich | confidential |
| unterwegs | underway, en route | vertreiben | to market |
| untolerant | intolerant | das Video(s) | video |

|  |  |
|---|---|
| der Videoclub(s) | video club |
| viel | many |
| vieles | much |
| vielfach | multiple |
| vielleicht | perhaps |
| vier | four |
| viermal | four times |
| das Viertel(-) | quarter |
| die Viertelstunde(n) | quarter of an hour |
| vierzehn | fourteen |
| vierzig | forty |
| die Viskose | viscose |
| das Vitamin(e) | vitamin |
| der Vogel(¨) | bird |
| die Vokabel(n) | vocabulary |
| voll | full |
| der Volleyball | volleyball |
| völlig | fully |
| vollständig | complete |
| vom | from the |
| von | from |
| vor | in front of; before |
| der Vorabend(e) | evening before |
| im voraus | in advance |
| vorbei | past |
| vorbereiten | to prepare |
| vorgestern | day before yesterday |
| vorhaben | to intend |
| der Vorhang(¨e) | curtain |
| vorher | before |
| die Vorhersage(n) | forecast |
| vorlesen | to read aloud |
| der Vormittag(e) | morning |
| der Vorname(n) | forename |
| vorne | in front |
| der Vorschlag(¨e) | suggestion |
| Vorsicht! | watch out! |
| vorsichtig | careful |
| die Vorspeise(n) | starter |
| vorspielen | to play to someone, to act out |
| die Vorstellung(en) | performance |
| vorwärts | forwards |

# W

|  |  |
|---|---|
| die Waage(n) | scale |
| waagerecht | horizontal(ly) |
| aufwachen | to wake up |
| wählen | to choose; to dial |
| wahnsinnig | crazy |
| wahr | true |
| während | during |
| die Wahrheit | truth |
| wahrscheinlich | probably |
| die Währung(en) | currency |
| der Wald(¨er) | forest, wood |
| der Wal(e) | whale |
| der Walfang | whaling |
| wandern | to walk |
| wann | when |
| war | was |
| waren | were |
| die Waren (pl) | goods |
| das Warenhaus(¨er) | warehouse |
| warm | warm |
| die Warnung(en) | warning |
| Warschau | Warsaw |
| warten | to wait |
| warum | why |
| das Waschbecken(-) | wash-basin |
| sich waschen | to wash |
| die Wäsche | washing |
| die Waschmaschine(n) | washing machine |
| das Wasser(-) | water |

|  |  |
|---|---|
| der Wasserball | waterball |
| die Wassergymnastik | water gymnastics |
| der Wassersport | water sports |
| der Wassersportfan(s) | water sports fan |
| wechseln | to change, to swap |
| das Wechselstuben | bureau de change |
| der Wecker(-) | alarm clock |
| weg | away |
| der Weg(e) | way, path |
| wegen | due to, because of |
| wegnehmen | to take away |
| wegwerfen | to throw away |
| wegziehen | to move away |
| o weh | oh dear |
| weh tun | to hurt |
| weiblich | feminine |
| weich | soft |
| das Weihnachten | Christmas |
| weil | because |
| weiß | white; knows |
| der Weißwein(e) | white wine |
| weiter | further |
| die Weiterbildung | further education |
| die Weiterbildungsmöglichkeit(en) | opportunity for further education |
| weiterfahren | to drive on |
| weitergehen | to go on |
| weiterhin | furthermore |
| weiterstudieren | to continue studying |
| weitgehend | far-reaching |
| der Weizenschrot | wheatmeal |
| welche(r, s) | which |
| die Welt(en) | world |
| der Welthafen(-häfen) | international port |
| die Weltinfo(s) | world information |
| die Weltkarte(n) | map of the world |
| der Weltkrieg(e) | world war |
| der Weltraum | space |
| das Weltraumspiel(e) | space game |
| die Weltreise(n) | world trip |
| wem | to whom |
| wenden | to turn |
| wenig | little |
| wenige | few |
| wenigste(r, s) | least |
| wenigstens | at least |
| wenn | if, when |
| wer | who |
| der Werbespot(s) | commercial |
| die Werbung(en) | advert, advertising |
| werden | to become |
| werfen | to throw |
| das Werken | handicraft |
| werken | to work |
| die Werkstatt(¨e) | studio, workshop |
| das Werkzeug(e) | tool |
| wert | worth |
| der Wert(e) | value |
| die Wertstoffe (pl) | recyclable materials |
| die Weste(n) | waistcoat, vest |
| der Westen | West |
| westlich | westerly |
| das Wetter | weather |
| wetterfest | weather-proof |
| die Wetterkarte(n) | weather map |
| die Wetterverbesserung(en) | improvement in the weather |
| die Wettervorhersage(n) | weather forecast |
| der Wettkampf(¨e) | competition |
| wichtig | important |
| wie | how |
| wieder | again |
| auf Wiederhören | goodbye (on phone) |
| auf Wiedersehen | goodbye |
| Wien | Vienna |
| wieso | why |

|  |  |
|---|---|
| wieviel | how much |
| wild | wild |
| das Wildtier(e) | wild animal |
| willkommen | welcome |
| die Willkür | capriciousness |
| der Wind | wind |
| windig | windy |
| die Windmühle(n) | windmill |
| windsurfen | to windsurf |
| der Winter | winter |
| das Wintergepäck | winter luggage |
| wir | we |
| wirklich | really |
| wirken | to work |
| die Wirkung(en) | effect |
| die Wirtschaftsseite(n) | business page |
| wissen | to know |
| der Witz(e) | joke |
| die Witzzeichnung(en) | cartoon |
| wo | where |
| die Woche(n) | week |
| die Wochenendarbeit | weekend work |
| das Wochenende(n) | weekend |
| das Wochenendfest(e) | weekend party |
| der Wochenendjob(s) | weekend job |
| das Wochenprogramm(e) | week's programme |
| wofür | for what |
| woher | from where |
| wohin | to where |
| wohl | well |
| das Wohlwollen | goodwill |
| wohnen | to live |
| der Wohnort(e) | place of residence |
| der Wohnsitz | home, abode |
| keinen ordentlichen Wohnsitz haben | to be of no fixed abode |
| die Wohnung(en) | flat |
| der Wohnwagen(-) | caravan |
| das Wohnzimmer(-) | living room |
| wolkenfrei | cloudless |
| wolkig | cloudy |
| die Wolle | wool |
| wollen | to want |
| die Wollmütze(n) | woolly hat |
| worauf | upon which |
| das Wort(¨er) | word |
| das Wörterbuch(¨er) | dictionary |
| das Wunder(-) | miracle |
| wunderbar | wonderful |
| der Wunsch(¨e) | wish |
| sich wünschen | to wish |
| würde | would |
| der Würfel(-) | die (dice) |
| würfeln | to throw the dice |
| die Wurst(¨e) | sausage |

# Z

|  |  |
|---|---|
| die Zahl(en) | figure |
| zahlen | to pay |
| zählen | to count |
| der Zahn(¨e) | tooth |
| der Zahnarzt(¨e) | dentist *(male)* |
| die Zahnärztin(nen) | dentist *(female)* |
| die Zahnpasta | toothpaste |
| die Zahnschmerzen *(pl)* | toothache |
| zehn | ten |
| zehnte(r, s) | tenth |
| das Zeichen(-) | sign |
| die Zeichengeschichte(n) | cartoon story |
| der Zeichentrickfilm(e) | cartoon |
| zeichnen | to draw |
| der Zeichner(-) | artist *(male)* |
| die Zeichnerin(nen) | artist *(female)* |
| die Zeichnung(en) | drawing |

|  |  |
|---|---|
| zeigen | to show |
| die Zeit(en) | time |
| die Zeitkapsel(n) | time capsule |
| der Zeitpunkt(e) | point in time |
| die Zeitschrift(en) | magazine |
| die Zeitschriftenanzeige(n) | magazine advert |
| der Zeitschriftenartikel(-) | magazine article |
| die Zeitung(en) | newspaper |
| der Zeitungsausträger(-) | newspaper boy |
| die Zeitungsausträgerin(nen) | newspaper girl |
| die Zeitverschwendung(en) | waste of time |
| das Zelt(e) | tent |
| zentral | central |
| zerstört | destroyed |
| die Zerstörung(en) | destruction |
| das Zeugnis(se) | report |
| ziehen | to pull |
| ziehen nach | to move to |
| das Ziel(e) | goal, target |
| ziemlich | quite |
| die Zigarette(n) | cigarette |
| das Zimmer(-) | room |
| das Zimmermädchen(-) | chambermaid |
| der Zirkus(se) | circus |
| das Zitat(e) | quotation |
| zögernd | hesitatingly |
| der Zoo(s) | zoo |
| zu | to; too |
| zu Hause | at home |
| der Zucker | sugar |
| zuerst | first |
| zufrieden | contented |
| der Zug(¨e) | train |
| mit dem Zug | by train |
| der Zugang(¨e) | access |
| zugeben | to agree |
| die Zukunft | future |
| der Zukunftsplan(¨e) | future plan |
| zuletzt | finally |
| zum | to the |
| zumachen | to close |
| zur | to the |
| zurück | back |
| zurückrufen | to call back |
| zusammen | together |
| die Zusammenfassung(en) | summary |
| zusammengehen | to go out together |
| zusätzlich | additional(ly) |
| der Zuschauer(-) | spectator *(male)* |
| die Zuschauerin(nen) | spectator *(female)* |
| der Zuschlag(¨e) | supplement |
| zusenden | to send |
| zwanzig | twenty |
| zwar | indeed, in fact |
| zwei | two |
| zweieinhalb | two and a half |
| zweimal | twice |
| zweisprachig | bilingual |
| zu zweit | in twos, in pairs |
| zweite(r, s) | second |
| zweitens | secondly |
| zwingen | to force |
| zwischen | between |
| zwölf | twelve |

**Gute Reise** Stage 3:
Pupil's book • Repromasters • Cassettes • Teacher's book • Overhead transpareny repromasters

**Design** Maggie Jones   **Cover illustration** Peter Clark   **Cover design** Lorraine Sennett

### Illustrations
Martin Berry (pages 21, 24, 25, 35, 41, 93, 115, 149, 153); Maggie Brand (pages 15, 22, 27, 56, 69, 97, 122, 123, 124, 137, 142, 149); Peter Brown (pages 7, 11, 18, 30, 43, 44, 46, 50, 52, 59, 63, 64, 67, 68, 73, 82, 93, 104, 114, 119, 127, 143); Phill Burrows (pages 44, 49, 60, 66, 103, 109, 112, 115, 120, 127, 130, 133, 138, 139, 140, 154); Peter Clark (page 28); Angie Sage (pages 53, 56, 57, 68, 69, 82, 84)

### Photographs
Lorraine Sennett with the exception of: Action Press, Hamburg (pages 12 c, 33, 58); Austrian National Tourist Office (pages 51 farm, 52, 54 country); Keith Gibson (page 76 e); Life File (pages 12 a, b (Chris Jones), d (Phil Jones), 19 d (David Kampfner), 70 c (Tony Abbott), f (Andrew Ward), 89 pilot (Tim Fisher), 124 left (R. Cannon)); Photo Library International (page 12 f (Adrian Gambazza)); Small Print/Naomi Laredo (pages 32, 51 caravan, 55 wardrobe, 57 d, 118 diskettes); Tony Stone Worldwide (pages 51 apartments (Gunther Kohler), village, 54 town, 70 a, b, d, e, 121, 124 right); Vandystadt/Allsport (page 12 e (Yann Guichaoua))

### Acknowledgements
The authors would like to thank their families and friends for their support while writing this course. They would also like to thank the following people for their invaluable assistance throughout: Julie Green, Carolyn Parsons, Naomi Laredo and Kathryn Taylor. Thanks also to Wolfgang Keinhorst for language consultancy and to those people who read and commented on draft materials.

The publishers wish to thank the staff and pupils of the Wirtemberg Gymnasium, Stuttgart-Untertürkheim, the Neues Gymnasium, Stuttgart-Feuerbach, and the Eberhard-Ludwigs Gymnasium, Stuttgart, for their help and assistance with the photographs.

The authors and publishers are grateful to the following for allowing them to reproduce published material: Bravo! Chefredaktion for the text 'Stars auf Tournée' from *Bravo* No.13 March 1993 (page 58); Brücke 10 restaurant for the advertisement (page 36); Centrale Marketing-Gesellschaft der deutschen Agrarwirtschaft for the yoghurt advertisement (page 110); Deutsche Bahn, Regionalbereich Südwest, for the railway timetable extract (page 60) and the extract from the brochure *Ganz in Ihrer Nähe* (page 62); Deutsche Bundespost Postdienst for the extract from the brochure *Telebrief-Prospekt* (page 109); Deutscher Behinderten-Sportverband e.V. for use of the logo and information about the summer Paralympics 1992 (page 14); Duales System Deutschland GmbH, Köln-Porz for use of the symbol 'Der Grüne Punkt', registered trademark of Duales System Deutschland GmbH (page 67); Peter Grohmann for '9 alltägliche Fragen an Obdachlose' from *Hier endet Deutschland* (page 61); Freie und Hansestadt Hamburg, Amt für Schule, for the diagram and city crest (page 79); Redaktion JUMA for the adapted extract from *Juma* 1/92 (page 7); Jünger und Jünger Grafik – Design, München, for the postage stamp (page 109); Wolfgang Klawonn for the photographs from *Juma* 1/92 (page 7); Luitpold Pharma for the MOBILAT advertisement (page 45); Mädchen/Roman Weiß for the photostory extracts from *Mädchen* No.8 March 1993 (page 25); Mary Glasgow Magazines Ltd, London, for the photographs by David Simson and text from *Aktuell* Feb. 1993, © Mary Glasgow Magazines Ltd 1993 (page 86); Polygram GmbH for the recording of the song 'Bunte Republik Deutschland' by Udo Lindenberg (page 136); Rega Restaurant-und Hotelbetriebs GmbH for the brochure extract (page 128); Roba Music Verlag GmbH for the text of the song 'Bunte Republik Deutschland' by Udo Lindenberg, © Roba Music Verlag 1989 (page 136); Storer Versand for the extracts from *Highlights* Fruhjahr/Sommer 1993 (page 42); Szene Hamburg for the advertisements from *Sonderheft Essen & Trinken* No.6 1993/94 (page 36); Die Tageszeitung for the poem 'Mein Name Mehmet' from TAZ 2.10.82 (page 132); Verkehrs- und Tarifverbund Stuttgart GmbH for the extract from the brochure *Eine Fahrkarte für alle Busse und Bahnen* (page 61); WDV Wirtschaftsdienst for the text from the AOK brochure *Ernährungstips für Singles* © WDV (page 38); weltdesign Hamburg for the advertisement for Zorba the Budda (page 36).

Every effort has been made to trace copyright holders but the publishers will be pleased to make the necessary arrangements at the first opportunity if there are any omissions.

© Mary Glasgow Publications 1994
First published 1994
ISBN 1 85234 548 9

Reprinted 1995

Mary Glasgow Publications
An imprint of Stanley Thornes (Publishers) Ltd
Ellenborough House
Wellington Street
Cheltenham
GL50 1YW

Printed in Hong Kong